# From Scratch

從零 開始

Tembi Locke

謹以本書獻給亡夫薩羅（Saro），
他點燃了愛的火焰；
同時獻給我們的女兒佐拉（Zoela），
她是永恆之火。

不要以為你可以引導愛的步伐，

因為如果你值得享有愛，愛會引領你邁步前行。

*Kahlil Gibran*

卡里・紀伯倫

contents

## 第三部　第二個夏天



## 第四部　第三個夏天

# 序言

在西西里島，每個故事的開頭都離不開婚姻或死亡。我這個故事兩者兼具。於是乎，我開著一輛鏽跡斑斑的飛雅特（Fiat）車，穿過西西里小鎮阿利米努薩（Aliminusa）郊外一條蜿蜒曲折的鄉間小路，兩腿之間夾著一個小木盒，裡面放著亡夫薩羅的骨灰。我向著島嶼北岸的馬多涅（Madonie）山脈進發，快要駛進山腳農村的一座橄欖園；眼前是薩羅家族在山坡上的一片農地，散布著自古以來扎根於此的杏樹和梨樹。

薩羅曾沿著這條路，採摘桑樹上成熟的桑椹；他也曾在葡萄樹的細枝上一扭採下整串豐滿的葡萄；他又曾用手挖開泥土讓我看看野生茴香莖球如何在地下生長。我看著他把莖球的外皮層層剝開，然後他叫我闔上雙眼，把茴香的菜心放到我的鼻孔前，讓我吸進那富有泥土氣息的甘草氣味，由此體會這個地方蘊藏著的奧祕。他要向我展示，他出生的這個地方是如何強有力而微妙的自然世界。去年夏天我們就站在這裡，眺望他兒時嬉戲的這片山丘。

「不管怎樣，請把我的一些骨灰帶回西西里。」去年夏天站在這兒時他對我說。他的癌症不久前復發，可是感覺上他的死亡仍然是抽象的未來。我那時還在想，我們可以再共度幾個夏天，也許五個吧。但他已在做準備，也在為我做準備。他希望自己身體的一部分能長留於這片土地上，我為此許下承諾，因此，我從我們洛杉磯的家飛了近七千哩來到這裡。

圍繞在我身邊的是暮夏噪鳴不休的蟬和蟋蟀，還有躲避西西里落日餘溫而逃竄的蜥蜴。空氣散發著濃濃的醉人氣味，來自尤加利樹、燃燒的木柴和快熟透的番茄。遠處傳來小鎮教堂的鐘聲，呼喚大家參加午間彌撒。這一刻，我突然想像七歲的女兒赤腳走在卵石街上。女兒是驅使我來到西西里海岸的另一原因，我知道這是讓父親的記憶活在她內心的唯一辦法。

我在一座陡峭山崗的頂端停下車，把排檔推到空檔，小心檢查過煞車。然後我打開夾在大腿中間放著骨灰的盒子，它沾上了黏答答的汗。這原是個收藏指環的小木盒，薩羅曾用來放他的吉他彈片，如今載著他遺體的一部分，是我為自己保留下來的。它在我大腿上留下了垂直的壓痕，這正是我全身最為薩羅喜愛的一部分。那一刻來到了，可是我無法走出車外。

身為廚師的薩羅，總是說他娶的這個美國人——這個非裔美國女人——擁有義大利人的美食靈魂。在他看來，我的義大利性情也是所有人都應具備的義大利性情，它表現在餐桌上：也就是欣賞新鮮的食物，共坐一桌分享美食和啜飲道地美酒時建立起傳統和共同記憶。這是我誤打誤撞墜入的人生，那一刻我和他在全義大利最好的一家冰淇淋店，在店外的涼棚下名副其實地碰到一起。是運氣也是命運。我一眼就看出，他擁有的深沉棕色眼睛，能夠容納很多故事，也能夠誘使我訴說自己的故事。他的輪廓可說是從古羅馬錢幣複製而來。他的種種相貌特徵，像橄欖膚色、緊實的下巴和一頭炭黑的卷髮，召喚起我的一種想像，使我覺得這一刻我跟這個身體的碰觸，就像大晴天的一道閃電。「不好意思。」我勉力擠出一句大學裡學的義大利文。他毫不猶疑用英語說了聲「哈囉」。這一刻爐火碰觸到了鍋子。

如今我體會到，薩羅闖進我的人生，為我原來混沌的世界賦予了形態，他撫平了我自己也不曉得需要撫平的地方，他樂於全盤接受我那任性、不安、不完整、充斥著矛盾的一面。一起走在人生路上，就像兩人各拿著叉子吃同一盤菜，隨時聆聽，付出愛，敢於往黑暗摸索，直到瞥見月亮的一線銀光。

終於我把車門拉開一道縫隙，清涼的空氣湧進，同時更多記憶湧上心頭。我想起了薩羅和我最後分享的生命樂趣——火箭形的一根冰棒。實實在在的記憶帶著令人無法承受的重量，它讓我剎那間回到他在世的最後一天。當時我們的人生視野和生活的一切，都緊縮為死亡驅迫之下的細微親密舉動：餵垂死的薩羅吃冰棒。每個鐘頭，我都請安寧病房的護士從冰箱拿給我一根冰棒，如果他醒來了，就放到他脣邊讓他品嘗。一切依然歷歷在目，這是我給他送上的輕柔而綿延不斷的照顧，是我作為照護者和愛侶的最終動作。我希望他最後的味蕾帶給他溫柔撫慰，甚至是愉快。這是他應該獲得的對待。多年來在廚房裡站在他身旁，我學會了細節重於一切，領悟到初嘗某種美味的驚豔只會出現一次。因此我確信，如果要吃冰棒，就該是最令人回味無窮的冰棒，用現榨的檸檬水加上淡淡的龍舌蘭香味。

在他辭世前最後的日子裡，時間在感覺上有時被壓縮了，有時被拖長了。雖然我竭盡所能讓剛滿七歲的女兒佐拉為喪父後的人生做好準備，讓她時刻貼近我們，讓她參與在眼前這樁將改變她一生的事件中，但我擔心還是做得不夠。

他離世當天，我把書房的拉門關上，坐在這間改裝為病房的病床旁一直陪伴著他。我把正化掉的冰棒在他兩片嘴脣間滑動。這曾是我期盼能給我送上一輩子熱吻的嘴脣。然後我親吻他的前額，我的頭才剛移開，就看見冰棒上融化的果汁一點一滴落到他舌頭上。他目不轉睛看著我。我也舔了一下冰棒上的果汁。他報以微笑。我們就這樣給對方帶來歡樂，一如當初我們交歡之後他在我耳邊低聲輕訴：「我無窮無盡地渴望著愛，我愛妳的身體，愛妳的靈魂。」然後他就走了。

他的死亡令鍋子再次碰觸到爐火。我身為一個女人、母親和愛人而聚起的一切力量，一下子消失於無形，就像隨著潮退被摔到嶙峋的岩石上，仰面朝天，在一輩子最長一年最長最熱一天的正午飽受煎熬。我的悲痛像無底深潭，沒有出路，在失去了他的撫慰後只能獨自在黑暗中徘徊。然而由於我對他的最後承諾，幾個月後，我來到了位於地中海中心的這座果園，情急拚命地追尋一線曙光。

教堂響起了這天最後一次的鐘聲，我拿著一小盒骨灰。親愛的，我做到了——我用義大利文說。我和他終於走到這一段路。我從車上下來。

夕陽西下，使我想起我們驅車穿越西西里的首次旅程，深入偏遠的內陸。那裡舉目所見，盡是山巒、麥田、乳牛、騎在驢背上的男人，還有數之不盡的橄欖園。我們無法接收收音機的訊號，耗費數鐘頭進行在迂迴的路上，只好聊天打發時間，中間夾雜著沉默時刻，同時飛雅特小車的排檔不停升升降降。我還記得那個下午，灑進車上的陽光成為夾在我們中間的另一個乘客，見證著我倆生命的行進。此刻，當我終於走出車外挺立起來，陽光再次見證著我的行動。腳下的泥土有點鬆軟。

眼前是一扇巨大的鐵柵欄門，圍繞著門的列柱由鄉間粗石加上夯土和黏土一層層構築起來，整體看來是令人讚嘆卻又簡單而富鄉間風味的一道大門。大門兩邊是一堵石造擋土牆，牆上方是裝了有刺鐵絲網的圍籬。它把家族這片土地跟外界的道路分隔開來。

我望了望那道圍籬，沿著它周邊走了一小段路，希望找到一個容易進入的缺口，卻遍尋不著。

我突然感到精疲力竭，於是坐在隨意堆疊起來的石塊上，那像是即興築成的擋土牆，我由此俯瞰下面的小鎮。我看到教堂的穹頂，再過去是農田，田的遠端有如懸崖往山谷滑下，山谷的盡頭就是大海，然後我聽到一輛拖拉機從遠處駛近。這一刻我不想被人看見，不想向帶著一天收穫路過的農夫解釋我為什麼站在這座荒廢的果園外面。我更不想有閒話傳回小鎮，說那個美國黑人妻子跑到了一處沒有人的地方。因此我站起來加快腳步跑開，情急地尋找一處因表土移位或雨水沖刷而造成石塊鬆垮的地方，讓我能爬進去或擠進去。我試著尋找那個舊日的缺口，去年夏天我們就從那裡採摘樹上的梨子，薩羅還把我們的女兒高舉起來，讓她能採到最接近太陽的果實。

在西西里，愛、真理和悲傷都不是簡單直接的，而是像多個世紀以來遍布島上的橄欖樹一樣，把根深深藏在地下。祕密往往更是深藏不露。我此刻要做的事不光是祕密，在技術上更可能是違法的。在西西里鄉村地區，火葬非常罕見，甚至根本不存在。幾星期前我們已經在小鎮的公墓舉行了骨灰的正式安葬儀式。把骨灰（即使只是一部分）撒到墓地以外的任何地方，都可能觸犯宗教律例和市政法規。但當我左攀右爬要找辦法進去，我已經把一切規範拋得老遠了。

如果我事前稍加思慮，更加規劃一下，如果我不必向鎮裡身邊所有人隱瞞我要到哪裡去，我就大可向他們要來大門的鑰匙。我尤其感到不安的是，婆婆對此毫不知情。說到底，她和我不是總維持著最好的關係。薩羅的父母拒絕出席我們的婚禮，對於他們疼愛的兒子要娶一個美國人，一個黑皮膚的女人，實在興奮不起來。可是如今在這裡，我和我的女兒在她家裡作客，我們是痛失所愛的同一家人。也許我可以避免勢必弄得一身髒污而損傷累累的後果。我原可以堂堂皇皇地走進去，然後在夕陽餘暉下平靜地坐下來，靜觀獵鷹在天上高飛，靜聽騾叫聲從遠處傳來。可是我的悲傷和愛不容許我這麼做——我對我此生的最愛許下了承諾。於是我跪了下來，不管污泥沾到身上，在裝了有刺鐵絲網的圍籬下爬進去。我決意聽從我廚師丈夫的最終指示，從零開始做一道好菜，希望由此踏出第一步，重新走上他離我而去之後的人生道路。

第一部

# 從前

*Tutto sta nel cuminciare.*

萬事在乎起步間。

Everything depends on the beginning.

—— 西西里諺語

# 初嘗滋味

我在羅馬下機，時差還有待調過來，手上拿著護照，跟身旁的一群大學女生一起往海關暨移民署走去。那時我才二十歲，第一次出國。我的交換學生生涯就這樣開始了，這是我就讀的維思大學（Wesleyan University）與雪城大學（Syracuse University）設於佛羅倫斯的海外課程中心的一項學生交流計畫。

在航廈裡，我首次體驗了義大利咖啡店的聲音和氣味。店裡擠滿早上的顧客，正在灌下義式濃咖啡，吃著義式牛角麵包（cornetti）。我走到糕點櫃前方，一隻手放在暖烘烘的玻璃上，店員問我要些什麼，我就像還沒學會說話的孩子用手指指向目標。我豎起三根指頭。三種不同口味的牛角麵包便放進一個袋子裡，留待路上享用。一個是沒有餡料的，一個有奶油，一個有橘子果醬。我後來才知道義大利每條街的街角都有這樣的咖啡店，袋子裡的東西就像番茄醬在美國一樣隨處可見——更貼切地說，是像甜甜圈吧。光是期待著第一口的滋味就讓我興奮不已。

義大利從來不是我人生大計的一部分。那時我唯一的重大規劃就是大學畢業後成為職業演員。我自懂事以來就盼望當演員了。這是我當時的人生鴻圖大計，儘管我還沒有達成目標的路線圖，也許只能朝著目標一躍而試。我也沒有打算離開維思大學，告別它在康乃狄克河河畔那座懶洋洋的大學城。可是就在艱困的大學一年級生涯的最後階段，我誤打誤撞修讀了「美術史一〇一」的課程，這門課的教授約翰・帕歐雷提（John Paoletti）博士是舉世知名的義大利文藝復興研究學者。上課的第一天，當講堂的燈光調暗，第一張幻燈片呈現出約公元前三百年哥林多（Corinth）一棟希臘建築柱子上的帶狀裝飾，我登時著迷，兩學期的大學生涯終於找到了它的焦點。兩三個星期後，我成為美術史主修生。接下來那學期我開始學習義大利文，這是我主修課程的必修科。大學二年級快終結時，我跟義大利文助教康諾（Connor）展開了一段不大熱烈卻又相當穩定的戀情。

康諾是四年級生，他有新英格蘭的貴族血統，仍有家人住在義大利。某天晚上他在兄弟會會所頂樓的臥室跟朋友嘻耍喧鬧至深夜之後，我幫他收拾啤酒杯，他就幫我做出決定，讓我能夠實現到義大利遊學一年的願望。

他令我確信，前去遊學是說得一口流利義大利文的唯一方法，同時我正十分需要藉此從康乃狄克的小鎮氛圍跳脫出來，而這又不會延誤畢業時間。他建議我去佛羅倫斯。他的姐姐斯隆（Sloane）就在那裡——她放棄了在瓦薩學院（Vassar College）念大學的計畫，寧可以外籍身分待在義大利。他這位姐姐比我大幾歲，有個交往很久的義大利男朋友喬望尼（Giovanni），兩人還共同經營一家叫做「禁止入內」（No Entry）的酒吧。康諾保證他姐姐會照顧我。他的指示十分簡單：「抵達佛羅倫斯後就到最近的付費電話亭打電話給她——她會帶妳到各處見識見識。」我從紐約登上義大利航空公司的班機時，就把寫著她電話號碼的字條夾在護照裡。

忍受時差換來的回報，就是一種新的方位感、一種新的語言和道地美食。義大利沒有讓我失望。從羅馬機場乘坐巴士到佛羅倫斯，我一邊吃著買來的糕點，一邊欣賞窗外的風景，看著眼前掠過的柏樹、山丘和農舍，這就像首次見到了自以為早就熟識的東西。終於在夏天正午烈日下抵達佛羅倫斯，我在聖羅倫佐（San Lorenzo）教堂附近跌跌撞撞地從巴士走下來。這一刻我清楚不過，我巴不得馬上跟這群交流計畫的女生分道揚鑣。整個跨越大西洋航程和兩小時的巴士車程跟她們在一起，已經讓我受夠了。

跟她們不一樣，我來義大利不是要跟女學生聯誼會的姐妹們血拚和閒逛。我錢包裡沒有父母提供的信用卡，不打算找個義大利男孩成為約會對象，又或每個月去一趟巴黎。我只拿著可供一學期花費的錢，要來念美術史。我預計在這裡待上三個月，雖然還有其他期望，可是仍然沒法說出到底渴望些什麼。

我從巴士的行李艙取回行李袋之後，我們這一大群人就被分為若干小組，送到火車站附近的一些膳宿公寓（pensioni），讓我們在那裡住一兩晚，直到我們分派到當地的寄宿家庭。我所做的第一件事，就是爬上三層的狹窄石階，去到我獲分配的那間三人房，放下行李袋，到大門旁邊排隊使用那裡的電話。我跟所有女孩一樣：先打電話回家。又或實際上是兩個家——先是我媽媽的家，然後是我爸爸的家，向他們保證我已經平安抵達。然後我打電話給斯隆。

「喂，滕碧！」她的語氣聽起來，就像幾天前的晚上我們吃過開胃菜（aperitivo）見面聊天過了一樣。「康諾跟我提到妳。我知道妳會打電話來。妳在哪兒？」

「我在火車站附近的一家旅館。」我不說「膳宿公寓」，因為我不肯定那個詞語的義大利文該怎麼念。

「我去接妳，」她說起話來嗓音沙啞而帶著輕快的新英格蘭調子，又夾雜著義大利文句末收束的腔調。我馬上意識到，她所具備的歐洲人格調是我不曾擁有的。「我們一起吃晚飯吧，反正今晚我要到市中心上班。我八點鐘去接妳。」

我掛上電話時，是午飯時間後不久，這是我在時差影響下能做出的最佳判斷。我有足夠時間小睡片刻再沖個澡，然後準備迎接我第一頓真正的義大利晚餐。其他女孩則開始聚起來計畫怎樣到旅館附近探索一番，也許去逛逛街再吃點東西，我婉拒了她們。

「我有一個朋友稍後來接我。」我解釋說。這是一種低調的炫耀，不會為我贏得友善的對待。

斯隆晚上八點四十五分開著一輛白色泛藍的老舊飛雅特500小車急馳到我的膳宿公寓。這款車我只在電影《小牛》（*I Vitelloni*）中見過，那是我修讀義大利新寫實主義電影課程時觀賞的影片。她在人行道旁停下，從駕駛座跳出來，走過來伸出雙臂摟著我。看起來，我們就像久別重逢喜不自勝的朋友。她一頭赤褐色的卷髮下垂到古銅色的乳溝上，那是沒穿胸罩依然顯現出來的乳溝。她臉上掛著的笑容，跟她身上穿著的貝齊·強森（Betsey Johnson）淡彩花卉圖案迷你裙一樣，豪放而燦爛。然而一直吸引著我目光的是她的一雙修長美腿。康諾曾告訴我她在大學主修戲劇，看來合情合理，因為她舉手投足就像剛從舞臺下來。站在她身旁，我這一身打扮像被比下去的侏儒：蓋璞（Gap）牌的牛仔褲、V領T恤、繫鞋帶的靴子，只有走在維思大學的草坪上這一身裝扮才稱得上酷。

「上車吧！」她摟過我之後接著說。她打開副駕駛座的車門，走進去爬過排檔桿回到駕駛座，在此同時她把那個有流蘇的皮手袋丟到後座，稍加思索後又把它拿回來放到大腿上，然後取出一根大麻菸。

「要嘗嘗嗎？」

「不，謝謝。」看來她已經吸過幾口。上面有一些口紅印。

「等一會再來吧，反正還有時間。」她發動引擎。「我們先去聖卡夏諾（San Casciano）附近跟我的一些朋友見面。就在他們家裡吃晚飯。男的是個畫家，女的為露伊莎（Luisa）服裝店設計櫥窗。然後我們一起去酒吧。」她吸了長長一口菸，然後把菸頭壓在車子的地板上弄熄。

「放到後座去，」她說著，把她的手袋遞給我。「妳的也一樣。」她補充說，把我放在大腿上的褐紫紅色帆布背包提起來。我照著做，然後我們便啟程，都市的夏日涼風從敞開的車窗吹進來。在昏黃街燈照射下，她開車穿過彷彿永恆不變的通道和狹窄的卵石路，恍如在迷宮裡打轉。我把手伸出車外，佛羅倫斯從我的指間溜過。

我們終於抵達馬西莫（Massimo）的家，那是一棟托斯卡尼式別墅，就在政治哲學大師馬基維利（Niccolò Machiavelli）兒時的住所附近。暈車加上焦慮令我不知所措。

「這裡的人說英文嗎？」

「一點點，但是我可以翻譯。進來。」

她一邊說一邊扭開沒鎖的前門門把，隨即像旋風刮地一樣直穿過房子，朝著房子底層遠處一角傳來的爵士樂和談笑聲走過去。

我跟在後頭，對於眼前的一切驚嘆之餘也不免有點膽怯。我幾乎以為此刻走過的是墨詮艾佛利製片公司（Merchant Ivory）的電影場景。石地板、精緻的繡帷、紅木書架。我們正要走到戶外的露臺時，斯隆回過頭來握住我的手，然後我看到露臺上起碼有十到十二個義大利人三三兩兩地在談天說地。每一番對話看來都親暱而充滿戲劇性，這一大夥人同時在吞雲吐霧。

斯隆擠了一下我的手，彎身過來對我耳語。「離開前我會請馬西莫讓妳看看他的藝術藏品。」

我焦慮地在T恤背面猛拉了一下，把它拉下來蓋過了牛仔褲的褲頭。我自覺到自己的動作，對斯隆的話卻來不及反應。

「他臥室裡有一幅畢卡索的畫。」她說著就把我推到了露臺中央。

「她來了，滕碧！一位美國朋友。」用義大利文介紹我出場後，她在我臉頰送上戲劇性的一吻，轉身就跑掉了。這些人是在那張農舍咖啡桌旁吸食古柯鹼嗎？

這群談天說地的人看似來自四面八方，浪蕩不羈，我轉身混入他們中間。我還算是有見識的，婉拒了他們送上的古柯鹼，但始終沒說要看畢卡索的畫。老實說，我不曉得如何開口，請一個才剛碰面的男人帶我去他的臥室，恐怕還不是時候。可是，儘管我仍然因為時差而頭昏腦脹，一個我從來不曾意識到的自我開始在腦海浮現。這一晚這種精力充沛的脈動擄獲了我的心，我決意在此時此地迎向意想不到的事。這個新的自我將擁抱這趟歷險旅程的每種遭遇，不管是好是壞，我放開懷抱接受將要發生的一切。像露出蛋黃的雞蛋，我是易受傷害卻又是愉快的。斯隆在前引路，我在合理範圍內跟著前行。在觸覺上，我對這個新國度產生了好感，它的語言在我的口舌間找到合適的位置，這晚一路下來，我說著幼稚園程度的義大利文，卻不再臉紅發窘，每投入一次對話就愈是信心滿滿。在一天內，義大利已經使我能從容面對自己。我沒有多少期望，說到底，我告訴自己，我只會在這兒待幾個月。當我望向露臺四周，無法想像這裡的任何人會成為我畢生的朋友。義大利只是一次匆促的歷險，屬於一段割裂開來的時間，是徹頭徹尾的插曲。

早上我回到膳宿公寓的三人房，呆望著天花板，我真的想狠狠捏自己一把。樓下早餐室的咖啡香繞過石地板飄送上來，伴隨著的是杯子碰擊茶托、茶匙輕敲瓷器、盤子堆疊相碰發出的清脆響聲；咖啡和新鮮糕點的香味令我心醉神迷。我滿心歡喜，迫不及待迎接新一天的來臨。

兩個月後當我再次和斯隆見面，我是在她的酒吧裡洗刷洗手間。那家叫「禁止入內」

的酒吧位於佛羅倫斯歷史中心區的中央，靠近聖十字廣場（Piazza Santa Croce），阿諾河（Arno River）近在咫尺。她像平時一樣下午經過酒吧進來看看，看見我手裡拿著硬毛刷，身旁的手提音箱正播著比莉・哈樂黛（Billie Holiday）的混音帶。我的朋友這時已成為我的雇主，我正在她的店裡打掃。雖然最初我曾信誓旦旦要自己節制，六星期後我原準備供整學期使用的錢已經花光。皮帶、手袋、晚餐，以及週末到羅馬和斯特龍伯利島（Stromboli）遊玩的旅程把錢都耗盡了。我身無分文，卻不想向父母要錢，因此，在課餘時間到「禁止入內」酒吧打掃洗手間。

「我們需要伏特加酒！」斯隆大喊，說著把一碗放了一整天的馬拉斯奇諾酒漬櫻桃（maraschino cherry）倒掉。她的酒吧快彈盡糧絕了。靈機一動之下，放下手頭的一切，馬上去另一家叫M16的酒吧請求應援。那家酒吧的老闆是她的朋友，當店裡的酒類庫存所剩無幾，便會彼此互借應急。它相距才幾個街區，據說滿貨架都是伏特加，而且彼此關係穩固無疑。期待著這個下午大有斬獲，她原就急促的步伐更是加倍迅疾。我緊追在後頭，竭力跟上她一雙長腿踏著大步加上毒品刺激下的匆促腳步。我從來就不喜愛毒品，但在佛羅倫斯我嘗試對軟性毒品抱持開放態度。「吸一口半口不礙事的，滕碧。來來來，不要像個笨蛋。」我能想像斯隆什麼毒品都試過了，我們轉過水街（Via dell'Acqua）的街角時，我正繞著這個念頭打轉，不小心就跟一個男人撞成一團。「不好意思！」我咕噥著說。

命中注定，他也是斯隆認識的人。當然，沒有什麼人是她不認識的。她向我介紹他：薩羅。

「哈囉，我叫滕碧。對，滕——碧——」我拚盡全力說出課堂裡學到的義大利文，說起來戰戰兢兢，看似不大肯定說得對不對。讓我保住顏面的是，我的口音還不至於完全失禮，而且還能相當輕鬆地說出自己的名字。

「我叫薩羅。妳是美國人嗎？」他笑著用義大利文問道。他身穿黑色皮革緊腰短夾克、白色長褲。「這可是十月啊！」我心想。他的夾克沒拉上拉鍊，我看到裡面是一件白色T恤，胸口印著大大橘色泡泡體的英文字DESTINY（命運）。圖案是雜亂無章的塗鴉，有一支火箭、一片披薩、一隻變形蟲、一把吉他、一團星座，還有數字八，亂七八糟地在畫面上漂浮，背景是藍藍黃黃的色調。我一看就覺得是某人潛意識的漫畫寫照。我只希望某人不是他。「還有為什麼義大利人要穿隨意印著大大英文字的T恤？」我心中暗忖。這時我轉頭去看了他的鞋子。那是雙黑色短靴。我馬上想到了神話中的小精靈。

我看著他微笑，用義大利文說：「嗯，我正在念美術史。」砰！說完這句，我學到的所有義大利文一句不剩了。於是我閉嘴，讓斯隆把對話繼續下去。我們站在維沃里

（Vivoli）店面前，有人曾告訴我它的義式冰淇淋（gelato）是整個托斯卡尼地區最棒的。我從斯隆和薩羅那邊轉過身去，要好好地看看店前進進出出的人潮。當我再轉身回去，我認真地全身打量薩羅，即使瞎子也看得出他是個俊男。才發現原來他的視線從來沒有從我身上移開，我如夢初醒，只盼自己當時穿的是好一點的胸罩。他含情脈脈，目不轉睛，令我覺察到自己的呼吸，也注意到他的眉型和睫毛長度。我要很用心才聽到他們在說什麼。我開始從他和斯隆的對話瞭解到他剛完成了當天在「水街二號」（Acqua al 2）的工作，那是不到一個街區之外一家很受本地人和遊客歡迎的知名餐廳。他是位廚師，有一頭黑色的性感頭髮、棕色眼睛、漂亮的橄欖膚色。在這個國家裡到處都是英俊、黑髮、棕眼、橄欖膚色的男人，但眼前這個男人卻令我暗暗心動。

接下來幾星期，他每晚下班後都來「禁止入內」酒吧，我們會聊個二十分鐘。每次他都重新自我介紹一番，令人覺得十分窩心。我得知他生於西西里的農村家庭，曾短暫在紐約州水牛城（Buffalo）住過，因為他十來歲時曾舉家移居當地。但美國跟他們格格不入，他們回到西西里，他不到一年便離家前去佛羅倫斯大學修讀翻譯課程，因而令多個世紀以來世代務農的家族傳統就此斷絕。兩年後他中斷了學業另謀出路，成為學徒廚師。他跟我談得夠多了，讓我體會到他是體貼、和藹而誠懇的。每次聊完之後，他經常會說：「我請妳吃晚飯吧。」

每次我的回應都避免任何承諾：「好啊，我想想，找個時間。」

薩羅從容、開放、富吸引力，卻不是我心儀的那種男人——不管在美國還是義大利。他看來太容易到手，太隨和。吸引我的那類男人，卻是孤傲，拒絕承擔，而且肯定不輕易對妳投以青睞目光。我以往在校園裡也曾投入好幾段戀情，都無疾而終，此刻我不打算建立任何認真的關係。我要專心於學業，不是男人。這卻是知易行難。

事實上，我在義大利的第一次魚水之歡，是在西西里附近的離島斯特龍伯利。我為什麼笨得那麼厲害？旅遊淡季在這樣一座小島上跟人發生一夜情——當時從島上開出的渡輪每五天才一班。真是個壞透了的決定。我整整四天設法避開島上的本地人，就在這時我新結交的「朋友」（amico）洛可（Rocco）要帶我多看一次島上的火山。在美國德州他們對於像我這樣的女孩有特別的形容詞。可不是「愚蠢」那麼簡單。接下來的另一段羅曼史，我給對方取了一個綽號叫「魔鬼」。他集所有義大利男人的典型特質於一身而令人瘋狂——性感、體貼，對一夫一妻制厭惡到了極點。他從事營建工作，參與佛羅倫斯歷史中心區那些十五世紀宮殿式大宅的整修。他自負、孤傲，很會說模稜兩可的話，卻不會說半個英文字。不過，我並不是要跟他談天。整段戀情維持了幾星期，令人如痴如醉。可是關係一旦結束，我就像頂著暴風在崎嶇不平的路上赤腳走路。我知道整件事注定沒有好下場，但每次見面便不知怎地再投入他的懷抱。他是撒在披薩上的氪星石，是我的剋星。

我無意跟這位穿緊腰短夾克的廚師外出約會，雖然每次見到他我心裡總會怦然一動。我試著把他當作不涉情慾的朋友，直到有一晚我終於失守。

某晚當「禁止入內」酒吧正響起大衛．鮑伊（David Bowie）〈叛徒啊叛徒〉（Rebel Rebel）的歌聲，我穿來插去擠過一大群顧客——當中有佛羅倫斯的波希米亞人、來自歐洲各地的博士生，還有最近從北美洲來的移民。空氣裡充塞著毒品和大麻的二手菸，令人覺得自己在翻拍的《絕命煉獄》（*Scared Straight*）參與演出。我雙眼灼痛，一身衣服散發著濃烈氣味。當我終於回到自己的座位，空腹灌下第三杯威士忌酸酒，自我陶醉地哼了起來：「叛徒啊叛徒，你撕破了裙子。叛徒啊叛徒，你的臉不成樣子。」然後我感覺到有人在我肩膀上拍了一下。

「出來，我有東西要給妳。」我的目光從那杯雞尾酒移到站在身旁的薩羅。酒吧招牌的霓虹燈給他一束束的烏黑頭髮抹上了緋紅光暈。「哇！也許我喝兩杯就該停了，」我心想。

「幾點了？」我問道。

「凌晨一點。」他說。他的皮膚在發亮。我真的想伸手摸它一下。結果我反倒是往下望。他仍然是穿著廚師的格子褲和那雙古怪的靴子。

「我確實得走了，明天早上要去烏菲茲（Uffizi）美術館上課。」我喝完最後一杯酒站起身，雙腿卻搖搖晃晃無法站穩。這時我發覺自己一定像是教科書裡樣板式的佛羅倫斯美國女孩——以研究文藝復興為藉口，卻只管瘋狂血拚，啜飲奇揚地（Chianti）紅酒，在一個又一個義大利情郎身邊打轉。我在內心一角也承認自己不務正業。我來佛羅倫斯不是為了在晚上酒吧做常客，白天做帶著宿醉的學生。我很幸運能切身體驗在文化、藝術和思想上真真正正的歐洲人夢想，儘管這是在灌下了廉價的田納西州威士忌之後醉醺醺的體會。我感覺到一陣頭痛正要襲來。然後我向著門口舉步，踮著腳往前走，卻不得不靠在薩羅肩膀上。這時我注意到他雙頰泛紅，有點透不過氣。

「這兒，你坐下來。我要走了，你坐吧。」我在帶醉的興奮心情下總是彬彬有禮。

「不客氣，」他說著，把夾克的拉鍊拉下來。他的脖子也發紅。這是我第一次看見他一團頭髮垂下到領口。我禁不住猜想他的胸膛是什麼模樣。「我一路跑來，一心期盼著妳還沒離開。」他是說「一心期盼」嗎？英文聽起來從來沒那麼抒情。我不假思索，就在他兩頰各送上一吻，再送上義大利文的哈囉和拜拜。可是過程中我腳步不穩，靠著他的肩膀支撐了恐怕太長的一刻，聞到他身上帶著木炭、橄欖油和大蒜的氣味。我深深吸了一口氣，當中混雜著濃濃的鹹味和醉人的氣味。過了好一陣子我才回過神來。

「妳就出來吧，馬上就好了。我要給妳一點驚喜。」我心想，英文聽起來就該是這樣的。我讓他拉著我的手。

他在前面帶路，大門另一邊迎面吹來一陣冷風令我馬上清醒過來。我眨著眼舒緩風的衝擊，突然間一切看起來刺眼而清晰無比。街燈灑下昏黃的光，在地面上拉出長長的陰影，門外有一輛單車，靠著那堵巨大的石牆，漆上糖衣蘋果那種紅色，車籃和車鈴一應俱全。

「給妳的。妳說在城裡到處跑需要一輛單車。比公車好吧，對嗎？」說罷他就把那個特大掛鎖的鑰匙交給我。「在短短時間內找到的，就只能這樣了。」

我嘴巴半張了開來。「不，我不能要。」可是我想要它想得發瘋，要是不加抑制，恐怕就會在人行道上大喊把上面的居民吵醒了。從來沒有一個男人會把我隨口提到的需要聽進耳中，並在幾天後讓我如願以償。這時心中冒起另一個念頭：「世上沒有白吃的午餐。」「我付錢給你好了。」我伸手把手袋拿過來，那是一個雙面縫製的手提包，是我抵達佛羅倫斯的第一個星期花了一大筆錢買來的，我愛帶著它到處跑，雖然它就那麼大，只裝得下一把梳子、我的護照、一支口紅，另加一張皺巴巴的佩魯賈之吻（Baci Perugina）巧克力包裝紙，上面印著王爾德（Oscar Wilde）的名句：「愛自己是一場終生戀情的開始。」

「付錢的話我會生氣的。這輛單車是禮物。來，把它帶回家。」

「現在不付他錢，日後還是要付的。去你的！」我心想。「請讓我多少付你一點錢。就用美國人的做法。我們平攤費用行嗎？」這番話對他起不了作用。「我給你三萬里拉好嗎？」這是我錢包裡全部的錢。即使醉醺醺，我也知道，以最好的匯率來算，這也不過是十八塊美金。這樣的出手是瑣屑而無禮的，但我管不了。區區十八塊美金，我以為就可以換來內心的安寧和一輛全新的單車。然後，彷彿某種攸關個人品格的重大原則突然湧上心頭，就是來自德州東部的祖母向我灌輸的原則，於是我補上要強調的一點：「除此以外，任何做法都不行。」

「好吧，」他漫不經心地說。義大利人的這種說法，在讓步之餘，也把爭論一下子打發掉。「可是起碼讓我陪妳回家吧。已經很晚了。我騎我的偉士牌機車在旁陪著，確保妳安全。」

因為喝下的酒和受到的刺激，我感到身體裡有些什麼在翻動。我試著騎上單車時，其中一條褲管纏住了單車腳踏。我無法拒絕他的好意。以同等力道衝擊著我的腎上腺素和酒精，令我別無選擇。

「妳住在體育館附近的一個家庭裡，對嗎？」這個傢伙在我們聊天時真的有留心聽的啊。

那一晚我們在靜默中一起騎車穿過佛羅倫斯的街道。我們經過米開朗基羅（Michelangelo）的大衛像和多那太羅（Donatello）的名畫《朱迪斯斬殺赫羅弗尼斯》（*Judith Slaying Holofernes*），舞動著的斑駁陰影在薩羅臉上掠過。這一趟夜行者的單車之旅在晨霧之下穿過佛羅倫斯城中區，有一位義大利廚師陪伴在側。在海外遊學的這個學期，我沒有這樣奢侈的期待。但也許我內心深處懷抱著這樣的希望。我想捏一下自己叫自己清醒過來，卻恐怕沒有這樣的需要。這一切好得令人無法信以為真。薩羅好得令人無法信以為真。瀰漫著義大利浪漫氣味的這團空氣快要一觸而爆破。我知道必會如此，但我不認為它會來得很輕易。我肯定無法信任愛，無法信任墜入愛河的自己。

我們轉進亞歷山卓伏特路（Viale Alessandro Volta），沿著這條大馬路就可以到達我的寄宿家庭。我害怕了起來，因為我正墜入他張開的情網。

「我從這裡自己回去就行了。謝謝你送我這輛單車。改天見。」說罷，我騎車全力飛馳，一雙激動的腿使盡九牛二虎之力，來不及揮手道別。我不敢回頭再看薩羅一眼。即使在世界上最浪漫的城市，我也會把一樁好事搞砸。

接下來的一個月，我早在酒吧打烊前就先離去，避免再次遇上單車事件的窘態。我跟那位當石匠的「魔鬼」男友合演的歌劇式大戲也完成了第三也是最後的一幕，曲終人散。他丟開我，搭上另一個美國女孩，看上了她的黑色長髮和她父親的信用卡。我完成了學期論文，寫的是麥第奇（Medici）家族和教宗良十世（Pope Leo X）在藝術贊助方面的嫌隙。同時從寄宿家庭搬到一間公寓，跟另外兩個女生同住，我們三人一個是美國人、一個是加拿大人，一個是跟那個加拿大人同床共枕非常淘氣的義大利DJ。一路下來，我感到精疲力竭，迷惘，心醉神馳，面對我在佛羅倫斯的新生活也有點煩惱。

踏入新的一年剛過一星期，一個晴朗的冬日，我在街上再次碰上薩羅。當我看見他的臉，心裡亮起了一道光。我終於向眼前的事實屈服：我不能抱著防衛的態度而贏得愛——不能老是想著什麼不能做，什麼規則一定要遵守。這種做法在我身上從來就行不通。我想我必須開放自己，就像我最初決意前來義大利一樣地開放、自然、勇敢而仰賴直覺。內心傳來的聲音跟我說：「妳在世界上最浪漫的地方，此刻裹足不前，更待何時？求愛去吧。」毫不猶疑地，我展現美國人本色，張開雙臂摟住他，問道：「你要約我出去嗎？」他一臉開放的神情，散發著暖意。我首次注意到他嘴脣微彎淺笑。這是他一直隱藏起來的表情。

「好啊，當然，我明天休假，」他說來毫不費力：「我的朋友會在主教座堂附近一間製片廠剪輯一部電影。妳喜歡電影和演戲，對吧？妳來剪輯室看看，我們再去吃午飯好嗎？」

我不是也提過，我夢想有一天成為女演員嗎？

「不錯，你說得對。我在美國念書時也學過演戲。」

「明天早上我在主教座堂廣場跟妳碰面。十一點行嗎？」說罷他便鬆開了機車的煞車，我一動不動地站著看著他的身影沒入人群當中，準備從老橋（Ponte Vecchio）穿過。

第二天，佛羅倫斯下起了十多年來的第一場雪。我把那輛光鮮發亮的緋紅色單車停在主教座堂廣場邊緣，從車籃拿起背包，向教堂的臺階走過去。那個早上佛羅倫斯陷入一片驚奇狂亂。小孩子面對大片的稀薄雪花不禁著迷，向著天空伸出舌頭；他們的父母就踏著匆促步伐走進走出咖啡店，邊走邊喃喃自語，對下起雪感到不敢置信。眼前一群佛羅倫斯人戴著安全帽遮擋輕輕飄下的小雪，他們的機車在覆雪的卵石路上留下一道道車跡。公車乘客上下車也要花更長的時間，街頭的攤販都把攤子給蓋上了。

我爬上教堂的臺階，站在吉貝爾蒂（Ghiberti）設計的青銅巨門前等候薩羅。身後那些《舊約聖經》人物浮雕像，在覆上一抹淺雪的僵凍下更顯得超脫情慾、永恆不朽。然後我看著更多的雪落在我那雙殘破的靴子上隨即化掉，腳下大理石臺階傳來的寒意直透腳底，感覺上與赤腳無異。這時響起上午十一點的鐘聲。約會對象遲到了。

到了上午十一點十五分，我的帽子和大衣都濕透了。我認為準時赴會是理所當然。難道我還沒從義大利人學到教訓？對他們來說，守時並無絕對的重要性，時間永遠是大約的。我伸手進袋子裡看看有什麼吃的。接著我的目光移向廣場另一邊，看著坐在店裡的人細啜卡布奇諾或灌下濃縮黑咖啡，這時我不免納悶，這次約會是否會跟我幾個月前來到義大利後的一段段戀情一樣，面臨遺憾的結局？光是這種想法就讓我蠢蠢欲動，想騎上單車直奔卡爾米內廣場（Piazza del Carmine），回到我新搬進去的小公寓。

二十分鐘已超過了我抵禦寒氣的極限——不管眼前的景物是否像明信片般優美。那天我不用上課，可是我還是有點常識。我絕不想為了等候一個顯然不會來的人而染上肺炎。我拉緊大衣，焦急地追想我是否把住在德州東部的祖母寄給我的手套誤放到哪裡了。我把指尖放到嘴巴前，吹出送暖的大大一口氣，然後走下臺階，兩步做一步，向著我的單車走回去。「怎麼樣的一個人，會送妳一輛單車，然後在第一次約會時讓妳白等一場？」我心想。

我眨著眼甩開雪花，猜想到底發生了什麼事，就這樣一路踏著單車跨過阿諾河回到公寓。

一小時後，我從卡爾米內廣場那棟公寓的頂層往窗外望。這時候吃早餐太晚了，但屋子裡就只有早餐食物，我心煩意亂又不想外出吃午餐，因為我要等薩羅打來的電話。我知道電話一定會響。我甚至會為此拿性命來打賭。感覺上我看似瞭解他，又或可說我不是真的瞭解這個人，但我瞭解他的心。肯定是發生了什麼嚴重的事，他才會讓我白等一場。

然後我聽到電話響起。我在大理石地板上火速滑向客廳中央一根柱子掛著的共用電話，確保自己是第一個接電話的人。

「對不起、對不起，我很抱歉。」薩羅用義大利文和英文說了一次又一次，語調急促、緊迫。

「發生什麼事了？」

一陣沉默。

「我睡過頭了。」接著是一句句急急吐出的話：「羅伯・普蘭特（Robert Plant）昨晚來到我的餐廳。他演出後和樂團來用餐，我為他們準備晚餐。他們兩點才離開。我三點才回到家。對不起，妳還願意再到市中心跟我碰面嗎？我們還是可以吃午餐，行嗎？」

「我一個半鐘頭之後要上課，恐怕不行。」我在撒謊。我無法肯定這是什麼緣故，也許要頂著寒氣再跑出去令人卻步，也許我想他來找我。

「我送妳去上課，然後等妳下課。」

「沒必要這麼做。」我後悔撒了那個謊。我裝作對他不感興趣讓他送上門難道還裝得不夠嗎？

「那麼今晚來我的餐廳吧。我為妳準備晚餐。」我還來不及回應，他就情辭懇切地說下去：「來，來吧。如果妳喜歡，請一位朋友一起來。這是我的榮幸。」然後他停了一下：「我相信我們可以幹一番不凡的事。」

沒有人曾跟我說過這樣的話。「不凡的事」——這種說法像閃電穿透我全身。他毫不費力地展現在我眼前的這個願景，把我倆跟不凡的事連起來，突然看似是麵包和奶油一樣地絕配。他的勇氣和堅定態度令我吃驚。他叫我注視關乎我未來的這個願景，這是此刻之前我不曾想過的。當他這種說法在我心裡留下烙印，我意識到沒有回頭的路了。當然，不錯，不凡的事是我期望的，也許，跟他一起，我可以得償所願。

「好吧。」我用義大利說道，同時悄悄慶幸，那不凡的事，說不定命中注定就從一頓不凡的大餐開始。

那一晚「水街二號」擠滿了人，為了等候一張餐桌而頂著寒氣的顧客在大門外團團亂轉。我在這群人的邊緣站著等待，舉目尋找兩個交換生朋友——卡洛琳（Caroline）

和林姿（Lindsey）。我接納了薩羅的建議請她們同來，一方面因為不想單獨一人用餐，也因為我好奇想知道這兩位女生對薩羅的看法。

林姿是來自曼荷蓮學院（Mount Holyoke College）的一名身材瘦長的曲棍球選手，有一頭扭成一團團她稱為「愛爾蘭式」的紅色卷髮，她最先來到。「嗨，怎麼樣了？」一如她習以為常的，她用她腦袋裡預設的另一種外文西班牙文來取代她說得結結巴巴、彆扭不堪的義大利文。其實她的西班牙文也一樣說得扭扭捏捏，帶著無可救藥的英文腔，但她似乎因為說著一種外文而感到心安理得。「卡洛琳可能遲到——她從波波里花園（Boboli Gardens）的另一邊走路過來。妳也知道，她害怕在晚上搭公車。」

當然，我怎麼會忘記？卡洛琳是來自南方衛理會大學（Southern Methodist University）的虔誠教徒，每次踏足義大利的公共運輸系統都會禱告。從義大利本土乘坐快艇到斯特龍伯利的那三個小時裡，她幾乎說起方言式禱告來了。她當然會遲到。

「進去吧！」我說，向著從餐廳散射出來的光線走過去。

一走進那狹窄的大門，我就上前找餐廳的女主人露琪雅（Lucia）。薩羅事前告訴我要去找她。「不好意思。」她抬起頭，瞄了我一眼，然後從甜點吧末端的位子一躍而出，臉上堆滿笑容，像一隻吞下了金絲雀的貓。

「妳就是滕碧，對吧？來，過來。」說罷她雙手抱著我的臉在兩頰各吻了一下。顯然我用不著自我介紹了。然後她突然握著我的手把我帶到餐廳的正中心。林姿在我後頭蹦蹦跳跳地跟著。

露琪雅走在我前面，她身穿李維斯（Levi's）501系列緊身牛仔褲，古銅膚色，淺金髮，帶有古羅馬人的相貌特徵，嗓子沙啞，掛著深具感染力的笑容。身為「水街二號」的老闆兼女主人，她坐鎮打理餐廳外場，有如歌劇演員在舞臺上壓陣。她緊緊握著我的手，把我帶到餐廳中心，大聲宣布：「來了！」然後在緊窄的空間一轉身，再次抱著我的臉，說道：「薩羅給妳留了一張桌子。妳聽得懂我的英文吧，對嗎？我去酒窖拿酒。」說著英文的她還用義大利文再說了一次「酒窖」。她指向用餐房盡頭一道鋪著卵石的樓梯，又再匆匆送上一個吻。她瞬即消失無蹤，把我留在餐廳中央。這就像回到了我抵達佛羅倫斯第一晚在那棟別墅裡的情景。我像是被丟到舞臺中央不知所措。

站在餐廳裡，我能看得出為什麼外國人蜂擁來到「水街二號」。它的嘗味菜單和顯而易見的義大利式熱情待客之道只是開端。燭光下洋溢著溫馨氣氛的餐廳，四周是一個個雅座，中間是一張張粗獷的木質共食大桌。這種地方吸引前來的人物除了觀光客，還不乏初露頭角的義大利電影明星、獨立音樂人、左翼政治人物和影藝界老行尊。老饕邊談天說地邊享用著令人垂涎欲滴的各色拼盤，在此同時一瓶瓶的美酒——像蒙特普希亞諾（Montepulciano）和經典奇揚地，還有酒味豐盈的提格安內羅（Tignanello）和瓶身苗條、酒色清淡的氣泡酒蜜思嘉（Moscato）——以閃電速度送到桌上。眼前這群人不光在飲酒作樂，酒酣耳熱，也在上演一幕大戲。每張餐桌上的「水街二號」專屬盤墊紙是一位知名漫畫家設計的。畫中所見，一對情侶坐在一個巴洛克式舞臺上，服務生送上一盤熱氣騰騰的義大利麵；上方的布幕有幾個字說明主旨：「誕生於劇場的愛永不止息。」這個三十四坪的空間滿載著佛羅倫斯的魅力，包覆它的是繪上壁畫的牆、拱頂天花板和十五世紀的拱柱。

置身餐廳中央，我可以看到薩羅在一陣蒸騰熱氣中像魔法師一樣動個不停，指揮若定地在鍋子的碰撞聲中大展身手；在「水街二號」沸熱的狹小廚房裡有條不紊地在一個個盤子上展現他的巧手妙藝。乍看之下就像阿拉丁發現神燈的那個洞穴，置身其中的薩羅，身穿白T恤、長及地板的圍裙、白木屐鞋，還圍著印上了正大展歌喉的詹姆士·布朗（James Brown）肖象的紅色紮染印花大手帕，背景傳來一個音箱響起布朗名曲的歌詞「這是個男人世界」（This is a man's world）。就在這時薩羅和我相視微笑，示意他稍後就會出來跟我打招呼。

「我相信她跟他上過床了。」卡洛琳終於來到了，不久之後在林姿幫助下，她就理解了眼前的一切，這時我們已到了樓下酒窖裡一個角落的位子安全坐下來。

「這不是我們該管的閒事。」但我知道卡洛琳認為薩羅絕對是她該管的事。這名來自南方衛理會大學的美女，每天寫情書給她的高中情人，一身格子布打扮樂此不疲。顯然她認為我是一個對男人如飢似渴的蕩婦，有待基督拯救。我可以肯定，我們一踏足斯特龍伯利島，洛可才讓我在火山砂躺下的一刻，她就在暗暗為我的救贖而禱告。但我也猜想，她也許確實是那種別具慧眼的女生，一哩外就能看出某某屬於哪種「男友類型」。以我在佛羅倫斯的既有紀錄來說，即使她在凡塵俗世的閒聊中也開口閉口就是上帝、救主，還是值得忍氣吞聲聽聽她的意見。

「沒有，我沒有。」我堅持沒跟他上過床。她們看起來半信半疑。

「我們有菜單嗎？」林姿看見一個服務生捧著好幾個拼盤送到附近一張餐桌，不禁問了起來。

我還來不及回答，露琪雅又現身在桌子旁，為我們開了一瓶白酒。「先來點白酒。」剛吐出一句義大利文，倒了酒，又消失無蹤。當她再次現身，手裡只捧著一個盤子，上面看似是綠色的義大利燉飯。在雙眼能辨別那是什麼之前，香味就先襲來。我聞到富泥土氣息、帶著奶油香的氣味，還有夾雜著一點薄荷芬芳的樹林氣息。

「第一道菜是綠醬燉飯（risotto con sugo verde）。薩羅會把菜單上每樣弄一點給妳們嚐嚐。整個菜單。菜單上的一切。」她雙語夾雜一再強調，我喜歡露琪雅這種說話方式。盤子落下桌面時輕彈了一下。「這是第一道菜。」再用義大利文說句「請慢用」，這位有如魔法師的女主人又如遁入石牆中了。我還沒嘗到第一口，卻像已中了魔咒。

我把叉子放到嘴邊，嚥下盤中只能形容為「天堂才有」的美味。我以往吃過的所有米飯，都不曾令我領略到這種境界。每一粒米，都是外層軟嫩而中心實在，入口微妙化開，送上別具質感的軟滑口感。

「很好，實在太好了，」林姿一口下肚首先開腔：「對了，妳說妳怎麼認識這個傢伙？」

「他是我的單車竊賊，記得嗎？」這是我給薩羅取的綽號，向我最喜愛的那部義大利新寫實主義電影致敬。它也暗指佛羅倫斯的黑市單車交易。我從某處得聞，我那輛車籃與車鈴俱備的亮麗紅色單車——令我和薩羅的關係翻開新一頁的這份禮物——可能實際上是贓物。像所有在佛羅倫斯買單車的人一樣，薩羅也是隨手撿便宜。他提醒我，要確保單車鎖好，他又告訴我，萬一單車不見了，他會走遍全市直到尋獲。然後他會付錢把它買回來。

「我認為妳應該認真考慮跟這個男人一起，即使他曾偷過一輛單車。」卡洛琳邊說邊盯住僅餘的一點燉飯，然後就把盤子清光了。

「他沒有偷過單車！他是『買』下它。」

「妳怎麼知道？」林姿打了個眼色問道。她總是認為義大利男人偏愛鋌而走險，這種想法讓她毛骨悚然。

「這是他告訴我的。」我沒怎麼遮掩我的惱怒，因為這刻我只管看著卡洛琳把最後一團滑如乳脂的燉飯送進口中。吃下去後，她舔了一下嘴脣，看來心滿意足，甚至，我敢說，像性愛的滿足。她的一雙藍眼睛微微閉上，口裡發出長長「唔」的一聲。她看似在帳篷奮興會中信主認罪經牧師按頭禱告獲得救贖。顯而易見薩羅的燉飯能將她引領到主耶穌面前，嘗過之後，她散發出一位新改宗信徒的光華。我差點期待她接下來高呼「哈利路亞」。

「多要一些會失禮嗎？」她怯生生地問道。

「也許妳可以請露琪亞專門給妳做一盤吧？」對我來說，最後一口最為重要，跟她分享薩羅的燉飯，讓我突然產生一種占有欲。她嚥下了我的準男友廚師的精心傑作的最後一口，卻沒有半點歉疚。

露琪雅一次又一次走過來，送上堆得滿滿的一盤盤美食：短捲麵（strozzapreti）配慢燉紅菊苣佐以馬斯卡彭起司（mascarpone）醬、螺旋麵（fusilli）配火烤紅甜椒醬、古岡左拉乳酪（gorgonzola）義式餃子佐以濃縮白馬丁尼苦艾酒和碎磨陳年帕馬森乳酪（parmigiano）。我開始意識到薩羅在直接對我細訴情意，每一道菜都是可吃進肚子的情書，飽滿而豪放。到了第三和第四道菜，我不得不承認這位穿著小精靈皮靴的廚師正與我共赴巫山，儘管我們從未親吻。

晚餐曲終人散，這一刻我如痴如醉，飽足無比，頭昏目眩，只覺薩羅是可以當男朋友的人選。我幾乎想拿一根香菸來吸一下，雖然我一輩子不曾吸過菸。

晚上十一點左右卡洛琳和林姿起身告辭。露琪雅為她們叫一輛計程車，因為卡洛琳不可能一路步行回家，而林姿三杯餐後甜酒下肚後也不勝酒力了。在踏出「水街二號」時，林姿不忘對餐廳的每個人說再見，熱情地揮手，「再見了，姐妹們。我愛提拉米蘇，」她夾雜著西班牙文邊說邊走，到了樓梯底端幾乎絆倒，她還補上一句：「我會回來的，朋友們。」然後她和卡洛琳消失於茫茫夜色中，留下我隻身在酒窖裡。

不消片刻，露琪雅又拿著另一瓶聖酒（vin santo），掛著同樣貓咪似的笑容撲通一聲在我身邊坐下來。我曉得麻煩跟著要來了。「妳是美國人，對吧？」佛羅倫斯人總是以為我可能是巴西人或衣索比亞人。有時，當我表明我不過是來自德州市郊地區的一個黑人女孩，他們看來有點失望。這次可不一樣。

「德州！牛仔！達拉斯！」露琪雅說。很快地，我意會到她指的不是達拉斯市，而是一九八〇年代那部以小傑（J. R）為主角的《朱門恩怨》（*Dallas*）電視影集。當時它仍獲授權在義大利播放。「我愛小傑和《美麗》。」《美麗》全名是叫做《大膽而美麗》（*The Bold and the Beautiful*）的肥皂劇，我從來沒看過，但顯然大部分義大利人都看過了，經常問我劇中誰跟誰在約會。因此這刻我覺得自己陷入了困局，被人當作美國流行文化的入門書。但露琪雅接下來更湊近一點向我追問的是：「妳喜歡薩羅，對吧？」這像是陳述句多於疑問句。

「對，我喜歡薩羅，」我用我能說的最棒最正式的義大利文回答。這可沒讓她滿意。她再挨近一點。我看到她用口紅畫的脣線，又聞到一陣萬寶路香菸的氣味。「認真的，對吧？」「認真」這個義大利文詞語，即使我乾掉了奇揚地還飲了好幾口聖酒，我還是聽得懂的。她要聽我的答案。但我還來不及說一個字，她又向我展開一輪攻勢了。

「他很帥啊，對嗎？帥！薩羅很帥。」她又雙語夾雜地說著，然後她抱住我的臉，一口氣吐出短短的幾句義大利文，向我做出最後的懇求：「他是我的好朋友，好好對待他，他是獨一無二的。」然後她就跑掉了，她牛仔褲的兩個後褲袋隨著她的步伐搖動，成為了長留腦海的影像。

我站起來，這時前所未有的一種刺激感在我心頭抖動。我舉步爬上樓梯往主餐廳去。人群已稍微散去，留下來的主要是成雙成對的佛羅倫斯本地人，但氣氛依然熱絡。揚聲器傳來保羅．孔蒂（Paolo Conte）沙啞卻帶點爵士味的歌聲，甜點櫃幾乎空無一物，只剩下一份提拉米蘇。我紅著臉走過廚房要去說再見。

薩羅向我微笑。「妳吃得開心嗎？我只是想弄些妳愛吃的東西。」

「開心。」他讓我覺得我像是能赤腳踩在火炭上。

「今晚很忙，連出去打聲招呼的時間都沒有。」他毫不設防，從容自若，令人心都軟了。「我明天去妳的學校。」

「好。」我只能擠出單字回應。然後薩羅跑出來在我臉頰上吻了一下。他皮膚濕濕的，因橄欖油和汗水而泛起光澤。他嘴唇抽離的一刻，我們的臉頰發出了輕輕一下的吸啜聲，標誌著我們確實有過肌膚接觸。我希望這一番動作就到此為止。一個吻令我高興。兩個吻也許就讓我無法抽身了。他已經用親手製作的食物，用他的創意把我填得飽滿。現在我還要面對他送上的肉體——他的眼睛、鼻子、嘴巴，還有他溫柔的眉額——使得我身體不期然地向後微傾。但他沒停下，跟我的互動還沒結束，他轉向我另一邊的臉頰在我耳邊低聲說：「我樂意一再為妳效勞，告訴我什麼時間就行。」

午夜剛過，我跌跌撞撞地走到水街上，這時我已被他的一切迷倒——他的皮膚、他的食物，還有道別時他把手搭在我背脊上的感覺。我選擇了較長的路回家，沿著阿諾河行進，每當夜闌人靜，家家戶戶進入夢鄉，這就是我最愛騎車路過的地方。從老橋穿過時，我停下來凝視著橋下靜止的河水。橋上亮起昏黃的燈光，斑駁的燈影從街燈和零星的窗戶投落在黑夜的水面。

我離開老橋繼續上路回家，經過聖弗雷迪亞諾城區（Borgo San Frediano）和卡爾米內廣場之間的街角，抬頭望了一下我那間公寓對面的教堂。它的一幅壁畫據信是當時年僅十來歲的米開朗基羅已知的第一件作品。凡事的第一都不容小覷，它是不凡的事的開端。我恐怕已墜入單車竊賊布下的情網：儘管聽起來像陳腔濫調，這是愛的第一口滋味。

延續不斷的愛，對我來說是難以捉摸的概念。我的父母在我七歲時分居，在我八歲時離婚，九歲時媽媽再嫁，十二歲時爸爸再娶。當我在佛羅倫斯時，媽媽在跟繼父結婚近十二年之後再度離婚。童年時代我曾在十年裡在五個不同的家生活。有時在媽媽的這個家，有時在爸爸的那個家，媽媽改嫁後的第二個家，爸爸離婚後那個新家，還有爸爸再婚並快有另一個孩子之後的新家。當我的大學同學提到「回家」，通常指的是一個特定地點，裡面其中一間臥房是他們第一顆乳齒脫落的地方，又或第一次偷偷把一個男孩帶進去的地方。這樣的一個家對我來說是陌生的，我沒有一個這樣的固定地點讓記憶有所寄託。不錯，我有棲身的房子，甚至可算是個家，但從感情上來說它們是有侷限的。我的童年經驗是支離破碎的，一直在試著適應父母親當前生活的最新形態，我這一代的人，父母生於嬰兒潮時代，這種情況相當普遍。我的父母雪拉（Sherra）和吉因（Gene）也不例外。

他們在讀大學時相識，那時的大學生正一頭栽進一九六〇年代末到一九七〇年代的文化革命和泛非洲民族主義解放運動（這就是我們自小以來聽說的「那場運動」）。我的父母迫切地要把美國重新塑造成一個更公正、更平等的地方。他們結婚時，一個二十歲，一個二十二歲，他們其實不認識對方，起碼可說彼此認識不深。我猜想他們只是喜愛對方的願景。他是學生運動的活躍分子；她在大學教務長的高材生名單中榜上有名，當教務長在校園裡發表演說，她就站到前排陪伴在側。他們都是渴望重塑世界的理想主義者。

由於他們在文化變革運動中的參與，兩人都曾被聯邦調查局列入黑名單，父親更曾因為煽動暴亂而鋃鐺入獄。

母親在名列休斯頓大學高材生之列時，就任職於工廠並組織工會。我曾陪著他們在非洲解放運動支援委員會（African Liberation Support Committee）熬夜到深更，會址原是休斯頓第三行政區的聖瑪麗天主教堂舊日的修女宿舍。他們一邊吞雲吐霧一邊打字製作傳單。背景播放著史黛波歌手家族（The Staples Singers）的唱片。父親曾追隨前黑豹黨領袖斯托克利・卡邁克爾（Stokely Carmichael）前去坦尚尼亞和薩伊，嘗試教導非洲故土的革命分子採用美洲同路人正用以對抗權威的抗暴手段。這是令人飄飄然的時代，很容易摧毀一段婚姻。我父母的婚姻也不例外。

給我取了滕碧琪爾（Tembekile）這個名字的人，不是泛泛之輩，而是米瑞安・馬卡貝（Miriam Makeba），她當時是斯托克利的妻子。馬卡貝這位流亡的南非民謠歌手被譽為「非洲媽媽」，她也是南非政府的頭號公敵。從巴黎到日本到紐約，她歌頌自由，宣揚反種族隔離主張。到了我懂事曉得她是誰之後，開始夜以繼日嘗試瞭解這位女英雄，但在此之前，早在我還沒有呼吸第一口氣的時候，她就為我取了這個名字。

直到我在小學四年級讀到她的事蹟，才真正瞭解被流放是什麼意思，就是被逐出家園，無家可歸。我當然沒有遭到流放，但在童年時代不時也有一種無根的感覺，有時我甚至幻想跟馬卡貝共組家庭。我把她視作教母，那是我的無神論父母不曾讓我擁有的。在我的童稚幻想中，她和我是兩個被流放的人在地球上被拋來拋去。

到了我父母三十歲時，他們投入的社會運動已在解體，雷根總統主政的時代已顯露端倪。他們和同時代的很多人一樣，從罷工糾察線退下，開始思索在這個不大願意改變的美國該怎樣賺錢謀生。這時候雪拉和吉因有了兩個孩子——家中增添比我小三歲的妹妹艾提嘉（Attica），爸媽背負著這個新家，各自重新思考家庭該是怎麼一回事。他們在成長歲月中就已經重塑了成年的生涯，成為父母，並經歷夢想的破滅。

如今在義大利，才二十歲左右，我正試著解答什麼能令人走到一起以至長相廝守。薩羅曾提到，兩人可以成就不凡的事而且持之久遠，這是個美麗的想法，卻是沒經過驗證的。可是，聽他這樣說，感覺上好像真實而可以實現。我延長了在義大利停留的時間，但畢竟幾個月後會回到美國，薩羅只管向我提議，我們可以一起共度這個夏天，他又會去維思大學探望我。一次，我們共度春宵之後，他說：「世界各地的人都要吃飯，我可以在任何地方當廚師；妳要做演員卻只能在洛杉磯或紐約。我會陪在妳身邊。」

我願意為他冒這個險。他對我們未來構建的願景帶著徹底的自信。他堅定不移，他堅信自己看到的前景，他每個行動都引導我走向這個願景。我獲得一種安全感，可以安全地敞開心扉，無懼受傷害。我可以敢於冒險面對以往我家裡沒有人能預見的一個前景——跟一名比我大十二歲的義大利男人建立可望維持久遠的關係，他沒有大學學位，寄望靠著「做飯」來支撐我們未來的日子，這是不大可能實現、浪漫、理想主義、從沒試過的，但我願意踏上這段歷程，且無法從我自己的人生或我父母的人生找到指引或範例。從他曾談到的一點點所知，從他小時候到今天，他的父母婚姻不曾生變，也一直住在原來的出生地。薩羅和我將要走出自己的一條路。眼前這段戀情由天各一方的兩個人建立起來，兩人文化、語言、種族各不相同，我們無法找來其他可作比較的人，對於當中的繁複關係也無法求教於任何人。這令人害怕，也令人感到自由自在，彷彿這是我這輩子第一次從敞開的胸懷，從自己的直覺，從心靈的願望，做出一次勇敢無畏的決定。

另一方面，我的家人對這段戀情有所保留。一次，當我如常在星期日從佛羅倫斯打電話和爸爸通話，提到我遇上了一個男人——一名年輕女孩在老遠的地方提到這麼一回事，光這點就足以引起他身為父親的警戒心。更糟的是，我談到會在義大利一再延長停留的時間，告訴他這個夏天還不會回國；又或即使先回去，也不過打算在他的律師事務所打工一陣子，賺夠錢就買機票回義大利。這就是他需要聽到的一切。他和我的繼母奧布瑞（Aubrey）第一時間買了機票來到歐洲，他們把我的三個弟弟留在家裡讓奧布瑞的媽媽來照顧，最小的弟弟才一歲左右，我也只見過他兩次。他們先搭機去瑞士，這是我爸爸能找到的最便宜機票，然後他們租一輛車駛過邊界進入義大利，再南下來到托斯卡尼，最後抵達佛羅倫斯。他告訴我想來看看我近況如何，探望一下遠在義大利的女兒，同時讓奧布瑞來度假。他沒告訴我而我能意識到的是，他很想親眼看看那個義大利男人，有需要的話隨時會叫他滾開。

老爸一身德州佬的盛裝踏足佛羅倫斯，牛仔帽、牛仔褲和短吻鱷皮靴一應俱全，他的絨面皮夾克，更是理所當然的帶有流蘇。只要看見他這樣子走上卡爾查依歐利路（Via Calzaiuoli），置身領主廣場（Piazza della Signoria），就足以令我對他添加一分孺慕之情，並不禁納悶是什麼一樁鬼事情讓他動了起來。他要跟薩羅見面是不容討價還價的要求。事實上他裝作若無其事地提議薩羅和我跟他與奧布瑞在「佛羅倫斯市中心區」喝點東西，因此我和家人在此聚首之後不久，薩羅便要準備跟我們碰面。我相當焦慮，恐怕薩羅在我爸爸面前會被嚇得一言不發，又或更糟的是疲於應付、狼狽不堪。

出乎意料地，他準時赴約而且從容自若。

「兩位幸會。」薩羅跟老爸握手，跟奧布瑞相擁了一下。「我在想今晚我們該一起吃頓飯，我在我的餐廳安排了。」

他熱情待客，毫無隱諱，我看得出老爸十分欣賞。

然而，卻是奧布瑞一眼看出薩羅的愛意。當我們在佛羅倫斯走完了一圈，一整個下午逛了一家又一家的商店，再吃完晚餐，她跟老爸說：「千萬不要因為他們的年齡差距橫加反對。你和我也相差十二歲。他內心的感覺溢於言表，這一點你不用擔心。」她掃除了任何徘徊不去的懷疑，解除了老爸的憂慮。奧布瑞是把薩羅迎進我家的大使。

我的親生母親就比較難說服了。她才經歷第二次離婚，開始投入一段新的關係，十分反諷的是，這個新的對象是她來佛羅倫斯探望我時碰上的一個男人。他是塞內加爾人，是外交家的兒子，是個穆斯林，在法國索邦學院（Sorbonne）接受教育。他與那個跟我媽媽度過十二年光陰的繼父，正好是完全相反的人，繼父是墨西哥裔美國人，自命為企業家，是個愛穿亞曼尼（Armani）西裝的人。那段終於破裂的婚姻，經歷了歷歷可見的謊言、可疑的商業策略、不忠的猜疑，還有其他我聽說的指控。當我啟程前往佛羅倫斯時，他們的婚姻就已經搖搖欲墜。媽媽沒怎麼談起，又或我沒有讓她多談。他們的離異叫人精疲力竭，儘管我一半的童年跟他住在同一個屋簷下，但仍很難在感情上依附他。他性情上就躲躲閃閃的，老愛作弄我消遣一番，使得我和他陷入更僵的關係。

一旦離婚的事處理完畢，媽媽可樂得躍上飛機來探望我。這正好是聖誕假期，我從來不曾在聖誕佳節離家隻身在外。雖然我很喜歡佛羅倫斯，這時我還沒開始跟薩羅約會，我想家想得快瘋了。

當她和我在波波里花園對面的一家咖啡廳細啜卡布奇諾和品嘗糕點，她突然輕聲卻非常堅定地對我展開一番質問，質疑我為什麼來義大利念書。按照她的想法，我是激進主義分子的小孩，從小被灌輸一種文化上的自豪和政治上的覺察力。我所接受的教養，令我對散布世界各地的非洲人所面對的挑戰懷抱悲憫之情。那為什麼我出國求學會來到義大利——這個歐洲文化的重鎮？為什麼不是去肯亞，像她往日參與社會運動時的友人瑪麗的女兒一樣？瑪麗的女兒在傅爾布萊特（Fulbright）國際教育交流計畫之下前往肯亞教當地學童英文，作為她在維思大學課業的一部分。為什麼我不能像瑪麗的女兒一樣？又為了什麼鬼原因我要繼續跟「白人男生」混在一起？她對我有更高的要求。我們一邊吃喝，她一邊大費脣舌向我說明這番道理。

「可是，媽，我主修的是美術史，畢業的要求包括法文、德文或義大利文的語言運用能力。在肯亞念書……」

我還沒來得及繼續下去，她就搶著說：「妳要在更寬廣的視野下看這個人生決定。妳待在這裡，無異就是排除了跟非白人在一起的可能性。」她的非洲中心主義是有條件的，在當時來說那些條件包括了黑人優先、第二考量以至其他一切都離不開黑人。

「我不曉得該怎麼說。我喜歡待在這裡，我沒有排除任何人和任何事。」

「有，妳有。妳身在何處，就表示妳把別的什麼排除在外了。」

這樣的對談是沒有出路的。我永遠不能說得贏。我這位黑人激進主義分子的母親，認為我背叛了她。讓我多吃一塊披薩好了。我知道不管我怎麼說，她都會堅持己見。

我開始和薩羅約會之後，如果爸媽互相談到這件事，不會讓我知道細節。最終來說，對於關乎內心感情的事，他們都有足夠的智慧、充分的直覺，懂得保持距離。面對情愛的問題，他們都願意在表達了自己的意見後，任由孩子折翼倒下或振翅高飛。不管他們抱持什麼意見，歸根究柢，我相信他們希望我活得快樂，如果一個義大利廚師能令我快樂，他們願意在背後支持。可以肯定的是，在他們教養下長大的女兒，懂得怎樣追隨自己的信念，也在摸索該怎樣追求內心所愛。在內心的某個角落，他們甚至對我的勇氣感到慶幸，我們這段姻緣的勝算看來那麼渺茫、難測，但他們曾教導我要為重要的事奮戰。

到了三月，我還是住在卡爾米內廣場上那棟公寓的頂層出租房間。一天晚上我在等待薩羅下班，大半個晚上我一直在跟新室友克莉絲蒂娜（Cristina）聊天，這位來自舊金山的美國女孩滔滔不絕地講她的故事，我像灌了一杯滿滿的威士忌昏昏欲睡。交談告一段落已是午夜時分，我打算躺下休息幾分鐘，等待薩羅在凌晨一點來到下面的廣場。自從他送給我一輛單車迄今四個月了，我們共用那輛單車往來於阿諾河兩岸之間。我們養成了一個習慣，他完成了「水街二號」的工作後，就會騎車離開佛羅倫斯城中區，過河來到卡爾米內廣場，在我的公寓外等待。他會站在對面的街道上，等待我來到窗前，我看見他便會打個信號請他進來。他不會按門鈴，這是因為我其中一個室友的緣故——克莉絲蒂娜和我都打趣地稱她為「雅室女主人」，這個來自加拿大的女孩事實上是個信託基金受益人，我們分租的房間，租約上登記的是她的名字。她有一種惡名遠播的做法：任何女生要是招來一些麻煩的男友，就會被她終止租約。晚上十點後按門鈴也是招惹麻煩。

當我三小時後醒來，流著奇揚地紅酒驅迫下冒出的汗，驚惶失措，已是凌晨三點半。我聽完室友那些悽慘的故事後，倒頭大睡，睡眠深沉到喪失了時空意識。我起來坐在那張狹小的單人床上，馬上覺察到自己釀成了大錯。我從床上一躍而起，沿著走廊在大理石地板上飛奔至公寓前方的窗子，心想：「我知道他不在那兒了。我失約了。」

當我來到窗前，滿心焦慮地一臉通紅，首先看到的就是傾盆大雨。「沒搞錯吧？」我心想。還可以更糟嗎？面對蒼茫夜色再往下望，他就站在那兒。薩羅先生，他的外套拉得緊緊，頭髮濕透亂作一團，抬頭向著公寓的窗張望。

此刻看著薩羅，我清晰無比地看到了他前所未見的一面。這個男人、這名廚師，正在向我顯示他內心深處是怎樣一個人，揭示了他人格的堅毅一面，還有他堅定不搖的意志。他宣示了他的愛，展示了他的願景，但這一刻他把愛意轉化為行動。站立在雨中，他彷彿正在沙地上劃出一條線。在線的其中一方，他向我展示如果我跟他這樣的一個人共度一生，能夠得享怎樣的一種愛——這個人勇往直前地背負承擔，毫不畏縮，絕不害怕，清楚知道自己追求什麼，無論如何，不管怎麼做，都會為愛不顧一切。

在線的另一方是另一種人生。這是我跟薩羅走到一起之前過著的人生，充斥著軟弱無力的承諾和模稜兩可的關係。這條線清晰不過，就像新現實主義電影任何一格畫面一樣黑白分明。這兒站著一個堅持等我的男人，他在雨中一直站著，儘管等得夠久，大可合情合理地轉頭離開。他愛我愛得深入骨髓，在這樣的情況下苦苦等候一個人，是不尋常的忠誠與愛的表現。更重要的是，它是堅忍不拔的表現。

我走下樓趕緊讓他進來，他首先送上連串的吻讓我也濕成一團。我幫他脫下夾克，他的第一句話是「我很高興妳醒來了」。

啟程來義大利之前，一天爸爸和我在他家附近的社區慢跑，他向我提出了一番明智的忠告。我原打算跟他談到媽媽那段婚姻恐怕快要走向決斷的結局。我剛在他的律師事務所打了一夏天的工，經常在午飯時間倒頭大睡。當時我鬱悶不已，只覺得一個大學畢業生回到家裡前途茫茫，不曉得下一步該做什麼。

他意識到我需要對愛情關係有更多認知，那是到目前一刻我還是沒有弄清楚的。「勝碧，世界上妳可以愛的人有很多，」他一呼一吸之間吐出這句話。

「對，爸，好吧好吧。」他突然談到這種貼身話題令我很不自在。

「且慢，讓我說完。」

我不想讓他看到我的反應，但他確實喚起了我的注意力。

「有很多人，也許甚至成千上萬，是妳可以愛的。但只有寥寥可數的人，」他慎重地說下去：「也許整個地球上只有一兩人，是妳可以愛上而且又能跟他融洽相處下去的。融洽地生活才是關鍵。」

身穿一九八七年律師公會T恤的他就此打住，張眼直看著我。我瘋了似地只盼他不要問到我的具體愛情生活。他現在跟我談的，通常我只能從旁側聞，聽著他在烤肉聚會中拿著一杯波旁威士忌迎著微風跟朋友無所不談。它聽起來確實沒錯，在關係、真正的伴侶關係之中，愛如果不能像友誼一樣維持下去，就沒有什麼可取。

我當時還不曉得的是，持之久遠地愛一個人，與對方「融洽」相處的迫切渴望，也表示要同樣地愛那個人仍未可見的一面。儘管薩羅的心像一本翻開的書，他還是有隱祕的一面。我和家人之間的愛是理所當然、穩固、開放的，甚至不用朝夕相對也維持不變。可是當他談到自己的出身或他的家庭（那是他絕少談到的），難免帶著一絲痛楚，帶著尚未平伏的情緒，還有失望的神情，那都是我無法看透的。這是他人生尚未完全向我顯現的部分，但不久後就將暴露在我眼前。

# 回味終生

水中加的鹽如果是西西里海鹽，比加入一般品牌食鹽像莫頓（Morton）等更快煮沸；而鮮羅勒不是開頭就加進去，要等到快完成才加入，這是慢煮番茄醬的竅門。月桂會帶出苦味，鷹嘴豆要隔夜浸泡，水中加一點鹽，我對廚藝的認知大抵就這樣了。多年伴隨著一位廚師，鹽如何影響水的沸點以至什麼時候加入羅勒，就是廚藝的中心課題。我從來沒有為今天做好準備，這天我站在爐子前，獨自做我的第一頓飯。

四月初的陽光經玻璃窗過濾灑進我們洛杉磯銀湖（Silver Lake）的家那間由薩羅設計的廚房——它是狹長式設計，爐子有四個爐頭，深深的工業式水槽，還有顏色可恰切稱為「海岸綠」的花崗岩流理臺檯面。這些設備沿著一面牆一字排開，牆上有一扇大窗望向後院。窗子周圍是一面六角形義大利大理石牆磚鋪成直抵天花板的防濺板。我想起了遇上薩羅前我曾在廚房待過見到的所有廚師，沒有一個給我留下什麼印象，僅有的例外就是我的父親吉因和住在德州東部農村的祖母。我基本上來自一直以來只看著人做飯的家族，大部分人甘於讓其他人做飯，我也樂於讓別人做的菜填滿我的飢腸。

當然，有些事我是懂得的，也許比很多家中掌廚的人還知道得多。我一直以來很懶，卻非盲無所知，我可以做到差不多的效果，但這跟憑著直覺來做是不一樣的。我做飯能做出他的精髓嗎？我還能不能在嚥下一匙食物之後嘗到他點石成金的祕技？又或我懸空的味覺見證了內心永遠抹不掉的哀傷？

我望向窗外那棵百年無花果樹，它就在廚房門外。然後我拿起他的刀。

讓我吃驚的首先是它的重量。我本能地挑了他那套刀具中最大的一把刀。它在刀座的最上方，是他最常用的。它是造工天衣無縫的鋼刀，刀柄的每個刻痕都在訴說一頓飯的故事、一種感情。它曾把數以千計的食材切塊、切片、切絲。它在我掌中的重量，迫使我坐了下來；一陣眩暈和噁心的感覺把我壓垮。我的丈夫死了！他走了！薩羅走了！——自他呼吸最後一口氣至今天，已經足足七天，這是我反反覆覆要自己必須面對的事實。

幾個鐘頭前，我把我們的女兒佐拉送到學校，這是他爸爸過世後的第一次。在家待了一星期後回到她一年級的教室，是跳出了大大一步躍進一個嶄新卻又出奇熟識的世界。她需要跟朋友一起爬樹，在沙池的攀爬架上倒掛玩樂，她需要從失去了維繫力的家庭生活跑開一段時間。

我還沒準備好回到我的演藝生涯。我無法想像我怎麼能把分場劇本拿來分析研讀，把自己的悲傷擱在一旁去深入探索另一人的人生。我無法想像自己再走進製片廠，又或能在令人信服的狀態下站在攝影機前試鏡。演戲一直以來讓我透過創作獲得救贖，我為自己建立起來的事業感到自豪，作為一名活躍的演員，我拍了好些有價值、獲好評的電影和電視影集，也賺得了一筆受之無愧的養老金，可是如今我害怕自己的事業也會隨著薩羅辭世而終結。當我在事業上不斷碰上種種挫折，他是背後不變的支持力量。我的經紀人和經理人知道我正沉浸在悲痛中，幾乎無法踏出家門。「妳做好準備後就告訴我們，我們會送上劇本。」他們這樣說。但此刻這就像地獄火海滾雪球一樣絕不可能。

作為一個新寡的人，我像魂魄飄浮在火星的外層星環，身體卻仍然綁在地球上。一起床整個早上彷彿腦袋裡在說著自己的一種語言，周遭的世界卻在說著另一種語言，像從吵啞的揚聲器發出匆促的胡言亂語直向我耳朵刺來，我的感官知覺混亂不堪，聲音像是黏附在上顎的苦味，視覺像是在我眼皮上掠過的粗糙觸感。我在悲痛的爆發點，彷彿上下顛倒，左右四方混作一團。我記不起鹽放在哪裡；拿起刀來很吃力。我往下看著自己雙腳，因為我無法確信腳下的地球仍然存在。在已知和未知的世界裡，我理解不了任何事，完全沒有，唯一的例外是在家裡，靠近我的床，在薩羅的廚房，以及在我們最後道別的那個房間。

從廚房我可以看到由舊日工作室改造而成的臨終病房，現在放了一個祭壇，是房子的靈魂所在。這一晚，佐拉和我還是會做過去六個晚上我們曾做的事：一起來到這個房間，閱讀魯米（Rumi）的詩，播放薩羅最愛的音樂——藍調歌手艾伯特・金（Albert King）和爵士歌手保羅・孔蒂的歌，點燃鼠尾草，念誦一本燭光儀式手冊中為初逝者編寫的禱文。我們藉著這些儀式試圖在黑暗中尋找一條出路。

令我們全然崩潰的是癌症。薩羅最初在十年前確診患上平滑肌肉瘤，那是一種罕見的軟組織惡性腫瘤，起初出現在左膝的平滑肌上，再擴散到他的大腿骨。

因為過去十年我們經歷了那麼多風浪——病情的起起落落、諸多臨床試驗、病情的偶爾緩解——我無法得知一個月內一連串的住院就是終局的訊號。在他對一種新藥產生了不良反應後，某種醫療處治上的混亂隨之出現。我們突然墜入的這個處境，只見專科醫生各持對立觀點，各種專業醫護人員從薩羅身上彷彿只看到拼圖遊戲的其中一塊。只有我能著眼於他整個人生、整副軀體和他內心的種種渴望。我試著人性化地看待病歷表背後的病人。他名叫薩羅。叫他薩羅，不是他原有的名字羅薩里歐（Rosario）；不是西班牙人，而是義大利人；是名廚師，一位父親。結婚至今二十年。隨著肝臟病學、內分泌學、免疫學、腸胃病學和整形外科的主治醫師相繼為他施治，我最後不得不屈服，只好在病房的白板上，寫上：「家庭照護者：滕碧，妻子。坐在牆角的黑人女人。」我是在兩名護士問我是否為「幫傭」之後有這樣的反應。

面對不斷惡化的病情、互相矛盾的診斷結果，還有女兒總是渴望見到愈來愈少在家的爸爸，我用上了作為照護者學過的一切做法。我把詩集放在他住進的每間病房，我帶給他一副眼罩、一臺播放舒緩情緒音樂的音響、一根電子蠟燭，我在每間病房噴灑芳香療法的香精油，蓋過消毒藥水的氣味，還有晚上在太陽穴和肚皮擦上巴哈花精（Bach Flower Remedies）。我從家裡帶來自己做的菜，因為醫院的食物缺乏營養而且令人心情壓抑，對一名廚師來說尤其如此。他首先要接受限鹽的飲食，然後又是高蛋白質菜單，我買了三種口味的高蛋白質有機奶昔，放在床邊的冰桶裡。

每晚我離開醫院前，都會吻一下他的心輪，然後我看著比佛利山逐漸從我身後消失，這樣我回到家裡，待佐拉早上起床時就可以陪在她身邊。我每天早上一早起來，會打電話向護理長查問他的最新情況，我會為佐拉做早餐，向她保證她爸爸（她用義大利文叫Babbo）情況還好，然後朝東開車送她上學，再轉過來往西橫跨整座城區去看薩羅。我會花一整天瞭解他的身體狀況，試著讓他過得舒服一點。

在這個月的一片混亂中，我還是能把錄影帶送到製作人手上，為兩部電視試播節目進行了試鏡，因為這是電視臺的招聘季節而我們家正需要錢。然後我卻打電話給我的經紀人，說我的工作已排滿了，直到另行通知為止。二十年來我從沒這麼做。我推掉了尚未到手的工作又或可能永遠無法再獲得的工作。我從眼前的可能性抽身而去。因為我要有空間準備好另一種可能性——薩羅可能離我而去。

當薩羅在手術檯上幾乎死於鬱血性心衰竭，那就是一個轉捩點。我無法再逃避，日益意識到我們跟癌症的對抗已到了終局的開端。手術後他在加護病房醒來，看了我一眼，用義大利文說了一聲「勝利」，這是垂死者的勝利。

我送上一個又一個幾乎令他窒息的吻，甚至想爬到床上躺在他身邊感受肌膚之親。我要透過我的觸感撫慰他的身體，如果這一刻還能跟他做愛，我會毫不猶疑。可是我不能把護欄拉下，他身體接上了靜脈點滴和監測器，我們頂多只能互相握手，我頂多只能彎身向他許個承諾。

「我會帶你離開這裡。我會帶你回家。親愛的，我答應你，我們的故事不會就此終結。」

當他迷迷糊糊快要入睡時，我向他許下其他承諾，我突然體會到，事實上所有人都正在「走向死亡」，活著的人就會向垂死的人許下這種承諾。人生是短暫的，任何一刻都可能走近終點。我們都在掙扎求存。

我答應和他一起開車去大峽谷遊玩，還打算北上阿拉斯加海岸。如果他能出院，也許這都可以實現。如果真的做得到，我甚至會答應為他摘下月亮和星星。回到眼前，我聚焦於兩件我知道能馬上實現的事：「我會確保你的妹妹來探望你，我會帶佐拉來看你。」

在加護病房待了兩天後，薩羅回到普通病房。這裡一切都發出公共機構那種惡臭，包括我在內。幾星期一直穿在身上的風衣外套散發著濃烈氣味，我一身發臭，是個滿心憂慮的女人，感覺我一生的最愛正在溜走。薩羅休息時我就在醫院各個大廳來回踱步。冬天靴子的鞋跟踏出沉重的腳步聲，直刺我的耳朵。在走廊上我碰上一個剛成為父親的男人，他一手拿著印上「她是女孩」的汽球，一手捧著愛薇餐廳（The Ivy）的外帶食物。我則一手拿著兩根給薩羅的冰棒，分別是檸檬和櫻桃口味，是我從醫院五樓小兒科病房廚房長廊上的一個小盒子找到的；另一隻手正操弄著手機。

電話的另一端是薩羅的媽媽，我的婆婆克羅琪（Croce）。她丈夫三年前因癌病逝，現在是個寡婦，只穿黑色衣服，只有去教堂才會離家外出。薩羅叫她「媽媽」，自從我們的女兒出生後，我就叫她「奶奶」。

奶奶情急地扯著嗓門說話，巨大的聲浪在我的耳朵和肩膀間迴盪。我試著想像她在六千哩外的家中客廳，那是西西里山區山腳下郊野的一個小房間。

「他怎樣了？」她用義大利文問道，這是我們唯一的共同語言。

「我正拿一些東西給他吃。」我停下來靠在牆上。

這是沒有真正回答問題的一個答案。但我知道視覺印象的力量。因此我說出這個答案，我知道這可以讓她想像我正在餵她的兒子，這也表示他身體狀況仍然可以進食。

她曾告訴薩羅，聖母向她報夢，要把她的兒子召回天家了。

「醫生怎麼說？」

「他們在觀察。要看看他肝臟的情況能不能穩定下來。」我抽身走離那面牆，繼續走向薩羅的房間。「請告訴我弗蘭卡（Franca）是不是要來了。」弗蘭卡是薩羅的妹妹，也是唯一的手足。我們結婚後她從來沒來過美國探訪。

「她會去。」

當我回到他的房間，病床上的電視正在播放電影《四海好傢伙》（*Goodfellas*）。他身旁是佐拉一張裝在紅色相框裡的學校生活照。根據醫院的政策，十二歲以下的兒童來到醫院只能停留在大廳，這是令人惱怒而沮喪的。這段日子裡，有一次我推著坐輪椅的薩羅去看她。他們在大廳互相擁抱時，要一邊忍受著星巴克咖啡店磨豆機的噪音，還有大廳裡的小型三腳鋼琴正在高奏〈火箭人〉（Rocket Man）。她問他的第一個問題就是他為什麼穿裙子，然後又問她能否坐在他大腿上。第一個問題讓我笑了起來，第二個問題就讓我哭了。當他們十五分鐘後道別，我知道如果我不設法把她帶到他面前，他可能再也不能見到佐拉了。

這些日子延續一星期後，我想到了怎樣偷偷把女兒帶進醫院去看她垂死的父親。她到了他身邊，就會甩掉腳上的芭蕾舞軟鞋，爬到床上陪著他。

「爸爸，我給你講一個我寫的故事，關於一隻愛吃冰淇淋的狼。」

我看著他們在床上，彼此因為對方在身邊而喜形於色，我真的想大家都沉醉在這一刻，希望此刻的溫存永恆不變。可是身邊的事情繼續加速行進。人生終結的進程反反覆覆時慢時快，這是醫院裡的一個等待遊戲。

然後總醫師來看薩羅。我暫時跑開一下，回來時他們才談到一半。

「剩下唯一的選項就是肝臟移植。」她說。

薩羅目光從她身上移開，又回到她身上。「我不認為該這麼做，把肝臟留給有用的人吧。」他說，他的皮膚因為黃疸病而發黃。

我感覺到腳下的地板在崩塌，要靠在病床上才能站穩。剩下的唯一選項實際上根本不是選項。在我能完全解讀這句話之前，她已經離開了病房，繼續她的巡房行程。我要幾秒鐘，甚至像是幾分鐘，才能完全認定她已離開，接納剛才發生的一切。

我從薩羅床邊跑開，追著她跑向大廳，加快腳步要趕上這位總醫師和跟她在一起的那位住院醫生。我靴子的鞋跟在大理石地板上響起噠噠的急促腳步聲，終於在走廊追上了她。

「妳實際上說的是什麼意思？」當我看到她目光在迴避我，薩羅能復原甚至穩定下來的任何尚存希望都徹底破滅了，她不用開口已給出了答案。可是我仍然要聽她說出來。我一邊問也不禁害怕聽到自己的聲音：「他快不行了嗎？」

她抬頭望了一眼，眼睛又往下轉。她點了點頭。

然後，慢慢地，她終於開口。

「對，他快不行了。」

我從來不曾為這樣的消息做好準備，不管他患病一路下來多久了。這一刻我像魂不附體。

「如果再沒什麼可以做了……那麼還能拖多久？」我需要知道。

「兩星期，也許，兩三個星期吧。最好的話。」

「那會是怎麼樣的？會很痛嗎？」每問一個問題，我就愈走近那個沒有薩羅的世界，走近寡婦的生涯。

「肝臟衰竭相對來說是無痛的死亡過程。他不會痛，只是愈來愈累最終就走了。」

這句話是第一次大聲說了出來：薩羅快不行了。我聽到的時候，正站在一家頂級醫院的大理石地板上，牆上掛著昂貴的藝術品，一輛餐車從我身邊推過。

我回到他的房間，他正沉沉入睡。我彎身吻了一下他的前額，然後我堅定地許下一個熱切的新承諾：「我們的故事不會在醫院裡結束，我要帶你出去。」

我走到走廊上，朝護士值班站走去。「我該怎麼做？我要帶他回家。請告知主治醫生我打算讓他接受安寧照護。」我對護理長說。她看得出我如何迫切。

「我會讓她知道家屬的要求，她要發出書面許可。」這個說法令我覺得欠缺保證。

在薩羅待在加護病房以至醫生談到肝臟移植這段時間之間，弗蘭卡和她的丈夫柯西莫（Cosimo）從西西里趕來了。薩羅迫不及待要見他的妹妹。當她現身，明顯可見她沒有心理準備看到她哥哥身體如此虛弱，呼吸如此困難，原本不易動情的她，一看見薩羅就大哭了起來。她用母語跟他聊了起來，我知道這是他心靈上的撫慰。她也知道她正為他帶來安慰。他會跟她親切地說再見，握著她的手，凝視她的臉。

弗蘭卡在醫院陪伴薩羅，給他帶來西西里的童年記憶，讓他臉上展現微笑。她在我們家的廚房為他做了小扁豆湯，放進一個寬口玻璃瓶帶到醫院。她把醫院的食物推到一旁，舀了一份湯到他的午餐盤上。從早到晚，他們都試著讓對方寬心。但每一晚，當我開車送她回到我們家而他繼續留在醫院裡，她都會悄悄飲泣起來。稍晚當我再回到醫院，薩羅也告訴我他在為妹妹擔憂。

「他們什麼時會讓他回家？」她快要回國時向我追問。我試著解釋這裡的醫療系統種種流程，比她在西西里熟知的任何流程要來得複雜且官僚化。「薩羅需要血小板，這樣他的身體狀況才能穩定下來，可以離開醫院。把他帶回家要準備好精確定時地為他輸血，出院時要給他即時的指示，還要安排緊急救護技術員隨時候命。」

她聽了氣餒不已。「這可能成行嗎？」

「我正盡力而為。」

兩天後終於成行了。我們從醫院後方的電梯下來穿過急診室走到外面。緊急救護技術員推著輪床在主通道和小走廊之間來回穿梭。多年來看著醫院裡種種慌亂的活動朝著同一方向前行，現在在同樣的走廊上反方向行進，就像在慢鏡頭下移動。我緊握著薩羅的輪床，彷彿要不如此它就會滾開了。他從來沒有過躺在輪床上離開醫院。

當玻璃門滑開，清新的空氣迎面而來，卻對我的肺臟造成嚴酷衝擊，我無法呼吸正常生活的空氣。在停車場上方的燈光照射下，薩羅比片刻之前臉色更為蒼白，黃疸病況更為明顯。我脫下外衣蓋在他身上。急救護理人員小心翼翼把他從救護車車尾抬進去時，提醒我說他們會緩慢行進。不會響起警笛聲。

車門在我們後面砰地關上，彷彿這是真空的密封空間。我握著薩羅的手，救護車動了起來。不久後我看見比佛利大道（Beverly Boulevard）的燈光從眼前閃過，人群從營業至深更的餐廳蜂擁而出，其他人三三兩兩在人行道上邊走邊談笑。我們也曾是笑著從餐廳跌跌撞撞走到街上的一對夫婦；我們曾在義大利騎單車跨過阿諾河，如今握著他的手是唯一值得關心的事。他沒有力氣說話，一個字也說不出來。當我們越過佛蒙特大道（Vermont Avenue），我知道我們快到家了，家中的安寧病房在等著我們，佐拉這時該在樓上睡著了。我帶著薩羅回家告別塵世。

洛杉磯銀湖地區這個三月寒冷而潮濕，可是我們前院的蠶豆長得很好。在西西里，蠶豆被奉為神聖的食物，在復活節期間享用。它令人聯想到復活、重生和永續不衰。薩羅讓我學會蠶豆是唯一回饋土壤的植物，不會耗光土壤的養分，它們可以豐富土壤中的氮，每次發芽滋長都慷慨而堅定地做出貢獻。這個春天，院子裡的蠶豆長高了，成為薩羅與他的廚藝生涯、他的文化和他打造的這個院子的最終連結。多年前，當薩羅在化療後聽從醫生指示在家休養讓免疫系統變得夠強得以應付下次手術，他就重新設計前院，把它當作當時的使命。他花了兩星期在素描本上繪畫造園設計圖——幾個升高的花臺圍著中央一座噴泉形成鑽石形結構，每個花臺之間是鋪上碎石的小徑。一個月內他就讓我們的前院脫胎換骨，蠶豆成為當中的主角。現在蠶豆立於園中，青綠一片在風中搖動，對於我這位在院子一旁的房間裡垂死掙扎的丈夫無動於衷。

屋子裡到處是安寧病房必需的不尋常事物。一名護士在我身旁走過，各種人員進進出出，我跟社工瑪格利特（Margaret）講電話時，踩在一台扭扭樂遊戲機上。這是星期二上午十點左右。

瑪格利特專門協助父母因癌症、愛滋病和肌萎縮性側索硬化症等疾病而離世的孩子。她問了一連串問題，像我們的女兒有多大，薩羅患病多久了，我們的殯葬計畫怎麼樣，然後就迫不及待地談到她的諮商對象。

「兒童，尤其像妳女兒這種年齡，傾向於魔幻式思考。妳要幫助她明白眼前發生的事，因為她的腦袋就是想把事情忘掉，她的腦袋和內心無法承受。」她的聲音緩慢而穩定地傳到我的耳邊。

我坐在地板上，把扭扭樂挪到一旁。

「妳必須讓她成為這個過程的一部分，」她繼續說：「當她父親死亡的那一刻來到，把她帶到他身邊。她沒有見到他之前不要把屍體移走，讓她有片刻時間伴著他，讓她觸摸他，問她感覺如何，這是重要的。她要記住觸摸他皮膚的感覺是怎樣的。」

「我不曉得我能不能做到。」我的聲音在我的腦袋發出迴響。

「妳可以的，妳會做的，」她說。感覺上她就像可以在暗無星光的夜晚下在戰壕中做手術的那種女人。「有什麼人能幫妳嗎？家人？」

「有，妹妹、爸爸、繼母，他們都在這裡。」我說。

「那妳就能做得到了。」她可還沒說完，還要說下去：「我知道這聽起來很可怖，但妳要在丈夫死後拍一張照片。不是拍妳的女兒和他在一起。而是要拍他單獨一人。拍一張他的照片。」她刻意重複說道，而且直接了當。

「我不明白。」我聳肩彎身向前，不大確定我的身體還能不能挺得住。

「然後妳應該把照片收起來，」在她口中這就像從烤箱把餡餅拉出來一樣輕而易舉：「從好的方面來說，妳可能永遠用不著再看這張照片，但說不一定有一天妳會需要它，到時候妳就慶幸手上有這張照片了。有一天當女兒到了十六歲，由於爸爸在她人生中無影無蹤，她的哀傷就會一湧而出、鮮活無比，她會感到憤怒、挫傷、混亂，她對妳、對人生會怒氣沖沖，她會說『妳沒有讓我跟爸爸說再見』或『我沒有機會參加他的告別式』。她不是憑空捏造，對她來說這是真實的，小孩子會把無法承受的事情埋藏起來，這就是為什麼妳要有一張照片。」

瑪格利特向著沒有薩羅的那個未來往前一躍十年，躍向已十多歲而正感到憤怒和挫傷的佐拉，躍向身為單親母親的我。她描述的是一個我還不敢思量的世界。

在這幾天之前，在我們把薩羅接回家之前，我就已告訴佐拉她的爸爸快要死了。當一位朋友去接她放學回家，我就在腦袋裡一直排練這番話，就像我為試鏡排演對白。我試著用三種不同方式說「爸爸快死了」，三種不同意圖，三種不同取向：安慰她、講得清清楚楚、強調事實。但這不是演戲的排練，每次話快要吐出口時就噎住了，多少次的排演都無法讓我做好準備。

她回到家裡，我請她走進我的房間。她在我床上玩耍，我告訴她這一晚她可以跟我一起睡。我要她談談學校最近前去加州沙漠的一次郊遊。她提到郊狼、沙漠松鼠，還有一百八十公分高的仙人掌。聽起來這全都像來自另一星球的事物，那是活生生事物的星球，跟我近年一直生活其中的那個醫院世界完全不一樣。她一邊說，我試著聚焦在她的雙眼，我握住她垂下來的辮子，抱住她的臉，吻她。然後我說：「寶貝，我要告訴妳一件事，關於爸爸的。」

「我知道，」她說，聲音裡不帶一點驚訝或焦慮。她有預知能力。

才七歲的她說：「我知道。」

「我知道他快死了，」她繼續說：「我心碎了。」她目不轉睛地看著我，似乎在期待這還有可能不會發生。提到這樣的可能性，我也許就會把她拉過來靠近我說道：「啊，不，寶貝，不會不會。」結果我沒這樣做。

「對，我也心碎了。」

「還有多久？」

「我不知道，但是快了。」

然後她目光移開，茫然若有所思，是無法開解的想法。她凝視著床後方拉開了的窗簾，目光迷茫像視而不見。她臉上的表情、平靜的神態，讓我的心像被噬了一口。這是超乎一個七歲小孩所能承受的。「妳的心碎了，我也一樣。」說著我伸手過去把她拉過來。「來，跟我一起坐。」

她蜷伏在我大腿上，哭了起來。我撫摸她的頭，我們在床上躺下相擁。我們躺著，這是神聖不可侵犯的長長一刻，我們只能互相扶持，因為只剩下我們兩人。

我和社工通話完畢掛上電話，一身在顫抖。我只想走到薩羅身邊。於是我站起身走過去，拉開房間的拉門，這個房間幾天前還是我們的書房。獲知最新消息的朋友紛紛前來探望送上鮮花，房間裡滿是含苞待放以至盛開的鮮花。病床旁邊的桌子上放著一根蠟燭、他最愛的魯米詩集、一張奶奶從西西里寄來的印有禱文的問候卡，還有一塊水晶。平日放我書桌的地方如今放了氧氣機，輕輕地不斷嗡嗡作響。我們的書房現在成為了安寧病房，有如子宮般讓脆弱的生命安寢。

薩羅的頭別向另一邊，他正陷入沉思。

「嗨，親愛的，」我用義大利文說，同時繞過床尾走到他面前。佐拉的填充動物玩偶在他腳端的床罩上。她把它們一字排開面對著他。綁在病床護欄旁的是一顆從超市買回來的汽球，印有「歡迎回家」的字樣，還有一顆聚酯薄膜銀色心形汽球，是佐拉親自挑選的，她還用她一年級生的字跡寫上義大利文「我愛你」。

當我坐到床邊，他跟我有一下眼神接觸，停了一下，然後望向別處。

「只有我，」我說：「護士凱西（Cathy）在外面。」

他臉上露出了笑容。

「要蘋果汁嗎？」我把一個有彩虹吸管的塑膠杯遞給他，那是佐拉早上上學前留在他床頭的。我們都認為讓她每天過正常生活是最好的。但她想跟爸爸一起吃早餐，蘋果汁是她道別時留下的禮物。

他點了點頭，我把吸管前端彎下來放到他嘴邊。這樣做時，他身體移了一下示意我靠近一點。他的皮膚是溫暖的，我可以聞到，除了藥物、碘和嬰兒濕紙巾的氣味，他身體上仍然帶著他特有的鹽和香料混雜的泥土氣息。我在他前額送上實實在在的長長一吻。

「佐拉去哪了？」他問道。他忘記了。

「上學去了。」我把他的床罩拉平，然後走到房子另一端調高他 iPod 的音量。再回到床邊坐在他身旁。這些年來，我一直都會想到最終這一刻的來臨。這是我跟預見中的悲傷搏鬥的一種方式。我開車前去試鏡被堵在高速公路靠近蓋蒂中心（Getty Center）的405號州際公路高架道上時，腦袋裡不是在演練臺詞，而是在考慮薩羅垂死彌留之際應該給他播些什麼音樂。我知道聲音是人類在娘胎之內時最先建立來的感官連結，我也看過一部有關《西藏度亡經》的紀錄片，當中解釋聲音也是我們死亡一刻最後的感官連結。薩羅能夠聽到我的話，聽到身邊的一切聲音，即使他不能吃，不能看，不能說。

電影《新天堂樂園》（*Cinema Paradiso*）的主題歌在背景中響起。

我可以感覺到他正向著一個無限的時空漂移。

「我正在度過我這輩子最意義重大的一個春天。」音樂播著時他用義大利文跟我說。

一瞬間我突然聞到了尤加利和春草的氣味。我看見佐拉繞著月桂樹樹叢奔跑，她蜂蜜棕的皮膚在西西里的春日陽光下泛起亮光。啊，春天。他把這一刻叫做他的「春天」。

「我希望妳有一天能體驗到愛，另一次的戀愛。妳的愛實在太美，應該與人分享。」他安然地說，沒有半點悲痛或模稜兩可，彷彿這是丈夫對妻子所說的最自然的話。「我希望妳活出妳的人生。」

「不，不，請不要這樣。」我說。但我知道他在說他需要說的話，他出奇地清晰，像鐘聲一樣清澈。然後他的意識變得不再那麼清楚了。

我躺在他身旁，感覺到能量的移轉。從我們相遇的一刻開始，他的身體成為了支撐著我的力量，這一刻我可以感覺到它正在轉化，在尋覓新的軸心。

「我要到哪裡去了？」他問，看著我，目光卻像穿透了我。

「我不知道，但是我相信它是個美麗的地方。它是圓滿的，你將會平靜安祥。」我愛撫他的手背，按摩他的手指。

「佐拉回家時叫醒我。」他閉上了眼。

「當然。」

我離開了房間讓他休息。

走過兩道門後，我聽到教堂響起上午十一點的鐘聲。有時我討厭我們街上有一座教堂，鐘聲打斷了一些我們不需要它打斷的時刻。

在餐廳裡，我的爸爸、繼母奧布瑞和妹妹艾提嘉圍坐在餐桌旁，他們可說是家中安寧病房的監控小組——接聽所有電話，通知家屬，協調來訪者。在我們星期五把薩羅帶回家以及這個早上之間，家裡發生了翻天覆地的變化。我的媽媽離開了洛杉磯回到休斯頓的工作崗位。我的爸爸和奧布瑞前來取代了她對我們家的支援。我的妹妹在她自己的家和我的家之間來回往返，帶來食物，為安寧病房的事奔走勞碌，提供照護，並確保弗蘭卡和柯西莫不缺食物和其他需要的物品。薩羅的一個堂兄弟從紐約州水牛城飛來跟他道別。弗蘭卡和柯西莫飛回西西里之前也在薩羅床前說了最後的再見，悲傷得像朽木死灰。親友的來來去去令人頭昏目眩。

這天佐拉放學回到家裡，就直接跑進爸爸的房間。她把他叫做「貪睡鬼」，又問她能不能也吃一根冰棒。

後來他休息的時候，我們就在他床邊吃晚飯。然後佐位去看《靴貓劍客》（*Puss in Boots*），又給她的外公塗指甲油，因為這是她想做的事，沒有人想看到她失去更多她想要的東西。她跟薩羅說晚安，跟他說「我愛你」，然後我讓她上床睡覺。

她睡了兩鐘頭後，薩羅的呼吸開始改變，我馬上把護士凱西叫來。

「這就是我想像中的那種情況嗎？」我問。這位安寧病房護士曾給我一本小冊子，談到死亡最後階段會出現怎樣的情況。

「對。」她說得平靜、堅定，是黑暗中的燈塔。

氧氣機在呼呼作響。

「會維持多久？」

「看情況，每個人不一樣。會延續一段時間，甚至一兩天。」

我彎身向前靠在床的護欄上。儘管我滿腦子發熱，鉻質的護欄卻是冰冷的。「我無法挺住一兩天！」我心想。

我握住薩羅的手，他沒有反過來握住我的，但跟他碰觸，仍然代表了他的存在——他仍「活著」。我按撫他的食指，向凱西望過去。她對我們有足夠認識，知道這是她走出房間的時候。拉門在她出去後吱吱作響地關上了，於是我轉過頭來面向著他。

這就是那一刻。它來到了。

「薩羅，讓我輕鬆點。求求你，親愛的，讓我輕鬆面對。」

接下來六個鐘頭，黑夜漸漸讓路給晨光，我坐在他的床邊，握住他的手，不斷吻他，跟過去近二十一年我給他送上的吻沒有什麼不一樣，每日如是，卻帶著深情。然後我跟他說話。

「一直以來，你是個非凡的伴侶，一名好得難以置信的父親。你給我的人生增添了光彩，我會永不止息地愛著你。你可以走了，親愛的。」

我在他耳邊輕輕說著，感覺到自己呼出暖暖的空氣。

「這個身體已經好好做過了你要它做的事，現在你可以離開它了。親愛的，我歡迎你隨時回到我的夢境，我期待著下次跟你相會。」

「我愛你——我這個美麗的戀人。」

我不停重複著這句義大利文的話，像在讀一首詩、一段祈禱文、一首情歌的副歌。

重複又重複。當我說得累了，就大聲讀出魯米的詩。我愛撫他的雙腳，我輕捋他的頭髮，我爬到床上，我從床上下來。每次他把床罩踢得鬆垮，我就把它重新拉緊。當他的身體看來痛苦難熬，我就叫護士進來。然後當護士把嗎啡溶液從一個嬰兒用的滴管滴到他的嘴裡，讓他的呼吸得以舒緩，肌肉能夠放鬆，我就輕輕在他耳邊說「我愛你」。看著每一滴溶液落下，我心裡就閃起一下彷彿出賣了他的刺痛。那是嗎啡，他討厭藥物。

我知道，他希望盡量避開鎮靜劑那種迷霧般的作用，不受它干擾。

「是否太多了，要這麼做嗎？」我問凱西。我輕聲說著，卻充滿了剛閃現出來的恐懼，心想：「我這樣做是否錯了？」我知道要減輕死亡的痛苦，嗎啡是必需的。有關安寧過世的所有資訊小冊都這麼說。可是死亡絕不會是輕鬆的，對他對我來說都這樣。這是一種陣痛，跟分娩的陣痛一樣。

「嗯，這是最好的做法，我只給他很小的劑量，」凱西向我保證。我看著她把半顆白色藥片搗碎。它很快就溶在水裡，然後它被放進滴管。「它可以舒緩呼吸困難。」果然，不再看到他的舌根在喉頭脹脹縮縮。

到了凌晨三點，我精疲力竭了。我請我的妹妹陪著薩羅，我到樓上躺在佐拉身邊。

在我的房間裡，佐拉的身體感覺上溫暖而嬌小，她十分平靜，發出輕柔的鼾聲。看在我眼裡，她這一刻像個小天使，卻又是堅強的。我首次想到世界上只剩下我們了——

只有我們兩人。然後我閉上雙眼，讓自己獲得暫時緩解，只是短暫一刻而已，我告訴自己，我會睡一分鐘而已。

接下來我意識到的，就是我的妹妹在希微晨光中站在我的床邊。

「他的呼吸有很大變化，我相信是時候妳該下來了。」她說。

我從臥室走了四十步來到安寧病房。

當我拉開那扇拉門，他正向著門的這邊望過來，他目不轉睛看著我。我聽到可知是臨終的淺淺呼吸。

「啊，我的心肝！」

我爬到床上陪著他，他的眼角飆出了一滴眼淚。

「對不起，讓你等我，我睡著了。不過現在可以了，我在這兒了。」

他在等我回到他身邊。我吻去他的淚，然後就再只有幾下呼吸了。就在我躺在他身邊這一刻，那些又淺又微弱的呼吸也終於消失。我在一陣新的空氣裡呼吸，這是他離我而去之後的空氣。

他走之前在等著我，就像他在佛羅倫斯站在冬雨中的燈柱旁等著我一樣。他離世的一刻也是一如慣常地堅定付出，我不能不感覺到，他在告訴我，來生他也一樣等著我。

我在一片靜默中躺著好一段時間，空氣裡掀起了一陣令人激盪的脈動，我又再吻了他，也許我需要確定他真的離開塵世了。二十分鐘過去，還是沒有呼吸，最後我覺得已重獲充分的方向感可以站起來了。我終於具備向著新的人生踏出第一步的意志，我要去告訴我的女兒，她的爸爸走了。

我扭開臥室的門把。這時剛過了清晨七點，柔和的陽光滲進房間裡。這一天的步伐沒有停下來。

「寶貝。」我擦了擦她的背脊。我不想喚醒她，因為如果她醒過來，她的人生便會徹底改變。我想說的每個字，都像被黏在嘴裡。薩羅那滴眼淚仍在我的唇上。但我憑著意志驅使自己繼續下去，因為接下來發生的事，我從這一刻開始怎樣處理每一件事，都會伴隨佐拉一輩子。

「佐拉，親愛的。」我把她拉到身邊，在她頰上吻了一下。「佐拉。」她轉身過來，我再吻了她一下。我想盡可能溫柔地把她從睡眠狀態帶回到現實世界，這將會是她永遠不會忘記的一個早上。

當她的眼睛睜得夠大了，同時，就如她自出娘胎以來不知多少個早上我們樂此不疲的，她蜷縮在我懷裡，我便跟她說：「爸爸死了，我的寶貝。」

「什麼時候？」她才勉力睜開了眼。

「妳還在睡覺的時候。」她面無表情地望著我，不怎麼能理解。「我認為我們應該下去見他。他想我們跟他說再見。」她沒有抱怨。我舉起她把她抱在腰間，然後我們一起走出去。

當我們去到樓下，我做了社工叫我做的一切。佐拉讀了一首詩，把一朵花放在薩羅身上，我們告訴薩羅我們都愛他。我兩次設法讓她確信爸爸不是只睡著了。雖然對我來說是難熬的，我沒有讓她匆促了事。整個過程長達十五分鐘，也許是二十分鐘，然後我告訴她，她的外公在另一個房間，會帶她到外面吃早餐，她可以決定到哪裡去。

我在薩羅身邊再坐了一個鐘頭。然後我打電話給奶奶。

「他走了。」我說。

她發出一陣嚎啕聲，接著是一片沉默。我在電話的另一端可以聽到她在哭，靜默把我們連起來，我們默然不語好一陣子，直到她問我佐拉怎麼樣了。

「還好。」我說，接著我們再次籠罩在靜默中。

然後我聽她站起身，在廚房的瓷磚地上把椅子推開。「我去教堂祈禱，現在一切交到諸聖手中了。」

接著要面對身後事的安排。我每天都打電話到西西里跟奶奶聊一下。她告訴我薩羅向她報夢，又談到在她那個西西里小鎮誰曾前去探望慰問。那是叫人難受的短短三分鐘對話，她每次都問到喪葬安排。在西西里農村，死者會在過世後二十四小時內下葬。從薩羅過世那一刻起，奶奶就一直在問他在哪裡。「但是他的遺體在哪裡？」她無法想像身在外國的兒子在死亡與最後的安息之間狀況懸而未決。她也無法想像他的遺體被交託到陌生人手中，而他的美國妻子甚至不曉得遺體放在哪裡。我只能告訴她我所知的一切：他的骨灰十天後可以前去領取或送到家裡來，接下來沒有葬禮，只是一星期後會舉行追思會。我試著用義大利文向一位從沒聽說過這種儀式的婦人說明追思會的概念，可是她仍然不斷追問他的遺體在哪裡。

我還沒有告訴她我將會把他的部分骨灰帶回義大利，這是我向他許下的最後一個承諾。我沒告訴她是因為我還不能確定種種細節，我需要時間處理每一件事。而且，我無法確定等到什麼時候，我才能在沒有焦慮之下離家外出，更不要說帶著女兒出國遠行。

我甚至無法想像自己動手做午餐。

在一片黑暗中我開了瓦斯點了小火。我想把悲傷燒掉，我想把他帶回世間。也許燒一鍋水可以把他帶回我身邊，即使只是短短一秒。

當我站在薩羅的廚房，我瞥見我的家人圍坐在餐廳的桌子旁。他們在沙盤推演殯葬安排、安寧病房的善後，還有追思會的細節。他們熱烈地在討論，而我就連要喝完一整杯水也得掙扎一番。

當天早上較早時，佐拉上學後，我的繼母來到我臥室外敲門。

「請進。」

奧布瑞在門口現身，我看見她五呎的身影，手中拿著一杯洋甘菊茶。

「我在為追思會的薩羅生平簡介做最後的校對，妳要在我送出去之前重讀一遍嗎？」

我已忘記了在薩羅過世後第二天我不知怎地就把他的人生故事寫了出來。在痛失丈夫的最初衝擊下，曾閃現一陣動手做事的狂熱，接著卻是完全動不起來。她遞給我一張上面打了字的紙，那是講述薩羅生平事蹟的六段文字，不留空行，用的是哥林多字體。

我從來不曾想像有一天會為我的摯愛寫訃告，但我就是寫了。我從他的日記、書信和明信片引錄了他的話，我也引述了他患病垂危最後幾年記下的片言隻語，當中他談到希望他自己和其他人知道的事，還有希望女兒知道的事。

我的目光落在訃告的第二個句子，這裡薩羅談到自己的出身：「來自一個世代務農可追溯到拜占庭帝國時代的農民家庭，在山邊滿布岩石不大透水的泥土上辛勤種植橄欖、檸檬、大蒜和朝鮮薊。」再下去，他說自己是「偶然變身而成的廚師」。再往下，在談到他成為父親的一段文字裡，我插入了佐拉出生時他寫的一首詩的詩句。他把摯愛女兒的誕生描述為「一艘飽經風浪的船」可以穩步「穿越驚濤駭浪」，把「一個水手送回他的老家」。

當我把那張紙交回奧布瑞手中，彷彿我腳下有一道無形的活板門打開了，我自己的某一部分掉了下去。

「可以了。」我說。

她向我展示兩張薩羅的照片，問我打算用哪一張。我兩張都不想要；我只想要他這個人。但最終我選了我們結婚十周年時我為他拍的那張照片——照片中的他眼神像火暗暗燃燒，看似在許下一生的諾言。

她問我要不要擺放白花，要不要找人現場獨唱。我竭盡全力聚精會神，儘管腦袋裡像有一團灰霧令我難以把問題想得透徹，我還是試著回答，然後我在床上倒了下來。我伏在他的枕頭上哭個不停，直到雙眼腫得幾乎張不開。

一個鐘頭後我下樓，看見家人圍坐在餐桌旁。「我不認為我能夠去參加薩羅的追思會。我不認為我能去，我留在家裡，你們去好了。」我宣稱。

他們婉轉地勸告我改變主意，答應在背後給我支持。每天都有朋友前來慰問，不管是三五成群還是單獨一人，他們擁抱我，然後我們在沙發坐下來，用難以置信的眼光凝視著四周的牆。死亡就是這樣。薩羅患病這些年來，死亡來臨的可能性就像一個到處可見的巨大幽靈，但是當它真的來臨，卻叫人無法相信。至於我，則只有滿身疲累和隨之而來令人欲振乏力的焦慮，一切都變得陌生，就像我初來世界時一樣，我也像初生時一樣易受傷害。

奧布瑞展現她溫婉的一面，她決定搬到我們家暫住。三天前她就來陪我了，當時一位協助我舒緩悲傷的諮商師建議起碼未來三個月不要讓我和佐拉獨自在家。我不認為那位女士真的是這個意思，因為奧布瑞住在德州，跟我們這裡相隔四州之遙。但奧布瑞聽從了這項建議，她就是這樣的人，能夠看得通透，知道我無法照顧自己，更不要說還要照顧一個小孩。我們面對什麼都像新手，做簡單的事也十分費勁，水龍頭的流水聲也覺得刺耳。佐拉每天晚上八點一直哭到午夜，想把爸爸找回來。當我握著方向盤要把車開出去，可能要花上十分鐘才倒車駛出家中車道。時間和空間令我混淆不堪，也衝擊我的記憶。一覺醒來，試著走下床時，一陣恐慌就先湧上心頭，吃喝都馬虎了事。因此奧布瑞要確保我每天洗澡，為佐拉準備午餐；佐拉第一天上課我送她到學校後回到家裡，她又會為我把床單重新鋪好讓我再上床休息。

佐拉學校裡以及往日上幼稚園時的朋友圈，在薩羅住進安寧病房後和他剛過世的日子，都常來陪伴我們，又為我們做飯。他們持續送上南加州融合各族裔特色的料理，大部分是素食。認真的家庭烹飪好手為我們送上優質食物，可是當佐拉和我坐下來享用，感覺到盤子上這些食物的質感和味道都陌生而難以消化。

粗碾玉米粥（grits）毫無疑問是令人飽足的德州傳統食物。碾碎玉米可以溯源到我們的祖先，在有需要的時候就該在爐頭上準備一鍋這樣的粥。奧布瑞做的加了奶油的玉米粥，是我唯一能下嚥的東西。每次我把一匙舀到盤子裡，都會想起薩羅的義式玉米糊（polenta）——只是它欠了後者的天然顏色和味道，加上了較多的奶油再用鹽來調味，德州玉米粥還是能平順地吞下去。儘管我十分感激多個星期以來大家送上的食物，面對這群親密朋友無盡的慷慨經常感動得哭了起來，老實說，這些食物在感情上卻是無法消化的。就像我新的人生一樣無法消化。藜麥尤其加重了我的哀傷。雖然之前它曾是我愛吃的東西，但在哀傷中要很吃力才能把它嚥下去、消化，讓它成為撫慰人的食物。餐廳的外帶食物也好不到哪裡。我訂好餐，整袋帶回家，打開來，看著這些半溫不熱的食物，它的美感和質感都因為悶在塑膠袋和錫紙盒裡而破壞無遺。旁邊的人不斷勸我快吃下去，我卻只是在盤子上把它左翻右弄。我不禁想起今後一輩子要面對這樣的情況，這是作為一個廚師伴侶的另一種失落，不容易向其他人解釋。

正是由此而來的哀傷驅使我走進廚房，這是本能也是欲望，同時夾雜著恐懼。我要走近我的丈夫。我的家人直覺上能瞭解，一星期以來首次讓我獨自待在廚房。第一次嘗試自己做菜，哀傷迫使我慢慢來，憑著感覺走下去，相信我會被引導到正確的方向。

「從混炒蔬菜（soffritto）開始。」他曾說。

這就是我所做的。我第一次剁碎一小堆大蒜，然後用手掌把它掃成窄窄的一條白線，我看薩羅做菜不知多少次開頭都是這樣。他手掌把大蒜一掃，就表明了接著朝哪個方向走。

他曾跟我說：「這是一種卑微的香草，但它給每道菜加添一點膽量，一點點就帶來大大的效果。」

混炒蔬菜就是屈從的行動，讓洋蔥和大蒜屈從炒菜的油。做菜和降服有關，這是他一直以來向我演示的。

於是接下來我把洋蔥粗切成小方塊。

我看過薩羅怎樣令原始食材降服，釋放出它們的形態和味道，一種全新的東西就這樣創造出來。他是我眼中點石成金的大師。我覺得自己像剛放進炒鍋的洋蔥，半透明而易受傷害。

我想尋回初嘗的滋味——我在「水街二號」嘗過的綠醬燉飯。我瞭解到今後發生在我身上的一切，不管是在這個爐頭上、這間房子裡，還是在這個世界上，都將會是初嘗滋味的第二版。

做一個簡單的醬——我想像薩羅這樣說。

我找來一瓶番茄醬，這是去年夏天我們從西西里帶回來的，廚櫃裡只剩這瓶了。我打開瓶子，把蘊含著西西里夏日滋味的醬料倒進鍋子，在那堆混炒蔬菜上。

「用羅勒，不是月桂。加一點點糖平衡酸味。」

我模仿著薩羅曾向我演示的動作和姿勢，然後我把它拌勻。

「親愛的，一盤義大利麵讓妳受用無窮。」這是他經常給我的忠告。

像水一樣，懷疑是流動不居的。薩羅過世一星期後，我懷疑自己能做些什麼，不管在廚房裡還是人生裡，可是我還是懂得怎樣把一鍋水放到爐頭上。我看著水注滿了鍋子，察覺到水的流動性和可塑性。現在我的人生不就這樣嗎——它隨著人生處境的變化無常而流動？

我關掉水龍頭，把鍋子放到爐頭上，在鍋中加了鹽等它燒沸。

「一拳頭大的量是一人份。總是要做兩份，有朋友來就做六份。」

六拳頭份的義大利麵看來無法想像。目前來說，做一份的番茄醬義大利麵就是我能做的一切。

十二分鐘後，我把水從這鍋麵倒掉，讓蒸氣溫暖我的臉。我把醬汁倒到煮好的一拳頭分量的義大利圓直麵（spaghetti）上，以正宗義大利方式在鍋子裡把麵條和醬拌勻。我在薩羅的廚房裡第一次做了一人份的一頓飯。

我嘗了一口，它不能說很棒，但也不差。我嘗到懷疑與愛的味道，也許還帶著一點信心、少許的堅決意志。嘗了幾口後，我把盤子推到一旁。我望向我們的後院，將會在夏天結出果實的無花果樹已長出了面向太陽的果狀球體，於是我做了一個決定：這個夏天我要把薩羅的骨灰帶到西西里。我會信守對愛人的承諾，在這個過程裡也許會發現一個我許予自己的新承諾，也是對目前還不可理解的未來的一個承諾。

# 一棟別墅・一把掃帚

在我們遠隔千里的戀愛關係裡，是薩羅帶頭滋長的。當我結束了一再延長的佛羅倫斯之旅回到美國，他想出了一個計畫：在夏天去義大利，我們一起去厄爾巴（Elba）島，他在那裡當夏季短期廚師，我在海灘看書。我讀四年級的那個秋天和次年春天畢業時，他都來維思大學探望我。我畢業後，他為我們在佛羅倫斯尋找公寓，我就在紐約州柏克郡參與夏季輪演劇場的演出，再看看我們下一步該怎麼走。我們維繫著這段關係，儘管它跨越多個時區，遠隔大洋，再加上兩種語言的隔閡，還有我們各自處於人生的不同階段。雖然我還沒見過他的父母，我們還是一直為這段關係追尋夢想，而比我們預期來得早，我的另一個大夢這時實現了：踏上了演員生涯。

在參演夏季輪演劇場時，紐約一名演藝界的經紀人答應為我安排演藝事業。在半秒之內，就決定了我的未來是在紐約，而不是像薩羅和我原來想像的在義大利。我迫不及待把這消息告訴他。我站在麻州大巴靈鎮（Great Barrington）的路邊付費電話亭，在排演之間的空檔打電話給他。「幸而世界各地的人都要吃，」他難掩興奮之情：「我在任何地方都可以當廚師。」一個月後，他決定賣掉他跟朋友合夥一家相當成功的新酒吧的持分。兩個月後他向「水街二號」辭職，準備移居紐約。

「你想清楚了嗎？」我問他。這時我已住在紐約，為了省錢就住在嬸嬸上東城區的家，睡在沙發上，白天上演藝課，晚上在餐廳當服務生。

「當然。沒有了妳就沒有未來。」他聲稱。我迫不及待盼著他來美國跟我重聚，但我知道他要結束佛羅倫斯的生活得花幾個月，要跟他所有朋友說再見也是艱難的。

但我也知道他樂得重返美國。我希望他當作重溫舊夢，畢竟，他青少年時代就在紐約州水牛城度過，當時他父母曾短暫移居美國。他爸爸在一家義大利麵工廠工作，他媽媽在一家製衣廠的夾克裝配線找到一份輪班工作。他爸爸討厭下雪；媽媽獲分配一份令人心智麻木的工作，三年來都是把同樣的翻領縫到同一款式的男裝運動夾克上。薩羅曾告訴我他們的美國夢如何幻滅，他十七歲剛從美國高中畢業時，一家人終於回到西西里，他其實不想離開。

那個時候，有關他父母如何從農民變成工廠工人再回復農民身分的這個故事，就是我對他家人的基本認識。我也知道他父母所受的教育頂多是小學五年級。我不禁對於想像中他們在水牛城的淒涼日子感到同情，我也對他們這樣的人感到好奇，他們舉家帶著孩子移居到一個充滿機會的地方，然後又把孩子送回西西里，那是薩羅口中沒有什麼機會可言的地方。我察覺他父母是果斷、勤勞而堅定的，只是或許不太有想像力——這可是我自己的一些家人從來不缺的。我還沒有體會到的是他們的抗拒心態；我還未能理解的是他們和薩羅之間的關係，包含著多深刻的糾葛和矛盾。在薩羅將要離開佛羅倫斯前來紐約跟我重聚前兩天，這方面的現實赫然顯現在我眼前。

「真的嗎，你還沒有告訴他們？」我邊說邊踱步，也還在喘著氣，因為才爬了五層樓的樓梯回到那間沒有電梯的公寓，這間上西城區的公寓現在只有寥寥可數的家具，它將會成為我們未來的家。我看上了它，因為我對於像我們這樣一對夫婦要找的第一間公寓該怎麼樣自有一套看法：兼具室內和戶外空間、磚牆、廚房小而好用，衣櫥夠大放得下我的衣服還有小量剩餘空間放他的衣服。我剛從變身怪醫俱樂部（Jekyll and Hyde Club）當了一晚服務生回到家裡，那是西村區的一家主題酒吧，當我聽到薩羅告訴我的情況，簡直難以置信，無法接受。

「告訴他們是很重大的一件事。」他說。他語氣緊繃，有點匆促。我可以聽到他身後傳來義大利街頭的喧鬧聲——偉士牌機車來來往往，還有遠處一輛救護車警笛聲。

這是十一月底。一時間我腦海裡浮現領主廣場上攤販用鋼鐵滾筒烤栗子和人們細啜熱巧克力的情景，然後我回頭面對他那番話帶來的沉重壓力。

「當然那是很重大的事。我們將要一起生活，在美國！我認為你要預先讓他們做好準備。」我試著盡可能對他表示支持，但我對他的處事方式有點不耐煩。

「我會，我會做的。」他說。

「薩羅，你兩天後就要離開了！」

「我知道，只是我要想想怎樣說出來。他們將會震驚不已，他們會以為以後再也見不到我了。」

「什麼？他們怎麼會這麼想？」

「因為對他們來說，當孩子離開西西里，就不會回去了。到美國生活表示把老家忘得一乾二淨。」我可以聽到他語帶苦惱。

「那是不合情理的，你可以隨時飛回西西里。」說到這裡，我已把我工作時穿的黑色T恤脫掉，只穿胸罩站在房間後方的窗子前，望向九十一街那棟公寓一個一個的陽臺，不在乎有沒有人看到我。「你有一個叔叔在水牛城，難道你是說他『永遠』不回去西西里嗎？」

「也許每幾年回去一次吧。但他的生活、他的家庭是在美國，西西里只是他的『過去』，是他去探訪的地方，不是居住的地方。」

我們對於人在不同地方之間的流動有不同理解，我從十歲開始就坐飛機出遊。可是薩羅第一次的重大旅程，就是當年搭船來美國，乘坐的是一艘叫做「米開朗基羅號」跨越大西洋的遠洋輪船。他在三等艙裡度過了三星期，他第一次坐飛機就是他們一家飛回西西里。雖然他也曾好幾次來美國探望我，他現在看來是說日後回去西西里是不太一樣的，要不是實際上有什麼不同，就是感情上有分別了。

我窮追不捨說下去。「那麼，好吧。承諾你會回去探望他們。就這樣。」

「不是那麼容易的。我不能就這麼說，要先帶妳回家見過他們，那是很長遠的一條路，天曉得等到什麼時候。」

「且慢，你這是什麼意思？」這是他第一次提到他一直避而不談的事。在我們交往的這兩年裡，他從來沒提到要我去見他的父母。我們光是試著維繫一段遠隔千里的關係就夠忙了——不時購買機票來往於美國和義大利之間，前去西西里這種想法從來不曾在我腦海裡出現。

「我是說，我把我的個人生活跟我的父母分開來。我從范倫提娜（Valentina）那裡領悟到這個道理。」

范倫提娜是他的前女友。他們交往五年後她皈依佛教，趁他上班時悄悄搬走自己的東西分手。范倫提娜是「關係破裂」的代名詞。

「確切來說，你從范倫提娜身上『領悟』到什麼了？」

「那就是我的父母不贊同跨文化關係。我們日後再談這個行嗎？譬如等我到了美國之後？」他迫不及待打算就此打住。

「且慢！你在說什麼？」說到這裡我已把上班時穿的牛仔褲脫掉，穿上了運動褲，坐在沙發上準備開一瓶葡萄酒。「范倫提娜是義大利人！」

「不，她來自薩丁尼亞島。」

「薩丁尼亞是義大利的一部分。」

「薩丁尼亞是『從』義大利分開來的一部分，是跟義大利『分開』的一座島。薩丁尼亞人跟義大利人不一樣，肯定跟西西里人不一樣。我的父母不接受她，無法跟她相處。當我帶她回家，她很不高興，我爸爸就跟媽媽說，我們這段關係絕對維持不下去。勝碧，這沒有什麼大不了的。」他在這次通話中走得太遠了，我們各在電話一端，遠隔大洋，實在不該走到這一步。「我要出門了，真的。」

「好吧，那是舊日的事了，跟你現在對他們說要到這裡來有什麼關係？」我知道他那番話背後的意思，但我想要他說出來。

「他們會認為他們沒做到父母該做的事。我離棄了他們，沒有娶一個義大利人或西西里人。可是我愛妳，這才是最重要的。目前這一刻，我要在離開前去『水街二號』一趟。」

「你『需要』切實處理這件事，薩羅。這是你要做的事。我一樣地愛你。」

這整個處境，讓我覺得自己有一點察覺到他和父母的關係，一定存在著一道很深的鴻溝。范倫提娜整件事我覺得根本是荒唐的，那就像是說來自路易斯安那州的人不可能跟來自新澤西州的人建立成功的關係，我試著理解這一切時頭腦發熱。我從沙發跑開，給自己再倒了一大杯在街角酒品店不用十元就買到的葡萄酒，儘管絞盡腦汁試著理解薩羅的父母，可是這兩位素未謀面的山區居民，徒令我滿腦子充滿了混亂、沮喪和憤怒。而且，他們看來令我這位能力無可置疑的男友陷於癱瘓，甚至是否跟他們談到他人生最重大的決定也猶疑不決。如果他父母真的如他所說那樣看待他那位來自地中海另一座島嶼的女朋友，他們對美國德州一個黑人女孩看法如何，就真的是天曉得了！

十一月底一個清涼的下午，薩羅挽著從義大利帶來的所有行李爬上五層樓的樓梯，來到了我們公寓的大門前。我一整天欣喜若狂——打掃，添置冰箱食物，把我從樸翠斑（Pottery Barn）居家用品店剛買回來的抱枕，在那張我用酒吧小費買回來的破舊時尚白沙發上重新放好，我甚至買了義大利的報紙放在廚房的流理臺上，我希望這個地方完美無缺，讓他一進門就有家的感覺。我想像我們先來一番魚水之歡，然後去百老匯大道吃一頓消夜，再沿著西端大道（West End Avenue）走路回家。

他一跨過門檻所說的一句話就是：「我們做到了！我就在這裡！」

我往他身上一躍，雙腿夾在他腰間，不肯放開。我無法相信這一刻眼前的事實。他抱住我一陣子，然後我帶他到處看看我們這個十四坪大的新家。他最喜愛的是露出來的牆磚。

「我們安頓下來後，我會做些義大利麵，讓我爸媽知道是我做的。」

「你告訴他們的時候他們怎麼說？」我問道，試著表現得漫不經心，不加判斷。

「沒說什麼，他們都不大愛說話。爸爸什麼都沒說，媽媽嘆了一聲說：『好好保重。』」

「就這樣？」我動手幫他從行李拿出一些衣服，試著不要暴露我對他父母那種不聞不問態度的反應。我實在也沒有什麼負面反應，儘管事實上我對於那些不肯完全開放自己的人，愈來愈恐懼而無法信任。這樣的人恐怕勢必對自己和他人造成慘痛傷害。

薩羅沒多久就把行李都拿出來收拾好了。他的衣服少得無法再少，不像我的衣服種種顏色俱備。等到我們把行李收拾妥當，他把最後一件T恤收好，我便把電話遞給他，讓他打電話給他父母。他的妹妹弗蘭卡接了電話，她最近才結婚，剛懷上第二胎。

「告訴他們我到達了。」我聽到薩羅用義大利文說，他們又用西西里話再談了幾分鐘，我不大確定聽到的是一種義大利方言還是另一種語言，不管怎樣，我一個字也聽不懂，完全無法理解。只聽到對話的其中一方，很難知道薩羅的父母是否在家，更難估量他這次打電話回家是否做好了交代。他掛上電話後，只是面露微笑，走進廚房。雖然我很想問清楚，還是就這樣算了，一眼就看到他累了。這是我們第一晚在一座新的城市裡重聚，展開我們的新生活。我只想跟他共享性愛和飲食的歡樂，也許晚上沿著哈德遜河（Hudson River）漫步一回。在當前一刻，在他夢想中的人生正開始實現的時候，我很樂於讓他的父母在一旁靜觀其變。

薩羅在我們那間小得可憐的廚房裡親手細細揉捏現做的義大利麵團。我走到他身後，從他肩膀上方望過去，說道：「我想我們應該結婚了。」他來到紐約的第三天，這是我唯一想到的事，這是多個月來我們大體上談過的，如今我們住在一起，這種渴望就有了新的迫切性。

他沒抬頭看我。「好的，當然。」

我在他做義大利麵時提到結婚，看似是最自然而合乎邏輯。「你移民入籍就有這個需要，你也需要永久居民身分才能工作。我們可以去市政廳辦理。」

他把麵團平鋪在砧板上，再把它切成十吋的長條，然後一條條捲成細長的管狀。「當然，就這樣做吧，親愛的。」然後他挪動身子過來吻我。這是既簡單又充滿肯定的吻。半個鐘頭後，我們一邊吃飯一邊往外望向陽臺和九十一街後方的赤褐色石牆。

我們決定了不要把婚事告訴任何人。婚禮稍後才舉行。目前來說，結為夫婦只是我們兩人的事。我會找我在大學裡的好朋友蘇珊（Susan）當結婚證人。蘇珊處事縝密又善於處理任何跟情愛有關的事。她在世界貿易中心工作，靠近曼哈頓下城區的市政廳。我趕快撥電話給她，她答應午飯時間跟我們碰面，充當我們的證人。

我們申請了結婚證書，在西村區買了結婚戒指。那是簡單的銀戒指，二十元一對，購自路邊攤，那個攤販同時也賣香、大麻香菸菸嘴和印有「我愛大蘋果／我愛紐約」大字的T恤。我們戴上戒指，然後轉過街角去到格林尼治大道的藝術家咖啡館（Caffè dell' Artista）喝了杯卡布奇諾。我喜愛這家咖啡館，它裡面到處是刻意不搭調的古董桌子、富波希米亞風情的燈，還有深深的長沙發。但我最喜愛的還是它有項習慣，顧客會在桌面或桌子的抽屜寫下一些激勵人心的訊息、心聲、願望或文學名句。有時還可以看到多年前寫的整封情書。那天我留下了我自己的訊息：「我要讓此生在愛和伴侶陪伴下度過。」

當我們最終站在那間狹小的政府辦公室裡，面對講臺上那位治安法官，望著小窗外的東河（East River）景緻，穿著白色花卉圖案上衣和黑色百褶寬褲的我不禁有點頭暈眼花。薩羅手裡還拿著義大利文報紙。從來無法掩飾感情的蘇珊就在我們後頭哭了起來。我握著薩羅的手，無法相信這些地方官員以這樣的閃電速度完成一次婚禮。不到五分鐘，我們就結為夫婦，雙方的家人對此一無所知。我們正是想這樣。

從幽暗的市政廳出來，陽光非常耀眼，我們想到了最佳的慶祝方式就是吃一塊披薩，慢慢從下城區往回走。以新婚夫婦的身分穿越曼哈頓區是一生僅有一次的經驗，我們原路走回去沿途盡是美景，先後經過雀兒喜區（Chelsea）、時報廣場和林肯中心，回到我們位於九十二街的公寓，我們在札巴（Zabar）超市買了一些乳酪，那晚我們就撒上一些磨碎的佩克里諾綿羊乳酪（pecorino），再次享用薩羅在家炮製的義大利麵。我倒了酒，互相舉杯祝賀，感到自己的人生豐盛而充滿了可能性。我的夢中情人就在身邊，夢想中的事業也伸手可及，就置身於魔幻世界的脈動中。

「你該告訴他們了。」一天早上稍晚時分，我們沿著好萊塢水庫慢跑時我對薩羅說，那是市內一座令人讚嘆的水庫，座落在一個瀰漫時尚氣息、滿布名人華宅和尤加利樹的山坡上。結果我們在紐約的時光是短暫的。我在一部肥皂劇飾演一個反覆出現的小角色之後，取得了首次真正的電視亮相機會，馬上我就有了一名經紀人，他認為我應該盡快前往洛杉磯。我們沒有什麼家具和工作，卻有很多的願望。我預約了第一次試鏡，接著跟薩羅說：「我相信我可以適應這種情況。」

遷居洛杉磯的頭幾年，我總是在急速節奏中不斷試鏡、讀劇本、遭拒絕。我們也一直嘗試找出哪裡有最好的義式咖啡。我們還沒有結識到多少人，光是這座大城市就令人心煩意亂。但讓我們暫時擺脫這些煩惱的是，我們要規劃正式的婚禮，也就是回到佛羅倫斯在親戚朋友面前交換結婚信物。

在我跟薩羅走到一起的近五年裡，我甚至在電話上向他父母問好也少之又少。可是，當我得知薩羅還沒告訴他父母我們即將結婚（再舉行一次婚禮——這次在義大利），我還是不免驚訝不已。

婚禮的邀請函是英文和義大利文雙語。「恭請閣下蒞臨我們的婚禮……」薩羅買了一隻堪與貴婦人匹配的藍寶石戒指，它從各個琢面散發出來的藍光是那麼耀眼，相比之下足以令地中海顯得慘綠而只有妒忌的份。這顆橢圓形的斯里蘭卡皇家藍寶石足足有五克拉，圍著它的是六顆圓形切割的鑽石，鑲嵌在一枚古董設計的十八K黃白金雙色戒臺上。我知道我可能要一輩子才能習慣戴著這枚戒指。一切看來都準備就緒。

「我曉得，我曉得，」薩羅把對話接續下去。他喘著氣似地趕上來，就像慢郎中遇上急驚風。「慢慢來！」

「那麼什麼時候？」我在我們那輛狹小的豐田車裡跟他繼續展開對話，這時我正沿著迂迴的路從好萊塢山丘（Hollywood Hills）駛下來，薩羅則在車子的地板上找尋一瓶不曉得滾到哪裡的瓶裝水。一提到了他的父母，他就會想起他們之間的關係，當中充滿了失望、憂慮和恐懼，這是他與我相戀之前就存在的裂縫。

「不能在電話上說，我要用『我自己』的方式表達。」他說。這時已回到了我們在洛斯費利茲區肯莫爾大道（Kenmore Avenue）上的公寓，他正扭動鑰匙打開大門，怒氣一直在高漲的他已面紅耳赤了。

「薩羅，你不坐下來把信寫好休想踏出大門。」我側身在他身旁走過先去沖澡，丟下這句話給他，表明我對這事情的最終看法。

後來經過三天加上兩晚痛苦的失眠，修改了五次草稿之後，他終於寫好一封信準備要寄出了。他用義大利文寫道：

親愛的爸媽：

我原希望不用透過一封信向你們傳達這個訊息，可是我沒法親口說出來。我要結婚了。我愛滕碧，打算跟她共度餘生。我們的婚禮將在這夏天的七月二十六日於佛羅倫斯舉行，我希望你們能前來參加。歡迎你們。

兒 薩羅 敬上

我把信寄出了，然後等待回音。

兩星期後當我們接到來自西西里的回應，那是斬釘截鐵的，在夾雜著吱吱雜音的三分鐘電話通話中傳到我們耳邊。他的父親朱塞佩（Giuseppe）說：「我沒有你這樣的兒子。」薩羅整個人崩潰了。看著他退縮到自己內心是很痛苦的一回事，就像要撫慰一頭受傷的動物卻毫無辦法。我試著讓他振奮起來，但我卻因為自己內心無法抑制的失望和幻想破滅而給壓垮了，我從來沒料到這樣的結果。

如果對人缺乏信任有如幽靈困擾著人，薩羅父親就遇上了一個最難驅除的幽靈。這些年來我從薩羅不大情願地透露的零星訊息可以體會到這一點。比方說，我知道朱塞佩和他的內弟幾乎二十年沒說過一句話，就因為對方的一次玩笑——他對那句引爆笑點的話感到不悅。我也知道他種大蒜，自己釀製葡萄酒；他有扁平足和球形的膝蓋；他玩紙牌而不是骨牌，但從來不賭錢。他把錢紮成緊緊的一卷卷藏起來，用膠布包住，塞到床墊下的橫木條之間。他極少光顧銀行。他信任郵局多於銀行，因為郵差就住在鎮裡；他曉得到哪裡找他。銀行的人員則來自另一個鎮。基本上，朱塞佩不信任在他這個幾乎被人遺忘的山區小鎮以外出生的任何人，包括我。

我不認為他和薩羅之間的疏離還能走到更壞的一步，可是如今他卻是利用我作為解剖刀，把薩羅從他的人生剔除。他打算不參加婚禮我還可以承受得住，但他把兒子逐離自己的人生卻是我根本無法想像的。我不禁懷疑，我第一次碰上我的公公婆婆將會是在某人的葬禮上。

「那麼你的妹妹怎麼樣？她會來嗎？」他默然不語向我表明了一切。不想眼巴巴地等著更多失望向我襲來，我跟他說：「好吧，不管怎樣我會把邀請函寄給他們。」我特別為佛羅倫斯的朋友印製了五十份閃閃發亮、有赭色浮凸花紋的義大利文請柬，希望縱使我們的關係並不那麼親密，他家還是有人出席。如果我不把這些請柬寄出就實在太該死了。

「滕碧，我告訴妳。他們不會來的。我爸爸是一家之主。他要每個人順從他的願望。我的妹妹為了尊重他是不會來的。」

「薩羅，請不要說什麼『尊重』了。夠了。我現在是在《教父》（*Godfather*）電影裡嗎？」

他嘴角翹起露出一個微笑，這時他正把檸檬汁擠到一盤切得像紙一樣薄的茴香裡，盤子裡已先鋪了一層帕馬森乳酪和芝麻菜。他試著在衝突中用食物塞住我的口。

「妳知道嗎？我爸爸認為他會被人講閒話，甚至被嘲笑。他認為所有美國人都難逃離婚厄運。同時在他心目中，這是低娶的婚姻。」

「低娶？拜託！我有話要跟他說。種大蒜不是什麼高人一等的事。」我徒手把一條棍子麵包剝開兩半。

「我曉得、我曉得。」他說著把盤子遞給我，同時送上一個吻，意在提醒我現在是嫁給他，不是他的家庭。

「好吧，他們還是會收到請柬，就讓他們自己面對自己決定的後果吧。」我一邊說一邊把一叉子帶著芳香氣味和柑橘水果甜味的茴香送進嘴巴，把自己的注意力轉向另一個問題：怎樣把薩羅父母的反應告訴我的家人。

我來自一個長久以來敢於突破障礙的激進德州黑人家族。這系列人物排在最前面的是我的高祖父羅巴克．馬克（Roebuck Mark），他竟然有那樣的膽量，在德州東部農村偏遠地區為剛解放的黑奴自行開設郵局和牲畜飼料店，他力抗劫匪和濫用私刑的暴徒，據說他還訓練他的馬匹在黑夜裡獨自返家，自行回到農場，這樣他就可以在別人不知不覺之下步行回到位處偏遠地區的家，避開三K黨徒和盜匪。羅巴克之後，有人當上了一所具歷史意義的黑人大學校長，還有一位市長、一位陸軍上校，他是美國軍隊最早當上陸軍上校的黑人之一，此外有一所大學的圖書館以一位叔叔的名字命名，值得一提的還有德州冷泉鎮（當時人口僅有六百四十九人）的姑婆艾爾薩（Altha）。這位姑婆了不起之處，除了她每年夏天栽種的番茄曾經獲獎，還有她大無畏地在一九六二年跟鎮裡唯一的醫生（非常具愛爾蘭風範的眾人口中的「大夫」）結為夫婦。艾爾薩和這位大夫達抗實行種族隔離制度的《吉姆・克勞法》（*Jim Crow Laws*），在冷泉監獄暨絞刑刑場對面一座一層高紅磚農舍設立商店。他們在社會上出頭，確保了再沒有黑人在監獄外被吊死，因為「大夫」在鎮裡備受尊崇。

接下來還有我的爸媽，兩人都是激進主義分子，我出身自這樣的家族。

因此當我打電話給儘管已離婚卻保持著朋友關係的爸媽，告訴他們薩羅的家人不會出席婚禮——箇中原因該是他們想像得到的，我希望他們不會離棄勇於對抗逆境的家族傳統。我也希望不管他們對我將要透露的訊息有什麼意見，都能夠明智地不要當面說出來。我的爸爸自從在佛羅倫斯跟薩羅碰面之後就很喜歡他。媽媽在我的大學畢業禮上坐在他旁邊。在我的畢業慶祝派對上，薩羅做了義大利麵搭配我爸爸的烤肉，他和我媽媽都同樣欣賞以悉達多生平為主題的小說《流浪者之歌》（*Siddhartha*）。爸媽都喜愛他的幽默感、慷慨個性，毫無疑問更欣賞他愛護我的種種表現。儘管這樣，我打電話給他們時心裡還是有點擔憂，我不能再承受更多的戲劇性衝擊。最後我爸爸說：「好吧，遺憾見不到他的家人，但我們將會在義大利度過一段美好光。」

他們沒有令我失望，這正是我需要獲得的反應。

薩羅體會到，這次婚禮無緣遇上他的家人，卻是和我的家人共同慶祝的一個機會。婚禮在義大利舉行，就是留著一道打開的門，他父親改變主意的話可以前來參加。我不知道薩羅在這段日子裡怎樣面對失落的心情。這是禁忌，他絕口不提。我難免心痛，但我尊重他的處理方式，我選擇在無法理解的景況下堅持著對他的愛。他不斷地說，「你不瞭解他們。」他說得對。事實上我只見過他們的一張照片。他們站在西西里的家門前，照片中薩羅的爸爸看似耕作過後回到家裡，站在大門旁邊的一扇窗子前。他戴著一頂西西里的傳統鴨舌帽（coppola），手上還殘留著工作時沾上的污垢。薩羅的媽媽站在前方的走道上，穿著圍裙，彎身站著，陽光灑在他倆身上。風正在吹，這一定是快吃午飯的時間。她看起來就像薩羅，就因為這樣我對她也起了愛意，她手中握著掃帚，照片捕捉了掃地中的動作。整個畫面令人感動，充滿了家庭生活又或婚姻生活的親切感。當我看著照片，想起了我可能永遠無法瞭解的公公婆婆，不禁黯然神傷。

在婚禮籌備過程的多個月裡，我設法釋除薩羅的疑慮，讓他瞭解到像電影《教父》裡的場面不會出現。在他想像中，他身穿不合身的西裝，面對一位神父，置身燠熱的教堂，整個難熬的情景還要加上被釘死在十字架上的基督雕像，簡單來說，這就是他曾見過的每場在義大利教堂裡舉行的婚禮。這樣的婚禮情景我完全沒見識過。我要告訴他，他怕得要死的這種情景是不可能出現的，我永遠不會成為其中的角色。我提醒他說，我不是天主教徒，而我的父母往日是無神論者並曾一度是共產主義者，所以我從來不曾受洗成為教徒，因此在義大利的教堂裡舉行婚禮根本是不會發生的事。

可是，他在沉默無言中仍然對整件事懷抱著近乎撕裂心肝的恐懼。如果他克服了在教堂中成為眾人目光焦點的焦慮感——不必從通道走下去又來個什麼禱告祝福，他對於接待來賓還是滿心憂慮。我們的朋友和我的家人擠進某家旅館的餐廳，吃著不怎麼樣的食物，而如果他的家人也來到的話，出席的賓客以後很多年就有說不完的話題了。他們喜歡什麼，不喜歡什麼，食物的分量，誰吃後無法消化，誰喝得失了節制。他不想婚禮帶來流言蜚語，令人腋窩冒汗，不想看見某一家人聚攏在一桌而對房間另一端的人懷抱著懼意，他內心某個角落總是希望能逃過這場大戲，又或起碼讓婚禮盡可能低調。

然而我是一個來自德州的女孩，並且夢想成為女演員，又跟一個在街角碰上的義大利廚師墜入愛河。在我生日當天在一座義大利別墅舉行一場夏日婚禮，地點就在時尚品牌菲拉格慕（Ferragamo）家族別墅的隔壁，看來是世界上最合乎邏輯的決定。我當時一心要耍弄魔術，當我這樣立定了主意，沒有什麼能夠攔阻我。

「信我吧，這將會十分有趣。」

我在一本雜誌的封底找到了婚禮場地——邁安諾莊園別墅（Villa di Maiano）。它是一座十五世紀的宮殿式別墅，托斯卡尼式巨大圓柱突出可見，座落在佛羅倫斯一片散布著檸檬樹和橄欖樹的山坡上。它是義大利文藝復興時期的童話故事的代表。主建築事實上曾用作電影《窗外有藍天》（*A Room with a View*）的場景，屋主是一位我們稱她為「公爵夫人」的女人，她自我介紹時就給自己冠上這稱號。最初由薩羅在電話上跟她接觸，這是最佳做法。即使我的義大利文還算流利，但電話中沒有眼神接觸和手勢，說起來還是不免焦慮，而且打海外長途電話所費不貲，我不想為了把話說清楚而反覆說明或老在找說到嘴邊卻突然溜掉的詞語，因而耗費不必要的通話時間。因此最初的幾通電話由薩羅來負責，跟公爵夫人約定我們抵達佛羅倫斯後的見面時間。

他對我們這個計畫唯一抗拒的，就是他帶有一點西西里口音這個無可避免的事實，這可能令我們整個計畫泡湯。當時義大利的社會層級觀念，把西西里人貶為次等人，比不上被視為文化上更優越的北方同胞。在與佛羅倫斯人交往時，西西里人被看作僅高於「北非人」一個層級，這是一種文化標記，是視之為非義大利人或非歐洲人的一種方式。這是同一文化體系內一種有形的歧視，是薩羅和我熟知的。事實上，薩羅十年前以大學生身分抵達佛羅倫斯時，找房子就往往遭到歧視，要先付清一整年的租金，才能在這個以大衛雕像和麥第奇家族而為人津津樂道的城市裡，找到可以安枕的地方。他討厭佛羅倫斯的中產階級風尚。

四月，我們飛到佛羅倫斯為整個計畫做最後定案，與那位公爵夫人面談。她陷入一種獨特而甚具歐洲特色的困境，也就是徒有貴族的行頭（她有一個名號、一棟別墅，也許某處還有一箱珠寶），手頭卻沒有錢。她四十五歲，纖瘦，典型的教科書式佛羅倫斯人模樣，身穿羊絨質料的兩件式套裝和古馳（Gucci）品牌休閒鞋，染了一頭赤褐色的頭髮，古銅膚色。她看似剛從厄爾巴島的週末度假行程回來。她的骨架結構很突出，像雕鑿而成，看起來像網球明星瑪蒂娜・娜拉提洛娃（Martina Navratilova），走起路來卻像電影明星蘇菲亞・羅蘭（Sophia Loren）。

第一眼看到別墅上方花園的檸檬和橄欖樹叢以及山谷下面佛羅倫斯主教座堂的壯麗景觀，我幾乎感動得掉下淚來。別墅內那個兩層高石牆上飾以繡帷的房間加上迴廊式的室內露臺也令我屏息驚嘆。謝天謝地我們事先已議定了價格，要不然恐怕要面對她漫天要價了。

另一方面，薩羅有另一種看法。他可以沒完沒了地談論那些小資產階級，並回憶他念大學時曾是個義無反顧的列寧主義者。他說他的朋友總會因他的選擇仍然脫不掉資本主義而對他嘲笑一番，這也總是令我忍俊不禁。我提醒他，他其中一位男儐相，安東尼歐（Antonio），開的是一輛蓮花（Lotus）跑車，還擁有一輛瑪莎拉蒂（Maserati）。所謂反資本主義理想就是這樣。有時我會突然想到我嫁的這個男人，就是我那個年輕時曾是激進主義分子的爸爸的一個較年輕、較具藝術家性情的義大利人版本。我們觀點上的矛盾令我捧腹大笑，我連忙提醒薩羅，從他的觀點來看，我的人生志向肯定是屬於中產階級的。我想有孩子、有第二棟房子，可能的話，闖出一番藝術方面的事業，並有機會享受看海度假的閒情逸致。我是來自德州市郊地區的黑人女孩，父母曾幫祖父母採棉花；儘管身處的地方舉目所見盡是松樹雜木林和林間泥土路，祖父輩力抗系統性的壓迫，成為有教養的人和慷慨的公民。如今我在義大利，這樣的一刻是我的祖先不可能想像的。這一刻我可以跟人說：「看，我們走了多遠的路。」我要好好享受這一刻。

可是，薩羅在我跟公爵夫人談論細節時溜到了花園的邊緣，還有另一個更微妙、更能反映我們內在差異的原因。薩羅在基本傾向上是那麼低調，相反的我卻是那麼愛突出自己。他在沒人注視之下才感到安心，我卻需要站到眾人面前，這通常就是我穿上背心裙和高跟鞋的時刻。他腳踏實地，我卻愛振翅高飛。作為夫婦這種對比還是適合的，但也令他感到焦慮。他的家人和朋友都從來沒有人曾付錢給一位貴族，用她的華宅來開一場派對。我正在做的事對他來說是格格不入的。

在四月花香醉人的這一天，居高臨下面對著座落山谷中的這全歐洲其中一座最尊貴、最有名的城市，他平靜地、有禮地順從我的主意。我們將會在公爵夫人宅邸舉行婚禮。他設法讓自己冷靜下來，告訴自己說我們其實已經結婚了。一想到我們早已經結婚，他就可以讓自己跟眼前赤裸裸的事實保持距離，不用再擔心他的婚禮在義大利舉行而他的父母卻不會出席。

我那群喧鬧的美國黑人家族成員飛抵佛羅倫斯時，像在高糖效應下興奮異常，彷彿在祖母德州東部的後陽臺品嘗著從烤箱拿出來的家常自製蛋糕的奶油糖霜。能同時體驗義大利、美食、婚禮和時尚潮流，令他們興奮莫名，他們鐵下心腸準備去菲拉格慕和古馳血拚一番，畢竟這是九〇年代末期，美金比當時的義大利里拉強多了。

另一方面自義大利行程將要展開而婚禮開始成為當前的焦點那一刻起，薩羅就一直緊張不安。我們一抵達佛羅倫斯，他的焦慮就全都爆發出來。雪上加霜的是，他飽受牙痛煎熬，沒有一刻安寧，婚禮前兩天更進了醫院。他的一顆臼齒長了膿瘡，需要即時做緊急口腔手術，因此，婚禮當天早上他必須吃止痛藥，左顎腫了一塊。

陽光從望向花園的那一列一百八十公分高的大窗滲進室內，這一切都正在實現，令我滿心歡喜，充滿期待。我看到一排排的座椅都準備好了，每條通道的盡頭放了一束鮮花。約有五十位賓客將會前來參加婚禮：二十位義大利人，全是佛羅倫斯的朋友，其餘三十位是美國人。當我正在邁安諾別墅大廳旁的一個房間穿上婚紗，我的妹妹不斷跑來向我報告房間外發生的每件事，一方面又不忘替房間裡整裝的我和在旁幫忙的媽媽拍照。我心裡唯一想到的是，薩羅和我怎樣能讓奇幻而前所未有的事實現在我們身上。不管是從他的或我的個人經歷來看，我們都無法相信這次來到非索列，在宏偉的石建築和大理石雕飾之間舉行婚禮，是應該或可以實現的事，但我們終究來了，置身於恍如電影布景的環境裡，將要在此成婚。

這天正巧是我二十五歲生日，更是平添光彩。我的妹妹費盡九牛二虎之力替我找來一朵白梔子花戴在左耳上方的髮端，模仿比莉．哈樂黛的打扮，藉此向這位女歌手致敬，因為當初我以交換生身分在酒吧打掃洗手間時，她的歌聲一直陪伴著我，而我正是在這間酒吧工作時遇上了將跟我成婚的這個男人。我的祖母送給我一對精巧的古董萊茵石鞋飾，這令人回憶起她在德州東部出席校內外各種盛會時的裝扮，多年來，在特殊場合裡她都會用這對鞋飾把普通的鞋子妝點得「嶄新而閃閃生輝」。她向來沒有多餘的錢用於奢侈品，配戴上這對「借來的」鞋飾，就是婚禮當天我穿在身上最特別的一樣東西。此外我還戴上我的藍寶石訂婚戒指（這是藍色的），穿上打折買回來的一襲由衣索比亞設計師安莎勒．阿貝拉（Amsale Aberra）所設計的婚紗，那是我趁著比佛利山一家時髦百貨公司行將倒閉而以三分之一的價格撿回來的（這是新的）。

我的爸爸待在別墅更衣室的前廳。他身穿土褐色麻質西裝和牛仔靴，滿面笑容地站著。他只有兩種鞋子：牛仔靴和跑步鞋。

「妳準備好了嗎？這就是啟動妳人生的一刻了。」他說。我的爸爸滿口是自創的顯淺道理，那是他不斷琢磨的德州東部民間雋語。「我準備好帶我的女兒在義大利步上婚姻殿堂的長廊了，女兒，這是我的目光首次投放在妳身上二十五年之後。」他給我送上一個燦爛的微笑，散發著愛和自豪。

「老爸，拜託。難道我們走在長廊上時妳也喋喋不休嗎？」

「說不定。」

「好吧，那麼，我們開始吧。」我緊緊挽住他的手臂。從那一刻所拍的照片可見，我的雙眼直盯著畫框的中央，也就是他臂彎上那麻質衣袖的摺痕，它在訴說著我當時多麼緊張。我實際上是用盡全力擠壓著他的手臂。

在我們步上長廊的同時，背景響起的是奧布瑞清唱靈歌的經典之作〈我的愛，我的心肝〉（Flesh of My Flesh）。

在我們說了「我願意」並擁吻之後，接下來就是跳掃帚儀式了。這是非洲裔美國人的習俗，可追溯到黑奴時代。兩人同步跳過掃帚，代表躍進婚姻關係。我一手提起婚紗，一手握著薩羅的手，我們著地之後往長廊回頭走過去之際，我注意到有四張臉孔是之前不曾看見的。我花了足足一秒才認清眼前的事實。其中一個女人的那張臉，幾乎是薩羅母親臉孔的翻版，一個男人坐在她身旁。我瞄了薩羅一眼，看見他臉上露出與他相認的溫馨表情。這對夫婦是薩羅的阿姨羅莎（Rosa）和姨丈沛沛（Peppe），他們從瑞士帶著兩個孩子前來。我握著薩羅的手握得更緊了。

在我們不知情之下，他們根據我寄去的邀請函的地址驅車前來。他們沒把行程告訴任何人，包括薩羅的爸媽——要是讓他們知道就形同背叛他們了。不管怎樣，他們來了。薩羅感動得說不出話來，因他們的舉動而流下淚來。我首次意識到他因父母不在場而多麼失落。我的心終於豁然開朗。

接著我們拍了一些照片，包括一張在花園中央拍的團體照，我們隨心邀請前來的這群親友人數不多，背景中的別墅雖然難掩歲月痕跡卻依然令人驚豔。然後我們走進室內，在滿室古董繡帷的房間裡享用五道菜的晚宴。

在托斯卡尼夏夜的月色下，我的家人享受了一段美好時光。他們在花園的露臺上隨著〈哈林舞步〉（Harlem Shuffle）跳起舞來，笑聲往下飄向沐浴在佛羅倫斯迷人夜色燈影裡的山谷。當晚回到旅館後，來自西西里的一大堆電文在等著我們，發自收到了我寄去的請柬而不克前來的親戚。我們這一晚無緣與他的妹妹、叔伯姑嬸和堂兄弟姐妹共舞同歡，卻在傳真機的紙張上收到他們傳來的短訊：「很抱歉我們無法參加婚禮。祝你們的婚姻平平順順、長長久久。」可是沒有收到他父母的片言隻字。

第二天早上我獨自讀了這些傳真電文一遍，心中有一陣新的委屈，怒氣悄悄襲來。他的家人遺棄了他。在前一晚的奇幻餘光之下，多種混雜的感情湧上心頭，在苦樂參半中隱隱作痛。我不免猜測，這些因為我的緣故而不惜在他們兒子人生最重要的其中一刻缺席的人，我有一天能否跟他們碰面？他們這樣做可不是砸碎了我的心，而是砸碎了薩羅的心，我又能否原諒他們？

我把傳真電文放在旅館房間梳妝臺上方的顯眼處，薩羅稍後想看的話可以自己看。然後我望向窗外的老橋和橋拱下緩緩流過的阿諾河。我在明擺在眼前的事實中掙扎：薩羅在建立一個家庭的同時，卻失去了另一個家庭。

第二部

# 第一個夏天

*Nun si po' aviri la carni senz' ossu.*

你不能吃肉而棄骨。

You can't have meat without the bone.

—— 西西里諺語

# 石之島

「請繫緊你的安全帶。」揚聲器傳來空服員帶西西里口音的義大利文，起初我聽不明白，就像玩拼圖遊戲無法把圖拼得起來。然後另一個在我身旁站在走道上的空服員指著我的安全帶，用英文把這句話再說了一遍。在我們準備降落西西里的這一刻，一切都需要翻譯，甚至是我說了二十年的語言。

從飛機的窗往外望，我面對兩種截然對立的景象：下方是寶石藍碧波蕩漾的大海，正前方是不毛的石塊堆疊而成的一座山。水和山。流動之物和不可穿透之物。兩者之間只有我，別無他物。我從空中下降到地中海中央這座恍如一粒碎屑的石島，這就是薩羅當年出生的島嶼。

此刻我想到的，只有頭頂儲物箱裡行李袋放著的骨灰，同時想到在薩羅過世一星期後，我曾答應他媽媽把骨灰帶回去給她。可是現在我的心往下一沉，暗想：「接下來一個月我怎麼熬過去？」在自己家裡過著新寡的生活，說著自己的語言，每晚睡在我曾和薩羅共用的床上，就已經夠難受了。現在我還要因為許下的承諾，帶著悲傷上路。我把自己被拋向種種不可知的狀況，陷入更脆弱的處境，面對更無盡的感傷。那是西西里式的哀傷。接下來一個月我要住進的那個家，它表現出來的哀悼舉目可見，就像一塊裹屍布掛在大門上。

突然間我的決定看來是那麼糟糕。在這個一切都不一樣的地方——包括了太陽的弧度，我怎麼能令自己不要崩潰？但我無法選擇一個獨自輕鬆上路的做法。我無法選擇容易的出路，無法不讓自己被重重疊疊的哀傷包圍。我恐怕這樣做對自己要求太高了，過早考驗自己的毅力。這時薩羅才過世四個月。

佐拉在我的大腿上睡著了，手臂裡抱著她最愛的熊貓填充玩偶。我撫弄她的頭髮時她眼瞼閃動了一下。我們越過了九個時區，她在旅程的最後一段才閉上雙眼。

幾分鐘後我們就會下機，然後往東開一個半鐘頭的車，穿越前方這座石山去到一個小鎮，那裡一個女人正等著我回去。她是薩羅的媽媽，也等著薩羅回去。薩羅將長眠在他父親朱塞佩身旁——這個因我而一度丟棄了兒子的男人。我帶著薩羅的女兒回去，現在她是我們家裡唯一帶著他姓氏的人。

飛機著陸時輕輕跟地面碰觸了三次，我把佐拉抱得更緊了，小心翼翼地不要讓她醒過來。這個小女孩有一雙栗子般的眼睛，一張薩羅酷愛的臉，她給我們家帶來更深的和諧與愛。正因為她，薩羅不管醫藥上有何不便，每年都願意掙扎一番帶她回到西西里，跟女兒一起在老家能治癒他的心靈，效果堪比化療治癒他的軀體，甚或猶有過之。看著他的女兒跟他的母親同坐在桌子旁，他臉上的笑容毫不費力就流露出來。他在生命尚餘的少許時間裡，發掘出永恆不朽的經驗——跟女兒在地中海邊緣跳舞，為她留下永久回憶。我內心一直懇切期望，只盼我也能一直能把西西里的夏天帶給她，還有跟他家人在一起的美好回憶。但我質疑此刻正在摸索自己出路也在幫她探索前路的我，能不能承受由此而來在肉體和感情上的負擔。

我敏銳地察覺到與我同行的這個七歲小孩仍是那麼哀傷，晚上她的身體會顫抖，直到睡著為止；她會把晚餐推開，要等爸爸一起來吃；她甚至拒絕跟說義大利文的祖母通話，因為她的聲音令她想起爸爸。我決定前來這裡，表示我要在離家近七千哩的地方照顧她和她那一觸即發的哀傷。我的悲痛和愛驅使我拚盡全身之力，卻仍然力有未逮。

我的父母認為我前去義大利有欠明智，尤其是帶著佐拉，但我知道這是我們該做的，而且只有我們兩人同行。儘管我的爸爸和繼母提議陪同我們，我卻深知此行必須擺脫我的家人試著在旁照顧的干擾和壓力，我也用不著在西西里話、義大利文和英文之間做一番翻譯，同時我不想在一個外地，反過來要去照顧他們。他們從來沒去過西西里，此行也不是首次到此一遊的時機，而且我不想有額外的訪客增添奶奶的負擔。奶奶和我需要單獨相處的時間，彼此認識，一起哀悼，我們要在某個生命終結的一刻展開一段新的關係，我們要有一個新的開始。

但我的父母還是擔心。薩羅過世四個月以來，我一直陷於悲傷的狀態。我的爸爸是位律師而且帶有德州人的常識，總會提出一些基本問題對我展開盤問：如果妳想提早回家可以更改機票嗎？我的繼母採取另一種策略：妳能帶些什麼給自己提供安慰？要確保好好休息，不要做任何不想做的事。我的媽媽則認為她可以構思一個計畫，安撫薩羅的媽媽。在這一切背後，我不得不懷疑我的爸媽對於那些一度排斥他們女兒的西西里人，是否還懷有一絲恨意。

所有人一眼就看得出我在悲傷中飽受折磨。我不光失去了薩羅在精神和肉體上給我的撫慰，隨之而去的還有他做的義大利麵和湯。自薩羅住院後我消瘦了七公斤，身邊的人都提醒我多喝水、多吃、多睡，我對他們保證自己安然無恙，事實卻是，我要藉著抗焦慮藥物安定文（Ativan）才能穩妥地駛過佐拉學校裡的共乘車車道。

我每天早上醒來依然熱淚盈眶。床上再沒有薩羅躺在身旁，此一殘酷事實在我下床雙腳踏地前就令我肝腸寸斷。我能挺過每一天，全憑著意志，憑著身為母親的原始驅動力，還有我意識到如果我全然崩潰就可能永遠再站不起來。晚上，我祈求薩羅在夢中向我顯現，我希望見到他，希望與他交歡，我渴望聽到他的聲音，看到他的笑容，聞到他的氣味。當悲傷令人陷人躁狂狀態，我就聚焦於實際的事，譬如拿起紙張瘋狂地計算一番，看看薩羅金額不大的人壽保險理賠，能在我工作無法提供穩定收入的情況下，維持各種家庭開銷多久時間——像女兒讀私立學校的學費、兩位治療師的費用，還有醫藥費欠款。

我開始寫信給他，是單向的對話：「薩羅，親愛的，當我們失去了這一切該怎麼辦？幫助我一步一步往前走。告訴我，在你離去後怎樣維繫一個兩人的家，一個單親家庭。」

但自從我打電話告訴奶奶我會回去西西里之後，接下來幾個月一種迫切感向我襲來。我有一種焦躁不安、無法形容的渴望，期望佐拉認識到家庭和家人對個人的重大影響，是跨越死亡延續下去的。當我們排除萬難終於成為一家人，如果這個家庭受到毀損，人生會變得更殘酷而無法忍受。我希望佐拉能體會到這一點，其實我自己也需要有切身體認。我要考驗家庭的維繫作用，也就是說家庭的意義在於你選擇了誰當伴侶，在於你怎樣去愛對方，我要對自己和對佐拉證明這樣的意義。我猜想，那麼辛苦建立起來的關係，我不畏艱辛建立的這個家庭，能否像愛一樣延續下去。

可是，當飛機向著跑道行進，在短暫的一刻我曾認真考慮收拾行李轉乘另一班飛機回到洛杉磯，因為如果繼續往前兌現我對薩羅的承諾——把他的骨灰安葬並留下部分撒到泥土裡——就表示他實實在在死了。不光在洛杉磯的他已經死了，在西西里的他也死了，在奶奶屋子裡的他也死了，每天在我們房子裡睡覺的他也死了，每天早上喝咖啡的他死了，坐在奶奶桌旁的他也死了。這是我無法承受的，可是因愛之名，我還是往前走下去。

七月天正午乾燥而帶著鹽味的熱氣，確認我們已經身在西西里。佐拉在我的大腿上又再睡著了，我們坐在一輛沒有冷氣的飛雅特車的後座，開車的是柯西莫，弗蘭卡在前面的副駕駛座。佐拉剛才醒來的一段時間，剛好夠她讓指頭在機場行李轉盤上遊走一番，跟姑姑和姑丈擁抱一下，然後走到車上。我妒忌她能這樣睡一覺。此刻我最渴望的就是閉上雙眼，讓接下來發生的事在夢境裡出現。

「給我一張紙巾。」弗蘭卡對開車的柯西莫說，除此以外，當車子向著薩羅的家鄉小鎮阿利米努薩行進，她沒說過一句話，受著暈車的煎熬。我們經過了西西里島首府巴勒摩（Palermo）以東一字排開的海岸城鎮，我們也經過了早已關閉的飛雅特工廠和新的法商歐尚量販店，然後從高速公路下來，開始向著山腳爬升，途中的風景對我來說就像自家後院一樣熟識。

我們繞過已荒廢的弗洛里奧盾（Targo Florio）賽車看臺，那是一九五〇年代為歐洲山區越野賽而蓋建的。我看著麥田間零星的石造農舍，還有小規模的家庭葡萄酒莊。映入眼簾的還有似乎把土地和天空連結起來的琥珀色山丘，我試著尋覓綿羊在山腳下放牧的常見景象。可是天氣太熱，即使綿羊也懂得要避暑。

柯西莫把收音機頻道轉來轉去消磨時間。我們試著瞭解自從春天道別以來大家的最新情況——上次聚首是他們首次也是唯一的洛杉磯之行，那時薩羅剛住進安寧病房。他們在薩羅過世三天前離開，住在半個地球以外的人只能這樣在激動之下匆匆道別，心知病人臨終一刻無法相伴而格外難過，別後也一直在懷疑如此道別是否充分。

「你養的豬怎麼樣了？」我問柯西莫。他養的雞和豬，他種的橄欖樹，總是能促使他跟別人聊起來。

「剛過去的冬天我把牠們宰了。」他無可奈何地語氣拖得老長。

「工作呢？你的工作怎樣了？」我問道，希望用更多閒聊填滿這趟車程，雖然我因為疲累和隨時泛起的焦慮而無法安坐。聊天是讓我不致崩潰的策略，讓我在佐拉醒來時還能支撐得住，並且在抵達小鎮時不管發生什麼都仍然能夠應付。

「春天時去洛杉磯跑一趟就失掉了工作。目前我還在等，看看夏天遊客峰擁而至時，他們是否需要我，可是市政府才剛宣告破產。」當他談到政治和隨著政治而來的貪腐，總會從義大利文轉到西西里話。

我知道他一邊從事耕作一邊在切法盧（Cefalù）當交通警察，日子不好過。像很多西西里人一樣，命運把什麼丟到他面前他就得抓住。命運丟給他的，就是最近陷入破產城市的兼職季節性工作。

我一邊跟開車的柯西莫聊天，一邊望著佐拉泛紅的臉頰和淺紅褐色的皮膚，我真想知道她將來還會不會記得這一切？她是否會記得這次我們大老遠探望她奶奶，一路上腳邊有個行李袋裡帶著她爸爸的骨灰？

當地農民說西西里這一帶「土地卑下」（La terra à vascia），這句話既是現況的描述也是寓言，他們藉此告訴來訪者，要耕作這片土地，要在此存活，把種子轉化為收穫，你必須彎低腰，彎得很低。你要不停勞動，往往沒有把握。西西里這一帶地方土壤很難應付，它難於耕作，岩石多，往往犁也扒不下去，倚賴土地維生的人為了生存必須費盡九牛二虎之力。「土地卑下」表示同時付出勞力與愛。當車子駛進阿利米努薩，我設法靜定下來，緊握著後座車門的把手。此刻我知道接下來的一切也將離不開勞力與愛。

當我們在葛蘭西路（Via Gramsci）左轉，我首先看到石板人行道上一張長凳坐著一排神情平靜的老婦或寡婦，那些寡婦按照傳統一身黑衣，她們高矮肥瘦各異，坐在薩羅童年的家前面等候我們。她們準備前來哀悼，這是她們以前做過的事——為自己的伴侶，為其他家人，或為鄰居，也許不知從何時開始，不知做過了多少次。西西里人早就習以為常迎接死者回家。

當我們經過鄰鎮切爾達（Cerda）的最後一家披薩店，柯西莫就先打了電話。他總會這樣做，這是對我婆婆的一種體諒。婆婆克羅琪是個受人愛戴的女人，她的名字本來的意思是「十字架」，就如耶穌釘死在其上的十字架。先打電話，她就用不著在灼熱的正午坐在屋外長凳上久等。她的性格跟她的名字一樣強而有力，這個聖名毫無疑問適合像她這樣一個不尋常地受讚譽和愛戴的女人——尤其在這個小鎮裡你可能無法逃避遭到背叛和違逆的恆常宿命。

葛蘭西路上的這些婦女——薩羅的母親、她的一個堂姐妹，另一個遠親的表姐妹，還有她的鄰居，她們總是會從家裡來到這裡迎接訪客。她們堅持要來見證薩羅歸家。

柯西莫開著飛雅特車在一條很陡的單行道上走到一半，靈巧地繞過一輛半個車身停在人行道上的拖拉機，再駛過兩棟關上百葉窗的房屋後，就在奶奶那棟兩層高的狹窄房子前停了下來，它正好在死胡同的中央。我們到了，那些婦女也到來了。

我還來不及喚醒佐拉，把她的頭從我的大腿抬起，車門就打開。奶奶的手臂伸進車來。

「妳來了。」

七十九歲的那雙小而強壯的手馬上搭到我的肩膀上，當我跟她快臉貼著臉的時候，我才正從車裡爬出來。她們的溫厚表現，使我陷入更深的失落感，時間再一次靜止了。我們各自在這個時刻裡徘徊不去，像停留在永恆一刻，時間感畢竟是可長可短的，我們站著不動，無法相信多年來我們知道終於要來的一刻就發生在眼前。

然後她放開我，跑到我身後到車上找佐拉——她獨生子帶給她的這個摯愛孫女。

「我的寶貝、我的寶貝。」她聲音震顫著，拿起紙巾擦拭濡濕的雙眼。然後她幫助佐拉從車上走出來，把她抱在懷裡。佐拉剛醒來感到精疲力竭，酷熱難耐，混淆不清。遠離家門而被祖母擁在懷裡，她不禁哭了起來要來找我。

「她很累了。」我為佐拉辯護，恐怕奶奶感到冒犯。然後圍著車子的那群母親、哀悼者和祖母們同聲附和：「她很累了，當然。」

我懷疑薩羅媽媽可能認為佐拉是因為她而哭了起來，因為她們好幾個月沒交談了。奶奶儘管哀傷不已，卻從來沒迫使我把佐拉帶到電話旁和她通話，她只是每次和我通電話時問道：「小孩子怎麼樣了？」

接著奶奶想到了讓我們在正午時分圍著車子一塊兒站著的原因，「他在那裡？」

她在找那些骨灰。她要找她的兒子。

我往車子裡彎身，拿起車子地板上的袋子遞給她。她一看見這個行李袋，神情馬上從平靜克制變得蒼白如紙。她生下來，撫養成人，疼愛不已的兒子就在裡面。

住在對街上的堂姐妹艾瑪妞拉（Emanuela）扶著她。「進去，進去吧。」一邊說邊把她往屋子大門推進去，讓她避開烈日，動作敏捷有如緊急應變人員。然後那群寡婦從車子周圍散開，一起推著我和佐拉走進屋裡，一大群哀悼者圍作一團。

當佐拉和我在葛蘭西路這群寡婦簇擁下走進奶奶的屋子，我突然覺得自己犯了大錯。置身於一群年老寡婦之間，我幾乎窒息，無法承受，突然間我和佐拉像不能獲得充分氧氣。我伸手把手提包拿過來，裡面有足夠的安定文可供我三十天內每天服用一顆，我擔心最終還是不夠。

奶奶屋子的大門裝上了傳統手編門簾和百葉窗簾，門的四周是褪色的石牆。踏進門裡就是客廳，從街上直接進入居住空間。這棟房子跟街道上所有其他房子一樣，原是畜舍，它在一個多世紀前建造時，是用來養豬養雞的，也養了一頭騾子，還用來放一桶桶的橄欖油。家裡的人睡在木板搭建的閣樓上。到奶奶結婚時，鎮上開始有了電力。薩羅童年時有自來水了，還有了一間半成品的浴室，再加上瓷磚地板，變成今天這棟房子。這個空間沒有太多的設計考量，那邊是戶外空間，這邊就是室內了；外頭是田野、太陽和風的世界，裡面是踏踏實實的家庭小天地。一個功能完備的簡樸居所。

屋子裡是昏暗的，西西里的房子在夏天普遍是這樣，這是為了抵擋烈日和夏天種種惡劣的天候因素——從北非吹來塵沙的風，還有足以一個下午把衣服晾乾又或做成天然番茄膏的猛烈陽光——鎮裡的房子白天都把百葉窗簾關上。石牆加上陽光受到屏閉讓空氣變得涼快，帶來舒緩效果，但也使得房子看來較狹小，瀰漫著哀愁。它散發著失落感，空氣裡滿是愁緒。

房間中央的餐桌上，可見一根點燃著的紅蠟燭放在一個繪上聖畢奧神父（Saint Padre Pio）肖像的玻璃器皿上，下面墊了一個網織圖案底座。餐桌如今成為了祭壇。

奶奶把行李袋放到桌子旁，吩咐我從袋子裡把骨灰拿出來，我照著做了。骨灰放在一個特殊的隨身盒子裡，是洛杉磯的殯儀館提供的。盒子下半飾以一個藍色絲質外盒，像信封般在四邊扣住。她把薩羅的骨灰放在桌子上，在蠟燭旁。隨著愈來愈多的人來到，房間裡的光線愈來愈暗，擠得滿滿的人遮擋了從敞開的門射進來的光，這時我才察覺沙發和椅子都推到房間四周，而桌子也不在原來的地方。奶奶坐在最靠近桌子的一張椅子上，跟薩羅最接近。她吩咐我坐在她身旁，佐拉蜷伏在我大腿上。我聽到房子周邊有人在行動電話上說道：「告訴神父時間到了。」

接下來三十分鐘，房子裡擠進更多的人，有些人只待一會，有些人留了下來，最年長的坐在椅子上，最年輕的站著。門一直敞開，只有門簾保護著我們，把這群同在哀悼的人跟外界隔開。我從來沒體驗過西西里人的守靈，只曾聽薩羅談過，他解釋死者如何被安放在家中客廳。薩羅的堂兄弟賈奇諾（Giacchino）是小鎮的木匠兼棺材匠，奶奶房子隔壁一度是他用來存放十到十二具棺材的儲藏室。奶奶往往是鎮裡第一個知道誰剛過世的人，那就是當她聽到賈奇諾用萬能鑰匙把倉庫門打開的一刻。他從倉庫取出一副棺材，送去正為死者哀悼的家庭，親人接著把屍體放進棺材，哀悼儀式隨即開始。往日儀式往往通宵達旦，到了破曉時分，屍體便送到鎮上的教堂舉行彌撒，然後穿過街道送到小鎮邊緣的公墓，民眾會走出家門目送路過的送葬隊伍。

我坐在那裡，開始體會到我不光在見證一次西西里的守靈，而且我還是其中心人物。當然，我知道第二天我們就會把薩羅的骨灰送到公墓，但我想不到有那麼多鄰居和親人來到奶奶的客廳致意，祈禱祝福，慰問薩羅的孩子和新寡的我。我還以為經過一整天跨國旅程，抵達奶奶的房子後可以休息一下，可以單獨跟奶奶坐下來，像以前一樣一起吃飯，一起哭泣、交談。但現在奶奶的兒子、我的丈夫不在了，一切都不再正常。

置身眾人之間，我婆婆坐著默念《玫瑰經》，令人動容。其他女人，不論老幼，都做起同樣的事來，她們異口同聲禱告。更多人跑進來，親吻奶奶的雙頰，送上慰問，奶奶沒有站起來，也沒抬頭看，她不停祈禱，其他人也一樣——不管是她的堂兄弟姐妹、我的小姑弗蘭卡，或葛蘭西路上的寡婦或妻子。

不到一小時神父就來了，他也開始祈禱，這表示哀悼儀式正式開始。慟哭聲和眼淚，這一切就像因痛失摯愛而尖叫、喊破喉嚨的一首歌，彷彿來自遠古世界。佐拉在我的大腿上左搖右擺，半睡半醒，我的身體也在微微顫動。我流下了前所未有的眼淚，這不是在洛杉磯時所流的淚，是只有在西西里才可見的淚。而隨著哀慟到了近乎心神恍惚的程度，召喚起所有失落，我真的想一頭倒在地上，想躺在地板上，拚盡全力號啕大哭。我想瘋了似地走到街上，我的丈夫死了。

可是我還是坐著不動，時差還沒調過來，我抱著佐拉，不確定追悼儀式如何進行。薩羅和我從來不曾在西西里參加葬禮。婚禮倒是有的，葬禮就沒有了。我開始更仔細地觀察桌子上那盒骨灰，彷彿眼前一切都是錯誤。他不可能在兩個地方、兩種現實之下死了又死，內心有個聲音告訴我，他可能在任何時刻從他媽媽這棟房子的樓梯走下來，看到眼前的景象，然後告訴我年輕西西里寡婦的言行舉止該是怎樣，告知我相關禮節。在另一個想像中，他走下來問道：「這在搞什麼鬼？收起妳的眼淚，我就在這裡。」我們就笑起來，走到郊外好好漫步一番，他向我展示成熟的桑椹。可是這一切沒有發生。

我把佐拉拉得更近，我又抓住了從脖子上垂下來的項鏈墜盒，它藏著我跟薩羅的一種連結。這是妹妹艾提嘉送給我的鏈墜盒，讓我在裡面放進薩羅的一些骨灰，時刻帶在身上。這是姐妹之情，神聖的舉動。

我的治療師建議我把薩羅一小部分骨灰拿出來，私自撒在西西里的土地上。她知道這次旅程令我十分焦慮，建議我在自己和薩羅兩人之間做點事。我和她做完一次諮商後我做了一個夢，夢中與薩羅身處一座果園。第二天一個朋友打電話告訴我，她也曾夢見和薩羅在一起吃著杏子。我把治療師的建議跟兩個夢境連起來，認為我應該把薩羅的一部分骨灰撒在去年他曾在某處向我展示的一棵杏樹下。因此我把他的骨灰分為三份：一份在洛杉磯安葬，一份交給他的媽媽，一份用於我私下舉行的儀式。

我坐在薩羅媽媽家裡，聽著天主教的祈禱文，內容也觸及了當地的阿拉伯人和猶太人傳統，我知道這一刻屬於薩羅的媽媽、妹妹、鄰居和堂兄弟姐妹，屬於西西里這個喪失了其中一員的小鎮。我們在洛杉磯舉行的追思會是為了歌頌薩羅的人生，這卻是我的婆婆一直在等著為她兒子安排的葬禮。我把佐拉拉得更近，覺得身邊這群人的聲音擴散開來，讓我無法承受，有如大合唱的這一陣令人心肝欲裂的哀鳴，升到椽上瀰漫全屋。

曙光初現前的一刻，我在樓上薩羅父母的雙人大床上醒了過來。初現的希微晨光透過樓上的百葉窗簾滲進室內，我可以聽到遠處傳來羊鈴聲，牧羊人正把羊群趕向低地，佐拉睡在我身旁。

樓下傳來奶奶在廚房來回走動輕柔而熟悉的聲音。我知道她起床好一陣子了，她想單獨跟兒子坐在她自己往日生子的房間裡，她這樣做才能把她作為母親的一部分永久埋葬。她無疑也為我們的午飯準備好了義大利麵的醬料。

前一晚她曾告訴我，我們會在早上七點起床參加彌撒，八點到公墓，在墓地開放給一般鎮民進入之前，先舉行一場私人儀式。「開放之前」這個細節是重要的，因為埋葬骨灰在這兒是不尋常的事，她不想引來注視目光。弗蘭卡曾在鎮公所尋求協助，處理好了義大利領事館提到的文書流程，所有流程要按照義大利的嚴格要求辦妥，我才能把他的骨灰帶來下葬。在我這一邊，我曾透過無數的電話和電郵和她互通訊息，告訴她我需要知道最後安葬的地址和墳地號碼，但她都無法提供，因為阿利米努薩這處公墓位於小鎮邊緣，街道沒有正式名稱，這在西西里內陸農村地區是很常見的。可追溯到希臘和阿拉伯先民的這些墳墓，都位處小鎮周邊，往往在風往下吹的次級道路上，路的盡頭是不通的。住在鎮裡的人知道墓地何在，這就夠了，外人不會葬在這裡。只有外人需要街道名字。

使得官僚流程更為複雜的是，在薩羅過世的一刻沒有一塊空置墳地可以埋葬他的骨灰。由於經濟情況嚴峻也許再加上黑手黨的間接影響，公墓的擴建工程停了下來，原有的墳地都已被買走，有錢人家早就預購一空，為他們以後多個世代的死者預留了空間。薩羅一家沒有預購的空墓地，他們也不是鎮裡唯一陷入這種處境的人。因此，一種變通的實際做法應運而生：墓地可以「借給」有需要的家庭，根據協定，將來有新的空位時，遺體就移到公墓的新墓穴。起碼這就是他們向我說明的情況，當時我還在洛杉磯，要設法理解這一切，並把所有出行所需文件準備妥當。感覺上這是一種超現實情景，像是義大利官僚主義的胡鬧把戲，使得義大利成為很多笑話的爆點。

我不想在把骨灰送回義大利途中碰上任何麻煩，我尤其是小心翼翼過了頭。也許這種過度警覺來自童年經驗，當時父母總是教我怎樣避免跟有權位的人衝突，成年後的我，身為某種膚色和某個年紀的女人，進入羅馬時也曾面對現實：往往被定型為某類人物。不止一次遇上憲兵和移民警察的針對性檢查，我的特徵跟歐洲演變中的移民現象正好有某方面的切合，我可能被視為來自摩洛哥、古巴、衣索比亞或巴西的女人，視乎我見的是哪個滿臉鬍髭的官員，還有當局認定當時的主要威脅來自何方。多年來，我學會了走過行李檢查通道和移民署時緊貼著薩羅，我也學會了把我的美國護照拿在手中讓人看到，這就可以避免受到阻滯或延誤，以致錯失了轉機的航班。

帶著薩羅的骨灰，還有佐拉在身邊，即使一點誤差也是承受不起的風險。啟程前，我曾做過一些惡夢，夢見自己遭到搜查扣押，薩羅的骨灰被扣留，更糟的是，骨灰在佐拉面前從我手裡被拿走，就只因為有一些手續沒完全辦妥。不管在什麼情況下，我都不會帶著一盒沒有說明文件的塵土出行，況且，義大利的法律嚴禁偷運人類遺骸，骨灰要有通行文件。

這整個流程是應付義大利瘋了似的官僚流程的一場曠世大戲，不要說所花的費用了——這相當於三個月的私立學校學費。我要準備兩份死亡證明（英文和義大利文的），還有一份殯儀館的證書、旅行證件和出生證明，全都要譯成義大利文，並夾附一份「國際認證」（apostille）——這是讓一國的證件在另一國獲得認可的法律認證——然後再由義大利政府蓋章認可。每頁紙和每個簽名都牽涉一項費用和一種稅項。不止一次我跟自己說，如果薩羅知道把他的骨灰帶回義大利要讓我花多少錢和面對多大壓力，他就會叫我把骨灰撒進太平洋算了，但實際上這不是他所說的。他說：「請把我的一些骨灰帶回西西里。」

如果他從來沒吩咐我把骨灰帶回西西里下葬，我可能會把它撒到加州聖塔芭芭拉（Santa Barbara）那片我們最愛的海灘，那是他接受治療那些年間，我們經常前去讓他提振精神的地方。

佐拉靜靜地醒過來，挨著我伸展她那瘦小的身體。

「寶貝，媽媽待會兒要去教堂，然後早上帶著爸爸的骨灰到公墓去。」我發覺我好像用第三人稱跟自己說話。

我內心希望她不想跟著去。我因為多個鐘頭的飛行航程和前往薩羅祖家的曲折車程而精疲力竭。我不認為自己能在參加彌撒的同時，負起照顧孩子的任務。可以很合理地推想，從小鎮到公墓的路上我要抱著她沿著卵石路行進，她會疲累不堪無法承受。當母親就要面對母職的要求，但這個早上，喪夫之妻和外國媳婦就是我心中僅有的角色。

「我可以看看嗎？」她一邊擦眼睛一邊問道。

「看什麼？」

「看那些骨灰。」

這不是我預期的問題。我坐在床上，讓雙腳碰觸著大理石地板。

「寶貝，那就在樓下桌子上的藍色盒子裡，妳已經看過了。」我開始聞到樓下廚房爐頭散發開來的義式濃咖啡氣味。「我去給妳拿些吃的。」我採用拖延策略，那是我作為家長把話題引開的典型做法。

「可是我還是想看看，我想看看裡面有什麼。」她在床上坐起身，露出堅定眼神。她臉上的表情告訴我她快要掉下淚來了。「我想見爸爸。」

幾個月來她一直在說要見爸爸。他的死亡、他的完全消失，是她幼小的心智無法理解的。當我談到他的死亡，她就會想起她曾跟他說再見，想起他的追思會；當我試著告訴她爸爸的身體消失了，但他的精神會永遠與我們同在，她就會猶疑起來。她厭惡這個新的世界，現在爸爸是她無法實際接觸到的，卻據說就在她身邊只是她看不見而已。她才七歲，非常直接地從表面理解一切：看不見就是不存在。這個還沒有升上二年級的小孩，現在要面對亙古以來人類一直在思考的奧祕：我們死去之後到底去哪裡？

她對自己的需要，反應總是十分直覺，毫不含糊。這個孩子在父親過世三天後就跟我說，無法再忍受家裡一屋子都是愁眉苦臉的大人。

「每個人來這裡都是為了妳。他也是我的爸爸，為什麼他們不是為我而來？」

他們也是為她而來，他們自有成年人的處事方式，前來的親友會看看她的情況，帶給她玩具和禮物，然後從她的房間走出來坐下陪著我。過了三天這樣的日子，就足以讓她看到其中的規律，並喚起我的注意。「我要見我自己的朋友。」才不過三天，她就讓我懂得她的需要是什麼。

第二天我請了她五個朋友來到家裡，他們玩了起來。在她慫恿下他們寫了一些短信給薩羅，他們又在薩羅過世的房間裡創作了一些藝術品。他們在我一直點燃著的蠟燭旁放一些鮮花，還唱歌跳舞。簡單來說，我的女兒舉行了她自己的守靈儀式。

「妳不能看他的骨灰。它密封在盒子裡，不能打開。」我知道事實並非如此，但我要給她一個具體的答案，讓她無法想出一個解決辦法。真正的原因卻是，我寧可赴湯蹈火也不願意把奶奶餐桌上那個盒子打開，對於像她這樣的孩子來說這種想法太極端了。

正當她要流下在西西里的第一滴淚，我補充說：「可是我有一些骨灰在這個項鏈墜盒裡，妳可以看看。」

接下來的幾分鐘，我們坐在床上凝視著那個打開的項鏈墜盒。其中一面是我從一張照片剪下來的小小的薩羅肖像，另一面放著一個密封的小膠袋，用膠布黏到了心形盒子裡面。我們一直凝視著項鏈墜盒，直到奶奶在樓下大喊：「滕碧，妳起床了嗎？咖啡準備好了。」

一個半鐘頭後，我從奶奶的廚房跨過門檻走到街上，往教堂走去。佐拉最終決定跟十來歲的堂姐羅拉（Laura）留在家裡。事實上她再次睡著了，我希望她一直睡到我回家。

那天早上熱氣堅定不移地籠罩著大地。我婆婆和我挽著手一起走，慢慢地同步行進，從她所住的街道走向主街，那是進出小鎮的唯一通道。她捧著薩羅的骨灰，經過麵包店和乳酪店時把我拉得更近。到了中午，來自這些店鋪的麵包和乳酪就可以讓我們果腹。我不大確定奶奶還準備了什麼，我們吃的就是哀悼者的食物，這一點我是肯定的，那是撫慰人而容易消化，讓你有力氣挺下去的食物。

我們經過洗淨了掛在晾衣繩上的衣服，踏過蓋上了羊糞的卵石路。郵差騎著偉士牌機車呼嘯而過駛向鄰鎮，然後轉頭返回靠近海岸的山麓地帶再回到阿利米努薩。當我們繞過鎮裡唯一的廣場繼續前行，我聽到遠處傳來一個果販的叫賣聲，他站在他那輛小貨卡的駕駛室上，透過擴音器用粗獷的方言高喊：「番茄和桃子，新鮮又好吃，新鮮又好吃！」他保證這新鮮的番茄和桃子不容錯過。我看到藥局正打開原來鎖著的門，肉店正迎來第一個顧客，一個戴著傳統鴨舌帽的老人使勁吸了一口手中的香菸然後走進店裡。

奶奶和我從教堂寬敞而平滑的大理石石階走上去，走進那間幽暗的祭衣間。在整整十分鐘的步行過程中，我們一直互相扶持。其他人已在教堂裡等待。奶奶現在跟我分開了，她把骨灰交給神父，然後在最靠近祭壇的靠背長椅坐下來。我坐在她身旁，頭上若隱若現可看見聖安娜的雕像，她是聖母馬利亞的母親，也是這個小鎮的守護聖人。

神父為那盒骨灰誦念了簡短的彌撒經文。他向著骨灰灑聖水，然後談到奶奶在薩羅患病期間如何堅強。他為我和佐拉禱告，我在嚴重的時差和疲累之下掙扎著聚精會神聽他所說的話，只要我能把注意力集中在一件事上，就可以挺過這一刻。可是，此刻我唯一的感覺，就是熱切渴望薩羅坐在長凳上緊靠著我。因此我低下頭把視線投向神父放上了薩羅骨灰的那張桌子，那是張簡樸的小桌子，鋪上一塊裝飾的桌布。我目不轉睛，直到奶奶握著我的手叫我起身離去。

我們從教堂走出去，走下有斑駁條紋的白色臺階，柯西莫的車已經在那裡等了。坐車離開可以讓我們不用走那陡峭的下坡路，也確保我們不會碰上這個時刻已上街的更多鎮民。小鎮的公墓管理員已拿著鑰匙等著打開墓地的大門。

在通往陵墓的主通道前方的拱門，吹起了一陣輕風。我們是一小群的追悼者：奶奶、弗蘭卡、柯西莫、兩個堂兄弟姐妹、兩個兒時的朋友、一名來自鄰鎮薩羅年輕時結交的畫家朋友，以及神父和公墓管理員。

整場儀式裡，我靠在一棵柏樹上。我需要一樣深深扎根的東西支撐著我。鳥兒在我們頭頂的樹上聚集起來，彷彿要監視這一幕人生大戲，又或只是在陵墓之間的小徑找個棲身庇蔭之所。不管怎樣，牠們是我能把注意力集中的目標。我覺得自己彷彿飄浮在自己的身體之上，與小鳥一起在天空。待在自己身體裡表示我會感到雙腿軟弱無力，臀部痠痛不堪。我要挺住那一陣恐怕會讓我倒在卵石路上的眩暈，我的身體是一個極糟糕、可怕不穩的處所，因此我浮在它上面，然後靜聽。

首先聽到神父開口說話：更多的話、更多的禱告，然後我聽到溫琴佐（Vincenzo）說話，他就是那位畫家朋友，也是薩羅的良師益友朱塞佩．皮諾．巴塔雅（Giuseppe "Pino" Battaglia）的好朋友，後者是著名的西西里詩人。溫琴佐開始念起了皮諾的詩，有如禱告的呼召。這首詩是為死者而寫的，但當我正聽著，我想像這首詩實際上是為我而寫。

我的名字叫空氣——
是風在吹起……

詩把我挽救過來，它比我自己的身體更為真實和穩定，這刻我體會到為什麼我回到了這座遍布岩石的島：我需要某種救贖。我迫切地需要，即使只是短暫一刻，甩掉那揮之不去的哀愁，補充虛空的精神。這首詩就是愛，它是一條線，把我跟薩羅、西西里和我在洛杉磯的家連起來，我們家中的書架放滿了皮諾的書。

管理員把我們的目光引向薩羅的骨灰，這時我猛然從天上掉回自己的身體，就像一根樹枝掉下來打在頭上。我這樣突然驚醒，幾乎整個人被壓垮，我首次瞭解到我是把自己一半的人生埋葬在西西里的墳地裡——包括每個微笑、每份喜悅、每個與人分享的祕密，還有一輩子的渴望。我正在把這一切以及我向來所認知的那個我，埋進一座大理石墳墓。遠處傳來騾叫聲，空氣中飄蕩著剛收割的飼草氣味和大海的鹽味，它們都在見證著我這一刻的經歷，見證著眼前一切。

管理員爬上一道手工做的木梯，木料來自一棵橄欖樹，用繩子和看似竹笏的索子繫起來。這道梯子，我猜想，是管理員的父親或祖父做的，讓他們可以爬到陵墓牆壁的高處。他手執一把長柄大錘，靈巧地往上爬。我在淚光中注意到，他穿的是一條老舊卻漿得硬挺的褲子。他用錘子打在牆面上，打破了土窖和大理石石碑之間那層水泥，小塊水泥隨之散落地面。這陣聲音使得上方的鳥受驚嘎嘎鳴叫，一起振翅飛走，牠們往天一飛，在寂然不動的空氣中破開一道裂縫。

我閉上眼睛，有人靠在我身上，那可能是奶奶或她的堂姐妹，又或不過是鎮裡一個送葬者，在這樣的時刻總會有送葬者前來。「一切妥當，挺起胸膛。」有人向奶奶取骨灰。她遞過去，管理員從梯子走下幾階接過來。當我張開眼睛，他已經回到梯子上方，我看著他把薩羅的骨灰放進水泥牆後面的幽暗空間。我注意到水泥牆面沒完全碎掉，管理員很熟練地破開一小洞，剛好足夠把骨灰盒滑進去。我們都默不作聲站著，看著他伸手取來一桶調好的水泥和一把泥刀，不消幾分鐘他就把洞口重新填好。有人拉拉我的手臂告訴我儀式完結了，是時候離開了。我已完成了我來這裡該扮演的角色，薩羅已在西西里安葬了，但我仍然要在西西里把他釋放出來。

坐車回家途中，我精疲力竭，渾身無力，我想起在家等著我們的佐拉。未來幾星期在奶奶和我之間發生的任何事，將會決定了西西里會否成為佐拉過往經歷的一部分，或許將會成為她未來的一部分。任何人都可以看到我們三人——媽媽、奶奶和孫女——是三個共同哀悼的人，就像在陸地上游泳一樣困難，這是個危險的起步點。我希望一起度過一個月可以建立一種親密關係，希望失去至親不會驅使我們漸行漸遠。感覺上我們的未來是脆弱的。不過在從公墓回家的這一刻，這一切還言之過早，目前我只是想著走完這一公里的卵石路回到孩子身邊，正是她讓我有動力繼續前行。即使在哀傷之中，身為母親還是能讓我振作起來，這在此刻是救贖，事實上，從最初一刻就是如此。

# 不凡的事

我一直以來都想成為母親，一直如此。讀小學時，艾提嘉和我一起玩，我會幻想一些複雜的故事情節，我們兩人各有六個孩子——三個男孩和三個女孩，他們的名字都以同一字母起頭又或彼此押韻。我們這些鬧著玩的故事充滿戲劇性，還到處是隨手從《好時光》（*Good Times*）和《脫線家族》（*The Brady Bunch*）等電視劇借來的喜劇情節。

我把「母親」角色視為一系列清楚明確的任務：處理家務、烹煮複雜的大餐、安排到市場購物的刺激行程——在假裝的購物行動裡，艾提嘉和我輪流扮演收銀員，在祖母的客廳裡用一張倒轉的餐桌椅作為收銀檯。我們把食品儲藏室的所有包裝食品拿出來，放到客廳各處。我堅持要把它們分門別類：麵包、薄脆餅乾和甜餅乾放在一起；罐裝桃子、罐裝肉類和罐裝四季豆則放在靠近電視機的窗臺上。

薩羅和我結婚兩年後，我就停止了避孕，聽天由命。一年之後，我沒有擔憂，只是有點好奇。我相信這是上天的安排，因為這時我試著讓事業起飛，要是懷孕和帶孩子那就較難實現了。

到了第四年，我們就真的擔心起來了，決定兩人都做一次生育能力檢測。檢測沒有決定性的結果，也沒發現特別的情況除了：我有骨盆傾斜問題，他的精子活動能力偏低。可能因為他每天八小時以上站在灼熱環境裡工作，這些都構成了挑戰。我們沒有過度失望，時間還多的是，我還不到三十歲。有需要的話，我們也可以採取人工受孕的方法。但我私下也開始尋求更多領養的知識，領養一直以來是貼近我內心的想法。

稍微搜集一下資料之後，我在加州北部找到了一所由兩位母親開設的專門為非白人兒童尋找領養家庭的機構，辦理跨族裔領養。每次我收到他們寄來的刊物，裡面的全家福照片馬上就攫住我的心。我看見背景各異的兒童，獲得各種不同背景、不同組成方式的家庭收養。我看見一些兒童找到了「永久的家」，他們的領養人是那麼勇敢，不畏艱辛地把完全陌生的人擁進懷裡付出大愛。在想像中，我也是這樣的一個人。在他們眼中，家庭超越了血緣。照片中那些人，也跟我原來的家庭相似，頭髮皮膚有各種不同顏色，他們看來就像我認識的那個世界，也像我希望建立的家庭。

我的家族也曾歡迎一名透過國際領養進入我們家族的堂姐妹，那就在薩羅和我走進婚姻殿堂之前一年。我隔著一段距離看著她成長，在假日活動和家庭聚會中都會碰到她。我看到她養父母眼神流露的喜悅，我看到了愛，我看到領養如何深深發自內心，可以開闊人生。我看到了建立家庭的另一種方式，深受吸引。

「我們真的要這樣做嗎？」我把一疊申請表遞給薩羅時跟他說，在他確診患上癌症之後兩年，病情正在緩解。眼看著一個家庭可望建立起來，為人生帶來希望，令人既興奮又感恩。

「我們當然要這樣做，這可能是我們所做的最美好的一件事。」他把申請表拿過去，草草看了一遍，然後望著我說：「我要打字嗎？」

「不，把你的答案寫下來就行，然後我會處理。」我說。

「妳怎麼處理我的病歷？」他問道，目光從文件往上盯向我的臉。他的表情有點為難。他不久前停止使用最強烈的藥物，我才重新習慣看到他的橄欖膚色和緋紅臉色，但此刻他臉上的脆弱神情，加上橫亙在我們人生中這個懸而未決的問題，這可是我永遠無法習慣的。恐懼湧上心頭。

「總要說真話，把真相說出來。」我抱著他的頭吻在他的額上。

如果我們要透過領養成為父母，一切都不能脫離真相，我們希望孩子的生母同樣願意透露自己的真相。我們難免冒險，冒很大的險，我們希望她也看到我們真實的一面——儘管我們受到疾病困擾，仍看到我們彼此深深相愛，看到我們曾挺過痛苦的煎熬，知道我們在當父母一事上瞭解什麼至關重要。

「你要回答這個問題：『為什麼滕碧會是個好母親？』你打算怎麼說？」我催逼他踏出第一步。我們同坐在餐桌旁，面對著一大堆有關領養的資料。

「我會說妳是完美的。」他怎麼能既花言巧語又不失魅力，我一直無法理解。我自己就不能兩者兼具，他這種能力是我們眼前最性感的一件事。

「這是最愚蠢的答案，這是一句空話。事實上，它所說的又多於空話，它說明了你看重『完美』。不管那表示什麼。」

「妳就讓我這樣做好嗎？我愛妳。如果我想說妳是完美的，我就會說完美。」他伸手拿起筆開始寫了起來。「我們應該會中選，因為孩子的生母會看到我們是相愛的。」

「好吧，不錯，我們是相愛。但你可以具體一點嗎？」我很高興我們仍然能拿婚姻來開玩笑。在我們經歷過疾病的煎熬後，這是回復常態的標誌，我希望它維持下去。

「妳談到我時又怎麼說？」他把筆放下來，伸手拿我的申請表。

「你是我所認識最聰明的人，你寫詩，十分慷慨，你的廚藝把人維繫起來，你用電吉他玩藍調，你能說三種語言，會讀五種語言。」我跟他在桌子底下碰腳調情。「不過，我沒有寫的是，你經常把凱文・貝肯（Kevin Bacon）和方・基墨（Val Kilmer）這兩名演員搞混。」

「妳總是不放過這一點。」

「對，只要我還能呼吸說話。」

「妳確定不想試試能否懷孕嗎？如果妳真的想試試，我不想妳錯失機會。」他暫時把申請表放下，等著看我說些什麼。

這是可行的；我們有冷凍的精子。就在確診患癌那天，我這位丈夫不知怎地能有感情上和心智上的魄力，在離開腫瘤醫師的診所後，開兩哩的車到太平洋海岸上的一家精子銀行。途中我們沒說一句話，也沒想過調頭回家。我們在沒有預先通知下抵達精子銀行；他把醫生的便箋交給接待處的女職員，不久之後就在我眼前消失，進入診所後方的房間。他就是這樣的一個人，即使面對不利診斷結果，仍然能夠放眼未來，尋求保障。他半小時後走出來，說：「我不曉得剛才所做的事能不能為我們締創未來，但是我已盡力而為。」然後我們就離開了。為了未來有機會誕下親生子女，從這天起我們每月得付一筆保存精子的費用。

「相信我吧，我並不真的想要懷孕。我唯一不想錯過的，只是當一個媽媽。」

我沒有興趣把儲起的精子拿出來用，我們也都沒有興趣回到檢查室或再做檢測。我不想穿白袍的醫生站在我們建立家庭的起步點上，而且薩羅有一晚曾婉轉地向我透露，拿他的遺傳因子來豪賭一番可不是他感到興奮的事，因為他罹癌的原因還未明。

接下來幾星期，我們填寫了數不完的表格，壓上指紋，通過了聯邦調查局的背景檢查，獲得警察局簽發的良民證，參與面談，提交了我們的財務紀錄。我們用心寫了一封「致親愛的親生母親」信函，承諾「我們保證會在開明的家庭環境裡把孩子養育成人，付出溫情、熱情和愛，因為這是孩子與生俱來的權利」。

我們從朋友獲得推薦信，我們各為對方寫了個人檔案資料，回答一連串的問題，像「說明為什麼成為父母令你興奮無比」，還有「描述一下你的家」。我們談到了家裡的狗、我們的家族成員，還有我們家附近的小學。我們承認這是生母的艱難決定，感謝她給我們機會分享我們的一切。而最重要的是，我們從薩羅的醫生取得一封信說明他的病情正在緩解。

當這都辦妥之後，事情還沒有完結。我拍完了電視情景喜劇《伯尼麥克秀》（*The Bernie Mac Show*），就直奔機場前去參加為領養前父母而設的工作坊，學習如何照顧新生兒的需要。在課堂裡，我給洋娃娃換尿布，學習如何舒緩打嗝，重點是眼神接觸，滿足孩子依附於人的需要。他們告訴擠滿整個房間的準父母，領養的美好之處在於父親有同等機會抱住小寶寶餵他吃喝，這可以增進父親方面的親子接觸。然後我搭機回去展開另一套由安迪·里希特（Andy Richter）主演的電視影集的拍攝工作，劇中的五胞胎兄弟姐妹正步入青春期。

薩羅和我甚至在洛杉磯參加一個跨族裔領養工作坊，讓我們重新思考「種族問題」、「白人特權」以及「不同種族或族裔的兒童在跨種族經驗方面的差異」等觀念，取得了一張證書。雖然對於這些問題如何跟領養扯上關係我們沒有直接經驗，參加過工作坊後我們都信心滿滿，作為跨種族、跨文化的夫婦，我們面對領養父母的跨文化問題，前景看來一片亮麗——儘管我們雙方的父母身處不同國家，甚至不會跟對方說一句話。

我們清出家裡那間小小的辦公室，希望有一天裡面會放進嬰兒床、搖籃和尿布臺。很自然的，我們試著為未來的兒子或女兒找合適的名字。是男孩還是女孩都無關重要。什麼種族、是否混血也都不是問題；我們關心的一點，就是不要把我們推薦給已知懷有雙胞胎的母親，這是唯一的附加條件。我知道我們可以應付很多事情，但不能同時應付兩個孩子，然後我們靜待佳音。

一天我在我們家附近的一間工作室上皮拉提斯體適能運動課程，正在矯正器材上做引體向上動作之際，往窗外一望，看見薩羅正走過來。他面露喜悅，看來興奮不已。

「這個傢伙在搞什麼鬼？」指導員問道。她一邊看著薩羅匆匆跑過停車場走進來，一邊解開器材的圓環讓我鬆脫開來。

「那是我的丈夫。」我說著，目光緊盯著他，試著猜想為什麼他跑到這個他從來不曾踏足的地方。話才說到嘴邊，心裡就開始意識到是怎麼一回事，那是關於我們的小寶寶。我從矯正器材跳起來，跑到門口去見他。如果我猜得對，事情的進展真快，我們展開申請流程才三個月。

「她出生了，小寶寶出生了，是個女孩，」他說。他把他的一串鑰匙遞給我。「我們馬上就要去了。」

「去哪裡？誰打電話來了？等一下，哪裡——她在哪裡？」有個小女孩在某處等著我們。就在這一刻。來得這麼快。我是一個女孩的母親了。「那個小寶寶在哪裡？」

「舊金山。她的生母要跟我們談一下，她選中了我們，但她想跟我們談談。妳馬上就要回家。我們要在一小時內打電話給她。來，妳開車。」

我把我的車留在那個停車場，在洛杉磯銀湖區一間體適能運動工作室外，我踏出了成為母親的第一步。

我們回到家裡，打電話給代辨機構。為了讓我們做好準備，我們獲知女孩的生母是誰，孩子的健康情況，還有生母在什麼處境下決定把孩子交給別人領養。我們又獲得忠告，該怎樣跟剛分娩的母親交談：讓她引導著對話；還有該問什麼問題，任何想問的問題都行；又怎樣令她安心：多聆聽；怎樣說「謝謝」：衷心直說就好。我們獲知對談可能約三十分鐘，也許更短。結果這次電話對談超過一小時。她聰明、直覺敏銳、明智。

令我感動的是，在決定挑選哪個領養家庭之前，她曾把女兒抱在懷中，儘管只不過是幾分鐘。她在痛苦和不捨中放棄這個孩子，在為她選擇領養父母之前她曾凝視著孩子的雙眼，因為她知道她們需要有這樣的一刻。我們跟她通話時，能夠聽到她聲音中帶著愛和希望，我懷疑在她以後的日子以至終其一生，感情上的衝擊將會沒完沒了。我從第一手經驗瞭解到在領養背後有多少失落唏噓。她放棄所愛的這個孩子，就為了讓孩子有一個更美好的人生，這是她自己無法提供的。我們試著回答她的所有問題，即使是我們最為擔憂的有關薩羅的健康問題，薩羅和我不斷相視思量。最後她說：「當我見到你們，就瞭然於心。」

我們掛上電話時就是新的父母了。在一陣倉促、興奮，以至狂熱、狂喜當中，我們把牙刷丟進手提行李，直奔好萊塢伯班克（Burbank）機場，搭乘第一班有機位的航班飛往奧克蘭。

我們下機後直接馳赴代辦機構的辦事處，就在那裡跟選了我們當領養父母的年輕母親碰面。協調員凱倫（Karen）基於開放式領養的原則，曾鼓勵我們親身見面。所謂「開放式」是相對於往日的「封閉式」而言，後者的領養雙方並不知道彼此的身分，紀錄封存起來。在我們這個時代領養，雙方的成年人面對面溝通是可取的做法，它讓我們有機會彼此認識，更理解孩子的出身背景，這是至關重要的。

當薩羅和我到達辦事處，我既興奮又緊張，無法安定下來。但這跟我在婚禮上的緊張不安不一樣，也跟我為電視節目或電影試鏡時的緊張不安不一樣，這是無拘無束地興高采烈。我要全心全意投入這一刻，我明白我的人生將向著新方向突破。雖然我緊張的期待從身體上就能感覺出來，一種內在的平靜也在支撐著我，因為不知怎地我體會到這一刻發生的一切，背後有一種神聖的正當性。薩羅和我站在辦事處的大門前，手握著手，相視了片刻，然後他說：「進去吧！」

我第一眼注意到的是，佐拉的生母美得難以置信，令人驚豔。接著我注意到，她顯得精疲力竭，她現在所做的是她這輩子最艱難的一件事。

接下來我意識到的，就是我和她互相擁抱。我給她的擁抱，是當你要以整個身體來表達謝意時的一種動作。彷彿我打出自娘胎就認識她了，彷彿對於如何照顧這個我們共同愛護的孩子，她知道了當中所有祕密，透過擁抱能把所知的灌輸給我。我們從擁抱中放開手的一刻，不禁哭了，也笑了起來。

薩羅問她感覺怎麼樣。凱倫跟我們坐在一起，替我們拍照，好讓日後我們可以告訴女兒當初我們怎麼遇上、碰面，並出於共同的愛為她規劃未來。我們可以跟她分享捕捉了這一刻的照片。

然後凱倫解釋誰正在照顧那個嬰兒，我們繼續坐在辦事處裡進一步認識對方。我們知道讓雙方家庭這樣會面是代辦機構的任務之一。只要有可能，它都會安排生母（有時還有生父）和養父母首先碰面交談片刻，再讓養父母跟孩子見面。代辦機構希望雙方藉著相見的機會能真正理解我們正建立起愛與承諾的一種契約，而這應該總是以孩子的最佳利益為依歸。在他們代辦領養的二十年裡，他們也知道為了讓生母在放棄孩子之後能開始療癒，跟領養家庭見面是有幫助的。

我們告訴生母打算給女孩取什麼名字：佐拉。薩羅和我都喜愛這個名字，這是一個古老的義大利名字，意思是「大地的一小塊」。我們認為它對孩子有象徵意義，因為她讓陌生的人們相連起來。她的名字反映了她在出身和文化上的多樣性，她是非洲裔美國人，還有菲律賓和義大利血統，甚至據薩羅指出，那還是西西里血統。

然後我們提議開車送這位生母回家，讓大家在辦事處以外有更多一起相處的時間，她接受了。我們三人在一種新關係之下，離開了位於奧克蘭的辦事處，開車到她舊金山的公寓。路上也沒有什麼閒聊的話題；大家只有一種發自內心的意識，體認到我們改變了彼此的人生，也在改變一個孩子的人生。

我們經過一個交通圓環和一座公園，然後到達她的公寓。已經是秋天了，樹木的葉子還沒有掉落。她下了車，我們陪著她走到門前，再次擁抱。我們拍了最後一張照片。在照片裡可見我們展現著無法抑制的感情；她雙眼通紅，我一條手臂圍住她的肩膀，像不想放她走。我們三人，各來自不同的文化，各自處於人生的轉折點，在根本上改變了。然後她往樓上走，走進她自己的另一個人生，肯定是默默帶著哀傷的人生。

「我不認為我能這麼做，」薩羅和我一坐進車裡，我就跟他說：「我動不起來，更不要說開車了。」

我開始哭起來，這看來無法理解。我彷彿覺得如果我們把車開動，如果我們在此刻離開，如果開車絕塵而去，我們所做的事將會給我們所有人帶來改變。我們把一擔子的愛肩負起來，讓她的生母走進滿是傷痛的世界。我一頭倒在方向盤上，被矛盾不堪的感情癱瘓。

薩羅抓住我的手，說：「我們的女兒在等著我們。」

「我知道，我知道。」我想起了她，這個還沒碰過面的嬰孩，她有一雙漂亮的眼睛，一頭黑髮，她來到這個世界在等著我們。想到這裡我又興奮起來，跟我的哀傷一樣強烈。

「我們打電話到代辦機構好了，告訴他們這個情況。」薩羅說。

我打電話給辦事處的凱倫，告訴她我面對料想不到的矛盾，這幾乎是無法理解的。

「這是很正常，十分正常。這是發生很多大事的一天。」她說。她語氣很平和、沉著、鎮定。「自從昨天以來發生了很多事情。但我想妳知道這是領養的重要一環。記住妳目前的感覺。記住它，因為領養的重點就在於這樣的愛和背後的失落，兩者並存。妳的女兒有一天會知道這種感覺，這也就是體會到她先要說再見才能打招呼。維繫著一個家庭的愛是由此而來。妳已經說了再見，現在妳要對女兒打招呼了。」

她說得對。她的話、她的語氣，給我帶來了清晰的瞭解和目的。

我掛上電話，靠向薩羅。「去看我們的女兒吧。」

舊金山灣區（Bay Area）有好些家庭自願在家中暫時收留從醫院出來的被領養嬰兒，等待他們的養父母前來北加州地區把他們帶走。當我們開車到達那位收留佐拉過一夜的女士家門前，我再次腎上腺素急升，緊張不已，驚惶失措，心怦怦跳。

「歡迎，請進。我知道妳迫不及待要見她了。」前來應門的女士看似歌手瓊妮．蜜雪兒（Joni Mitchell）和維思大學婦女研究中年教授的混合體。她頭髮半白，中分髮型，身穿燈芯絨褲子，腳踏木屐鞋。她的房子瀰漫著嬰兒奶粉和檀香的氣味。她禮貌地開門迎客，彷彿每天都這麼做，好一個嬉皮風的初生兒褓母，在馬林郡（Marin County）一座山丘上一棟外觀蕪亂有車庫的長方形平房為人照顧初生寶寶。

一走進屋裡，我就見到兩個男孩，膚色一白一黑，年齡大概相差一歲。那個年紀較大的三歲小孩，一直站在他媽媽背後。在背景裡，我看到她另一個兒子坐在一張幼兒餐椅上。她出來應門這段時間停止了餵食，手裡仍拿著湯匙。她從餐椅上把孩子提起抱在腰間，然後吩咐另一個兒子帶薩羅和我去看我們的女兒，手中的湯匙一直沒放下。不消片刻，我們就被帶著跨過這棟二十世紀中期老房子的大廳，走過一些玩具，經過一個水族箱，然後我們來到主臥室一角的一張嬰兒床前方。

他的兒子往裡面指了指。佐拉就在裡頭，身穿藍色連身衣，頭戴針織無邊帽，仰臥在床。她的容貌和精神同時在眼前這片空間呈現，於是我知道我找到了一種前所未有的愛。薩羅看了她一眼然後往後退了一步，然後他在主臥室的床上坐下來，讓自己沉浸在感情中。他幾分鐘一動不動。佐拉的褓母走過來，告訴我們她多久吃一次奶，什麼時候會讓你難以應付，又指出給她舒緩打嗝如何容易。當薩羅終於把她抱進懷裡，她抓住薩羅泛著淡紅色的手指不放，他也找到了前所未有的愛。幾乎是十四年前，在佛羅倫斯，薩羅曾答應跟我一起成就「不凡的事」，它在眼前實現了。

成為母親，讓我實現了潛在的自我。佐拉讓我在磨練中脫胎換骨，成為一個全新的人。她還不到四個月大時，一晚深夜我餵奶時把她抱在懷中，一種恐懼感突然襲來。如果到今天為止我對自己的認識沒錯，那麼可以想像，我搖身一變成為母親也同樣不無瑕疵，既脆弱也強壯；在狀態良好的日子裡，不乏充滿智慧和慈愛的時刻。孩子也跟我一起顛簸上路。「不管何時何地，只要力所能及，我都會把最好的給妳。」我對她耳語，嘴巴靠近她的囟門，在嬰兒頭部這最柔軟的部位，讓我們想到新生命如何脆弱。

成為母親，也在困惑中提醒了我，我不能轉身撇下世上的痛苦。人生是紛亂而複雜的，疾病已讓我體會到這一點。在薩羅患病的陰影下成為母親，讓我的體會更是透徹。

才不過幾個月，佐拉就擴大了我對這個世界和自己的視野，擴展了自己的能力。她令我從自身發掘出無盡的決心和能力，但我同時感到自己極易受到傷害。

「我會竭盡所能確保妳在世界上安然無恙，我會竭盡所能讓妳免受不必要的傷害。」我在她睡覺時跟她說。可是我從第一手的經驗知道母親也會令人失望，令人受到傷害，她們付出的愛也可能是有條件的。有哪些母親不曾在最微不足道的方式，或是更嚴重的情況下做過這樣的事？我特別想到了薩羅的母親曾多年不跟兒子見面，就因為他選了一個她無法瞭解的愛人。

那一晚我對自己許下承諾，要是我在其他方面都一事無成，我只盼作為母親的我能夠不顧自己的處境和想法，只管盡力確保這個我有幸成為她母親的孩子能夠實現自我。我會出席她的婚禮，我會在與生死相關的所有事情中伴隨著她。

當我搖著搖籃哄她安睡，籠罩著洛杉磯的大片燈光，一閃一閃地從我椅子上的窗子灑進室內，我想到了她無疑將有一天遇上的哀愁。痛苦是人生的一部分，這一點我是知道的。只希望我能教導她如何堅忍不拔，如何勇敢地愛，如何把恐懼減至最少，還有如何熬過傷害，不管是別人施加的傷害又或甚至是自己不自覺造成的傷害。我要她認識到愛可以有很多不同形式，愛有時看來是放手隨它去，但有時也可以是誓不放棄。讓她知道有一天，她可能要在世人還沒準備好接受的方式下去愛一個人。讓她知道為了追求這種愛就得奮戰，可是最終她的收穫會比她最狂放的想像更不可估量。

# 麵包和鹽水

七年後，佐拉在祖母家的樓上玩耍，用行動光碟機看義大利文的《長襪皮皮》（*Pippi Longstocking*），這就在奶奶和我把她爸爸的骨灰安葬到公墓幾小時之後。在樓下，我看著奶奶在她的廚房忙東忙西，像一艘堅穩的船在洶湧波濤裡默默航行。我能想像她就是在這間廚房裡把錯縱複雜的人生解開，檢視每條縱橫交織的線索。我聽到正午街頭傳來的喧鬧聲此起彼落：一隻狗在吠，一輛拖拉機的引擎在空轉，艾瑪妞拉在街道另一邊向阿蒸妲（Assunta）高喊，說她從市場回家路上已在麵包店買了麵包。這些聲音都熟悉不過，撫慰人心，跟我在洛杉磯的人生卻格格不入——我自己的那間廚房自薩羅過世後變得寂靜無聲。只要我走到爐子前面，深入骨髓的哀傷便一湧而出。可是此刻在奶奶的廚房裡我可以坐下來，我可以觀察，我可以看到一雙巧手把洋蔥切碎，把鹽巴慷慨地撒進醬汁，曾幾何時我和薩羅也做過同樣的事，我可以陪伴在側，默默陪伴著。我們還有更多要說的話，我們卻不懂得該怎麼說。

我細看了一下奶奶的廚房，它是狹長型設計：洗菜盆、洗碗槽，然後是沿著牆邊一字排開的爐頭，上方是層壓板材質的櫥櫃。防濺板鋪上八吋見方的棕色瓷磚，周邊是樸素的棕色櫃子。其中三塊瓷磚繪有主題重複的古樸農村即景：一個男人在製酒、一個女人在油燈旁為家人送上晚餐、一個母親和女兒在小鎮廣場上洗衣。流理臺末端是一個古老的燒柴靠牆火爐，是世紀初的典型設備。它自奶奶童年時代起就一直使用。奶奶的媽媽當時每天用它來烤麵包。他們也用它來燒水煮義大利麵。今天奶奶就把堆肥的廢棄物從一道有門閂的黑色鍛鐵大門丟進火爐中央。

在廚房的另一端是這間房子唯一的浴室，浴室旁有一個放著電冰箱的壁櫥。這裡形式服從於功能。每一處空間變成今天這個樣子，是緊隨著二十世紀現代生活設施來到這個小鎮的步伐：包括電力、自來水、冷藏技術。新的家用電器放到尚餘的空間或可接上水源的地方。設備的配置和改善，要看取得的管道和必要性，往往還要看家庭當時能否負擔。冷藏技術最晚近才進入家庭，因此當家裡夠負擔得起一臺電冰箱，它就放到尚餘的唯一空間。大家都是能怎麼做就怎麼做，這是面對生活結構性轉變的一種做法，當前那種新的迫切感驅使我突然領悟到這一點。

人生裡的重大損失，會勾起以往種種損失的回憶，這是薩羅過世後的幾個月裡我開始察覺到的。他的過世重新勾起了各種損失的感傷，包括了我父母婚姻的解體，就如我的治療師指出，這發生於我才七歲的時候，正是我女兒目前的年齡。看來昨日和今日的我，都需要深層的撫慰；而且，悲傷會把往日和今天揉合起來。佐拉和我在同樣的年齡經歷重大的失落，讓記憶中我的幼小心靈更強烈渴望獲得安穩。

我從奶奶獲得的撫慰是出奇熟悉的一種感覺，令我想起父母離婚後我在外婆家度過的夏天。當時每個夏天我和妹妹艾提嘉都是由外婆來照顧，那時我是為一個破碎家庭而哀傷的小孩。我的父母離婚了，放棄了永遠相愛的理想，各奔前程。在離婚初期那些夏天，讓我們跟外婆同住是合情合理的，因為爸媽要各自重建自己的人生。外婆已經退休，她先前從事教育工作，也想對她僅有的這兩個孫女產生一點影響，她想給我們帶來我們無法在家中獲得的安穩感。

童年的我默默坐著，看著外婆歐黛爾（Odell）在廚房做飯。觀察廚房及在其中掌管一切的女人，是我從小慣做的事。我還是學步幼兒時，就在外婆廚房的地板上玩耍，又在那兒坐在小矮凳上進食。外婆住的是一棟樸素的磚屋，漆成白色而有黑色的百葉窗，就像奶奶在西西里的房子一樣，從前門一進去就是廚房。建於一九五〇年代的這棟房子，代表了美國那個時代能滿足的種種願望：四個爐頭的爐子、層壓板材質的流理臺、強化合成樹脂餐桌、電冰箱和冷凍櫃。廚房裡還有個中島，配上旋轉酒吧高腳凳，坐在那裡可以看到在廚房另一側的客廳。此外還有一個高至天花板的食品儲藏櫃，裡面裝有收納轉盤和香料架。我的外婆超脫了祖輩的小佃農根源；她的廚房就是見證。

她的母親——我的外曾祖母芬尼（Fannie）住在兩街區之外，我曾有不知多少個下午在這棟房子裡剝豆莢和玩抓子遊戲。外曾祖母為「深膚色同胞」開了一家路邊咖啡店，服務五十九號公路和農村黑人區次級連接幹道的往來車輛，那些黑人區最終在德州東部形成了自成一體的文化區域。芬尼販售煎餡餅、炸雞麵餅、汽水和甘藍菜，這些基本食物盛行於美國南部以及休斯頓、達拉斯和路易斯安那州東部之間的一片松林區，這些地方可以看到傾斜的門廊、狹長的房子，還有冬天貼在玻璃窗上用以保溫的報紙。隨便一陣輕風就會從門廊吹落雪花般的白漆，門廊下方的木板是灰色或灰白色的，在無預警下會有碎片掉出來。門廊邊緣會放一張椅子，單獨一張的木搖椅，有時也有兩張，讓過路人坐下來享用一籃子剛採摘的鮮甜玉米。我的家族成員就來自到處可見這種門廊的地區，以及散布這一帶的邊遠小鎮，包括德州的尼格頓（Nigton）——在這裡家族曾有幾世代的人逐步由奴隸、佃農以至最終搖身變成教育工作者。從他們身上我領會到，食物成為了這些環境艱困地區的人民在物質和感情生活上的維繫力量。

正是在外婆的廚房，我最初踏進了烹飪世界。我首先學習在錫鍋裡用木匙把罐頭番茄醬義大利麵圈（SpaghettiOs）攪勻。我要模仿外婆做同樣的動作。回想起來，我體會到她讓我動手「做飯」，她就可以處理其他更重要的事了。她要照顧她逐漸衰老的媽媽和婆婆，還有的她丈夫也就是我的外公——他患上了帕金森氏病。她做飯時會長吁短嘆，把她的痛苦、怨恨和失落釋放出來。她把這一切灌注到食物裡，把甜味和鹹味、鹽水及奶油揉合起來。我看得出她是為了飲食的需要而做飯，但她做飯也是種自我撫慰。我不會打擾她，即使只是個小孩，我領會到要保持安靜不要多管閒事。她的廚房讓我學會，食物的味道可以帶出愛、擱下憤恨，甜蜜的滋味可以紓解沮喪、撫慰心靈。「一個融洽家庭的愛」是她的基本原則。

奶奶站在爐子前，背對著我。我們的每頓飯就這樣開始。她把一個金屬鍋子放在瓦斯爐火上，我注意到這個鍋子比她往日用的小，這個把水燒沸的鍋子總是令人想到由此煮成的義大利麵，而水是引水管從馬多涅山脈引進來的。但這天要煮的義大利麵比較少。薩羅可以吞下兩大碗她媽媽做的任何食物，這天只有佐拉和我。

我看著她把鹽加進水裡，五個指頭抓著一把海鹽，這可能是從兩小時車程以外的鹽灘採來、帶點濕的細鹽，從海裡漂至。她把剩在指頭上的鹽繼續撒向水裡，像個滿懷渴望的禱告者。墓地的一切仍然在我腦海徘徊不去，像那些鳥，還有令人不得不屈服的酷熱。

我無法知道奶奶是否樂於做這頓飯，我也無法辨別需要和責任——在面臨重大損失時需要做些事讓自己保持活著的感覺，抑或負上責任讓遠道前來的客人可以果腹。我懷疑我們這裡每個人都不怎麼餓。

但這就是我們做的事，每天中午都做的事。西西里的午餐是神聖不可侵犯的，就如他們在西西里說：「不是為了你的快樂，也不是自我安慰。」可是午餐還是不得不吃。

我換上了束腰連身裙，奶奶也脫下了正式的黑衫黑裙，換上較簡單舒適的居家寡婦裝，同樣是黑衫和黑色直筒裙。在家穿的版本是棉質的，沒那麼多束縛。她把木十字架戴在脖子上。

「我來幫忙好嗎？」近十五年來我都在這間廚房裡問過這個問題。

「不。」她搖著頭說。她喜歡把廚房留給自己。

她從來不讓我在她的房子裡做飯。從來如此。即使她的廚師兒子也不能插手。不管我在同一屋簷下睡了多少晚，不管多少次她替我洗胸罩燙平內衣褲，我始終是她的客人，儘管我們其實也是同一家人。她寧可按著自己的步伐單獨動手做事；她做飯時不喜歡有人在旁。以往我只是在她身邊經過，聊幾句，從來沒有從頭到尾待在那裡。她就像小鎮裡很多女人一樣，站在爐子前的一刻，那就是她的領土，甚至不容許我準備餐桌。

於是我走到街上。我聽到剛路過的沿街叫賣小販透過擴音器高喊：「李子、梨子、桃子、葡萄！」他賣的水果都是西西里獨有的品種，在超市罕能見到。這個小販五十歲左右，臉部狹長，鬍鬚沒剃乾淨，個子高高，背部微微隆起。他笑起來露出的牙齒就像一排缺了幾塊的骨牌。多年來我都見到他。他那張臉就像西西里各種文化的拼貼畫：深橄欖膚色、藍眼睛、像阿波羅雕像上的希臘鼻子，加上一頭黑卷髮。西西里人總是令我驚嘆，多個世紀以來他們換了一個又一個統治者，分別來自希臘、西班牙、北非和諾曼第。西西里人是征服者和被征服者不同文化的混合體，他們能夠讓往往不易融合的不同語言、宗教和族裔並存下來。在西西里人的整體容貌上可以看到它揉合了多種特徵，來自非洲人、希臘人、阿拉伯人、猶太人、西班牙人以及諾曼人。由於經歷了連串的征服與包容，西西里人有種坦率的懷疑主義，讓我覺得既惱人又可愛。他們的食物是不同文化在餐盤上激盪的混合體，令人迷醉。

這個小販把他那輛比雅久（Piaggio）機車改裝而成的迷你貨卡停在奶奶房子前方，從駕駛座那邊的車窗彎身向外，手裡拿著擴音器。按照西西里的古老傳統，沿街叫賣的小販用唱歌方式喊出他賣的是什麼。薩羅曾告訴我，這也許可以追溯到阿拉伯人統治西西里的時期。

他在街道中段停下，正好在我面前。他停在這個位置，有意購買的家庭主婦，住在街道下方的可以走上來，住在街道上方的可以走下來，這是平等對待，十分公平。而且，他的揚聲器是廉價品，效果欠佳。在這個位置上聲音傳送得最好。即使一邊做飯一邊開著電視機發出刺耳聲響的主婦，也可以聽到他的叫賣聲。他繼續唱出他賣的是什麼貨色：李子、梨子、油桃。我馬上曉得他不會有多少生意。他賣水果來得晚了。我懷疑沒有人會在這時候從爐子跑開，來檢視挑選，討價還價，然後買他的水果。尤其是他賣的這些種類的水果，家中從事耕作的丈夫、兒子或女婿，很多早就從附近的果園採購回來了。在奶奶的廚房裡，我注意到流理臺上一個小型木條板箱就放了新鮮的梨子，這一定是我們前去公墓期間有人送進來的。她的房子從來不上鎖。我猜想這些梨子來自她堂兄弟柯魯錢諾（Cruciano）的農場。

那名果販從他的迷你貨卡駕駛室走下來，向我走近。「早安，太太。」他伸出手來。我看見他指甲下面還帶著泥土。當我握住他的手，觸摸起來是粗糙的。「我向妳的丈夫表示哀悼。」這時我真的想靠在他那雙毛茸茸的前臂裡，我的心頓時軟了下來。小鎮給我帶來的這種溫情，是在洛杉磯永遠不會碰上的。銀湖區那家雜貨店的店員根本不知道我的丈夫過世了，儘管多年來我每星期都去他店裡買東西。在這裡，一個我記不起他名字的果販卻知道並記得我丈夫的逝世。

「謝謝。」我的膝蓋突然軟得像一團麵，聲音中帶著的脆弱也令我吃驚。

他手臂使力支撐著我，我已無法筆直站立。

「可是我們能做些什麼？人生就是這樣。我們要奮戰。這就夠了。」

我點頭表示同意，內心更鬆垮下來，眼淚填滿了眼眶。他沒有退縮，也沒把目光移開。而是點頭回應。「對，就是這樣。」接著他往後退，轉身走回他的貨卡。然後他伸手拿了李子，那是西西里的品種，橢圓形，細小而鮮嫩，紫色而略帶藍藍紅紅的色調。他抓了兩把放進袋子，遞給我。

「謝謝，薩瓦托瑞（Salvatore）。」我聽到聲音從背後傳來。原來奶奶一直站在門檻那裡看著，只是我沒察覺。

「太太，要買些什麼嗎？」

「還好。」她說。

然後薩瓦托瑞回到他的貨卡，拿起麥克風，再次喊出那些水果的名字，彷彿那是一首小夜曲。不一會，他就往街道下方撤退，半個身伸出車窗，同時點了一根香菸。他的引擎往後發出噪音。

我拿著那袋李子回到房裡。

「香蕉和馬鈴薯晚一點會再來。」奶奶告訴我。他們把這個果菜小販叫做「香蕉和馬鈴薯」，因為他開車上街叫賣時首先提到的就是這些。我希望當天稍後他再來時我可以睡一下。突然間我需要倒頭躺下休息。我要使盡九牛二虎之力挺過午餐，然後我會跌跌撞撞地走到樓上小睡片刻。

回到屋裡，我看見奶奶正把盤子在廚房的桌子上放好。一直以來只有早餐才在廚房裡吃。記憶所及，午餐和晚餐都是在另個房間的餐桌上吃的。餐桌上方的牆上有個長方形畫框，裡面裝上了一幅十九世紀浪漫派的複印油畫，畫中人物是嬰孩耶穌和他的父母約瑟和馬利亞。那個嬰孩全身伸得直直地坐著，像個男人，容貌卻像青少年。他伸手遞給約瑟一束帶著莖的百合花。在那沒多大深度的背景裡，有個山谷，後面是田野，再後面是山。我研習美術史，知道百合花代表純潔、堅貞和天真。但百合花也代表重生。這幅畫表現的是天真，但也預示了喪失天真之後的重生。我一直以來就喜歡這幅畫。我覺得那種顯而易見的田園風浪漫主義，令它在這間掛滿了耶穌十字架受難像和教宗照片的房子裡，成為了最樂觀的藝術品。但我真正喜愛的是它那個手工做的畫框，它總會令我想起德州東部的曾祖母所擁有的一個類似的畫框。裝在她那個畫框裡的是馬丁．路德．金恩（Martin Luther King, Jr.）、約翰．甘迺迪（John F. Kennedy）和羅勃．甘迺迪（Robert Kennedy）三人並肩的肖像，這是另一種浪漫樂觀主義，也是另一種的失落。在奶奶的餐桌上吃飯，總是會在我內心裡連到數千哩外的另一個人生，我喜愛這種連結。但今天這張餐桌不能用來吃飯，它要用作祭壇，上面點燃了一根蠟燭，放在一個手工網紋底座上。

在廚房裡，奶奶把一鍋小扁豆放到後方的爐頭上。這鍋豆子是一大早就做好的，在佐拉醒來要看骨灰之前，現在重新把它加熱。我聞到大蒜味，裡面還有薄荷，來自屋外人行道上那張長凳底下的陶花盆。我猜想我們的義大利麵會配上小扁豆，豆子也是這裡種的。我成長過程裡沒吃過小扁豆，事實上，二十五歲之前我根本不曉得小扁豆是什麼，正是薩羅讓我學會了怎樣欣賞這種食物，後來更瞭解到在西西里它不光是一種基本食物，它也代表了幸運或命運。從飲食角度來看，它可以滿足生存所需，尤其在乾旱或歉收的時候；從文化的角度看，它據信為旅客帶來好運，在新年時帶來吉祥；但它也是守喪的食物，它把完整的人生經驗帶到餐桌上。當人生碰上無可挽救的事，小扁豆就讓這個家庭尋獲安慰，能夠支撐下去。

我坐在那裡，在共同的靜默中掀動著不完整的思緒。零碎的記憶以同等速度在腦海裡進進出出。在洛杉磯，我只管把什麼都塞進記憶，深恐因為記憶流失而讓薩羅從我的人生溜走。我把一切寫下來。我帶著一台筆記電腦把腦海的影像記下來，像薩羅握刀時的指關節，又或他沖澡後怎麼樣先把下半身擦乾，又或他近乎病態地信守承諾的態度。他不惜開車馳赴多哩外比佛利山邊緣的一個報攤拿取一份義大利文的《共和報》（*la Repubblica*），就因為報販不管風雨總會把最後一份報紙留給他。我也記下他過世那天早上鼻梁的樣子。在奶奶的餐桌上，這些記憶來去匆匆，我無法一一抓住，感到頭昏眼花。

奶奶在我面前放下淺淺一盤配上小扁豆的手指麵（ditalini）。桌子上也有水，卻沒有酒。這裡從來都沒有酒。奶奶並不認同諺語所說的「大啖美食，淺嘗美酒」。奶奶完全不喝酒，一輩子沒喝過一口。她也從來只穿裙子，不穿褲子。我知道接下來這些日子，我得自己找些酒喝。

奶奶也把家常麵包準備好了，那是一條小棍子麵包（un filoncino）。我們一坐下來，她就默默吃起來，一小塊一小塊扯下，很熟練地一拉一扭就像從樹枝摘取成熟的水果。她還在桌子上放了醃橄欖、醃朝鮮薊心和番茄沙拉，沙拉撒上了牛至並灑上了自家壓榨的橄欖油。

「把小女孩叫來吧。」她用西西里話說。

我從草編坐板的椅子上起身，朝著通往樓上的狹窄石階走過去。很奇怪地，繼續做著這種種日常動作，心裡十分舒服。我在攀上一座崎嶇的山，掉進不可知的環境中，被狂亂的哀傷牢牢纏住。我只能希望，一直追隨著日常行動留下的足跡，最終可以找到走出森林的路。

在樓上，佐拉仍然躺在床上。她已經把長襪皮皮和光碟機擱下來了。我看不出她是醒了還是睡著。西西里的陽光在每天的特定時刻會展現一幕自然界的戲劇，此刻投射在佐拉嬌小瘦長身軀上的光線，強烈而氣勢迫人。這種光線我只在阿利米努薩見過。它從奶奶這間寬大而簡樸的臥室唯一的窗子射進來，一定是佐拉把百葉窗簾打開了，推到完全敞開，這是她最喜愛的其中一個義大利生活細節。她把光線引進了罕有這種光線的房間，尤其在一天的這時刻。我和佐拉總覺得，奶奶房子的幽暗既令人迷失方向也令人回復精神。當我看到佐拉的背脊躺在曬乾、漿過的床單上，我幻想薩羅也沐浴在那一道光線下。我幻想他抱住佐拉。

「來，寶貝，吃飯了，奶奶做了義大利麵，」我說的是義大利文，我們來到這兒幾天之後我就一直這樣做：「吃飯對我們有幫助。」

「抱我。」她回應，彷彿是受驚又或仍然很睏。我知道間歇的感情衝擊或發展倒退是兒童內心悲傷的徵象，這也曾發生在我身上，因此我能諒解她的表現。我願意面對、因應她的狀況，即使這表示我要背負著一個七歲小孩帶來的重擔，但我暗暗希望不會每天都這樣。一陣短暫卻熟悉的怒氣湧上心頭，我閃過一個念頭：真的想把死不逢辰的薩羅殺掉。這樣的時刻往往突然襲來，每當我需要一個成年人伸出援手時它就經常閃現。那就是當她在晚上醒過來，當我出門時需要有人扶持，當她想要我抱著她走時。

「行，可是到了樓下，妳要自己走到桌子。」

她知道當我們遠離家門，我不大會拒絕她的要求。遷就她的需要就讓我當前有了目標，不管是作為母親、哀悼者，又或是作為昔日一名照護者，十年中一直照顧別人，退了下來之後反而感到無所適從。

幾分鐘後，我把椅子推近桌子，開始吃了起來。這些食物既是禱告，也是在訴說哀傷。

「接下來幾星期妳打算做些什麼？」佐拉伸手拿起一塊麵包時奶奶向我問道。

我只想過來到這裡後把骨灰下葬，接下來一切是空白一片。

「我不曉得。」我說。

「休息，妳必須休息。」她是有切身體會的寡婦，因此我願意聆聽。

我們繼續吃下去。在餐桌上，其他一切被擱到一旁。

她的食物吃下去像詭異的支撐力量。一種來自傳統而恆常不變的安全感，令我像個小孩受到安撫，那是我渴望的恆常性和安全感。如今我倚賴一個在鍋子前做菜的女人。她源源不絕送上關愛，瞭解到她能送上的最好東西就是一個吃飽的肚子和充分的休息。這份心靈饗宴，送上給同樣肝腸寸斷的三個人——她、佐拉和我。一種低沉的哀鳴伴隨著身邊一切；我像天上的鳥時刻聽著。看來人生能否邁步向前，一切要看能否跟這種哀鳴達成和解。

接下來還有四星期。對聚在一起的三個哀傷的人來說，那是很長一段時間，會有很多無法預測而需要克服的感情起伏。我無法信任自己的感覺，我也肯定無法信任我們彼此有那樣的能力，能夠在這樣的狀態下建立一種新關係。當我把那富泥土氣息的小扁豆湯最後一匙送進口裡，那就像在嘴巴裡投石許願，然後我望向佐拉，她安心地在奶奶的桌子旁吃飯，看似品嘗著這心滿意足的一刻。

# 薛斐烈的大甜餅

「薩羅，看這殺死人的照片。」我手中拿著的照片，只見一個胖乎乎的嬰兒穿著一件嶄新的受洗袍，一條成人尺碼的金項鏈吊著十字架垂落在她嬌小的軀體上。

薩羅移居美國後，她的妹妹弗蘭卡生下了第二個小孩，這個小孩我們還沒親眼見過，以目前的情況來說，恐怕永遠沒有這樣的機會。弗蘭卡把兩個女兒度假時的照片寄給我們，然而卻是薩羅第二個外甥女洗禮的照片，讓我看到情況多可怕。

「還好。有一天會見到的。」他說。從我背後望向照片的他，突然轉過頭去，彷彿照片上某些東西令他無法忍受。

我體會到，如果不設法改變他和父母的關係，我們的婚姻就會默默地承受著某種損失。雖然他父母沒有如當初信誓旦旦地此後不再跟他說一句話，他們的關係仍然陷於僵局。過去兩年薩羅只有寥寥幾次在電話上跟他媽媽互相問安，而多是薩羅確定他爸爸不在家的時候。

「什麼時候的一天？等到有人死了嗎？」我不惜提出一種極端情景帶出我的論點：

「你不想第一次再能見到你父母時，是在一場葬禮上吧？」

「我不會參加任何人的葬禮。」

「好吧，那是極端的說法。」

「不，我的意思是我不可能參加他們的葬禮，時間上來不及。你不能在二十四小時內從洛杉磯去到阿利米努薩。」他扭開了一瓶聖沛黎洛（San Pellegrino）礦泉水的瓶蓋，直接用一公升的瓶子喝了起來。

「且慢，你是說你計算過嗎？幾個鐘頭，怎樣的航班？」說著把那張照片放進廚房的抽屜：「我可沒概念。」

「當然我有。」

「親愛的，那就表示如果一切不變，你就可能永遠見不到你的爸爸或媽媽了？」

「可說是也可說不是，我猜是這樣。嗯，就說是吧。」說著，他把那瓶水放進冰箱。

但談及這個話題成為了我愛做的事。在某方面我對他們不出席婚禮已不再介懷，但我從來沒期待這僵局維持那麼久。如今我看到他打算無奈地任由這個西西里家庭的倫理劇發展到悲痛的結局，而這愈是對我造成衝擊，我就愈是需要跟他們見面。無知是可以改變的，我對他的愛卻不會改變。如果他們憎恨我或不喜歡我，那麼起碼該是憎恨我這

「不要談了好嗎？」

個人，而不是概念中的我。我受夠了，該是時間按著西西里人的老傳統好好坐下來談談。

下個月我買了兩張飛西西里的機票。我另加了前往摩洛哥的行程，那是我們渴望已久的旅行地，尤其此行試著尋求和解，說不定遇上冷淡對待，又或更壞的換來公然的敵視，我考慮到要是果真如此，我們起碼可以到摩洛哥的菲斯（Fez）躺在絨毯來一番魚水之歡，也可以坐火車去馬拉喀什（Marrakesh）隨時隨地喝杯薄荷茶，品嘗一下蒸粗麥粉（couscous）和哈里薩辣醬（harissa）。如果西西里家庭和解結果太苦澀而無法下嚥，摩洛哥可以清一清味蕾。

「我們要去西西里了。」一晚我對剛下班回家的薩羅宣布。他最新的工作是在比佛利山一家五星級旅館當廚師。他一關上大門，房裡便充斥來自烤爐和炸鍋的氣味。他的木屐鞋上留下了湯或醬汁的污跡，白色帶著綠的斑點，我馬上想到了加上香草的貝夏美白醬（béchamel）。

「什麼？」

「西西里，我們要去西西里。」我從廚房的牆上把電話拿下來遞給他。「現在打電話給你的家人，告訴他們我們要來了。」

他討厭遭人伏擊。但伏擊成為了我所知的唯一辦法，讓我們能談原本不談的話題。

「首先，那邊現在是早上六點。」他刻意重重一下地把他的皮包和鑰匙丟到櫃檯上。

「他們是農夫啊，對吧？不是雞啼就起床嗎？」

「雞啼前就起床了。」

「那就更好。」

「滕碧，妳在幹什麼？把電話掛上吧。我才剛進門。」

我把電話放下。他兩步併一步從我們新家的樓梯走上去，去沖熱水澡，避開了我。

我在他身後大喊：「如果你不打電話，就寫另一封信給他們好了。要快啊！我已經買了機票。」

他還是打了電話，這次回應是直截了當的：「別進城來。」

我震驚得無以復加。在英文和義大利文裡都找不到一個字形容我的懊惱。然後，同樣很快的，我就挺直了腰板，彷彿我是歐普拉．溫芙蕾（Oprah Winfrey）在電影《紫色姐妹花》（*The Color Purple*）中飾演的蘇菲亞（Sofia）昂首上路。那四個字——「別進城來」，加強了我的決心。他的家庭那麼不正常，我必須是那個另闢蹊徑的人。我愛薩羅，別無他法。他們的抗拒，反倒使得我愈是決意設法達成和解。如果最終他的家人還是把我拒於門外，我可以接受得來；可是，如果我不試著最後再誦念一次《聖母經》，祈求為西西里這家人解開死結，我過不了自己這一關。

另一方面，薩羅擔心的是，此行可能實際上最終確認了我們的婚姻不獲接納。如果出現不利結果，我能想像他會悄悄地背棄父母，否定自己的歷史。

後果難料，我們並未卻步。六星期後，我們搭機飛往地中海中央那座古老的島嶼，希望有機會前往阿利米努薩，這個小鎮原是五世紀阿拉伯人的邊遠聚居點，它所在的那個世界，我只在《教父》和《天倫之旅》（*The Star Maker*）等電影裡見過。

我對西西里的認知，來自薩羅講給我的故事速寫般的點滴細節。他曾穿上從堂兄借來的鞋子在橄欖園的邊緣踢足球。他的家庭每隔一段時間才買得起一雙鞋，他的媽媽不會讓他隨便把鞋子毀掉。他曾在祖父的果樹上摘取杏子解饞。多年來，那個小鎮的牲口數目多於人口數目。直到他十來歲時，他家裡的廚房還是他們家那頭騾子的畜舍。而他童年時代整個鎮裡才有一臺電視機。雖然我沒看過他童年的照片，我可以清楚地想像那個小男孩一定有球形的膝蓋、一頭厚厚的黑髮，一雙炯炯有神散發著好奇眼光的棕眼睛。他太聰明了，侷限於一個房間內的教室困不住他；他極為敏感；他能跟年齡比他大一倍的男孩同樣快地收割整排朝鮮薊。晚上他把一部詩集藏在床底。但我不知道的還有很多。

薩羅對此行沒寄予厚望。但他說，即使我不能見到他的父母，又或許在更壞的情況下，見到了卻不喜歡他們，卻可以保證我會愛上西西里。這一點他是肯定的。我也想相信他，因為我知道我對西西里的愛對他來說意義多大。因此我說：「當然。」暗地裡我只不過把西西里看作前往摩洛哥的中繼站。

可是，飛機一降落，我就馬上神魂顛倒。西西里誘人地現身於寶石藍的海洋，她那多石不毛的土地出其不意地展現一片燦爛的罌粟花花海。

我們拿出護照，在東北海岸靠近切法盧的一家民宿小旅館辦理住宿登記，未來十天這就是我們的住所了。這兩個住客，就是薩羅這個娶了外國人的西西里人，和那個不論是法律上或社交上都懶得冠上夫姓的美國黑人妻子。

這家卡皮塔諾灣旅館（Hotel Baia del Capitano）也將是我們的基地，讓我們調整時差，並把握時間跟住在四十分鐘車程以外那個小鎮的薩羅家人建立聯繫。旅館的餐廳成為了我們的第二客廳，我們在那裡讀報，跟旅館職員混在一起，跟廚師一起吃飯。我品嘗的食物彷彿是味覺的泉源；之前吃過的一切頂多只能說是逼近這個境界。我飽嘗了番茄、茴香、蘆筍和柳橙，或烤或煮或炒或醃，做成的料理辛辣而刺激中帶著細膩，複雜而又簡單，一口一口地，我愈來愈深地陷入這座島嶼的誘惑中。

沒有什麼比得上透過一個本地人的眼光，看到一個我以前未曾見過的世界，透過我深愛的人的眼睛和故事看到這一切更是無可比擬。薩羅成為我的嚮導，引領我進入他的文化、語言、廚藝的核心。當我看過了《新天堂樂園》和《郵差》（*Il Postino*）這些描繪西西里文化或島嶼文化的電影之後，對薩羅傾向於追憶的個性也開始產生了共鳴。

如今，在西西里，我們大清早在教堂的鐘聲之下共赴巫山，然後就起床了，因為抵擋不住義式濃咖啡的誘惑，也想起了跟本地人聊天的樂趣。我嫁的這個男人更清晰地聚焦在我眼前，就像以往他看不見的那一部分現在放到了原來的背景下就看到了，我們也更深刻地相愛。他的家園使他更真實地表現出自我。不管我能不能見到他的父母，這次旅程使我們更圓滿地連為一體；我們曾在衝突的旋風中攜手同行，面對被拒絕的風險仍然放開懷抱敢於嘗試。我開始理解隱藏起來的那個他，那需要西西里的陽光才能活起來，在意識到這一點之後，能否見到他家人的這個問題突然間就沒那麼令人擔心了。很奇怪地，這變得無關緊要了，起碼在我想像中已經無關痛癢。在這次旅程裡，彷彿我再次嫁給薩羅，也嫁給了他的家園。

可是我們仍然懷抱著希望，盼望能與他的家人團圓。

「家庭團圓行動」的後勤部署是這樣的：每天早上我們對鎮裡的弗蘭卡通風報信，告訴她如果任何人決定下山前來探訪，我們會在下午五點到七點之間留在旅館。弗蘭卡迫切地想來見她的哥哥，自從我們抵達後，她就一直居中斡旋，遊說他們的爸爸跟家人一起來旅館跟我們見面。按照家中奉行的習俗，如果他爸爸拒絕前來，那麼在西西里的父權傳統之下他媽媽也來不了。如果父母不來，弗蘭卡也就不能來。違反這種古老的行為規範會被視為不敬，是藐視之舉。薩羅解釋說，這是拜占庭帝國時代的規矩，如果不小心翼翼處理，家庭就會分裂，形成敵對的兩方。朱塞佩有權支配整個家庭的行動，就如兩年前他如何對待我們的婚禮。

在鎮裡，不少人都知道，我們就近在二十哩內的地方，在一家旅館裡耐心等待。消息傳了開來，在小鎮就是這樣。薩羅的媽媽向神父尋求忠告，也跟她的親密朋友談到這件事。薩羅告訴我，弗蘭卡和他媽媽「正在下工夫」，我們要給她時間。每次他試著解釋，我都沮喪不已，請他幫我多倒一點酒。

在此同時，我們每個下午都在等待，細啜著葡萄酒或濃咖啡或兩者都嘗一下，消磨著時間就看有沒有人來看這個浪子和他的美國妻子。在花園裡度過的那些下午是超現實的，我們都打扮得好好，我化了妝；弄好頭髮。我把買來用以表達誠意的禮物擺放好。在地中海的背景前面，我們像商店櫥窗裡的服裝模特兒，一直等待，直到很清楚沒有人會來了。

我覺得我們彷彿在一個平行宇宙。西西里似是個人自由意志遭遺棄的地方，整個鎮的人像是著了魔咒地屈從於比他們強大的力量——歷史、傳統、對報復的恐懼。我從沒有見過一種文化那麼心甘情願地對群體表示效忠而漠視個人，薩羅不斷向我解釋這是為了保持安寧。當一個妻子、女兒或女婿違逆一家之主，這個家庭就永遠分裂了，只有在他的認許之下，家人才可以前來探訪，否則只會造成怨恨和緊張關係，再惹來一大堆閒言閒語。他不想這樣的事發生在他媽媽和妹妹身上，於是我們等下去，眼看著我這個另闢蹊徑的計畫無功而返，我也保持沉默。

等到了第三個下午，我從旅館的窗子望向令人目眩的湛藍海水，我的情緒崩潰了，任由失望、挫折和遭人摒棄的心情把我淹沒。我飛過了半個地球來到這裡，卻只發現沒有人挺身而出做該做的事，沒有人願意把薩羅和他的感受放在第一位。我讓自己遭到放逐。

「這個下午我不到花園去了，我會留在房間裡，如果有人來就上來找我吧。」

「親愛的，求求妳，跟我來吧。如果十五分鐘內沒有人來，我們就換件衣服去海灘，在落日下享用晚餐。」

「薩羅，這是完全荒謬的！我覺得自己太笨了，竟然認為這樣的做法行得通。我無法理解這個地方、這種文化、這些規矩。我是說，我愛這個地方，它很美，但我痛恨那一切。」

「我已經嘗試向妳解釋了。」他摟住了我。當他放開手，我可以看到他眼神表現的感傷。但我也看到一種新的、清晰的覺醒。「我們做了我們來要做的事；抉擇在於他們。我愛妳。這是他們的問題。」

十五分鐘後沒有人來。

到了第四個下午，弗蘭卡告訴我們將會有第一批訪客，那是薩羅的叔嬸輩。第二天他爸爸的弟弟會帶著妻子來訪。這花了好幾天時間，不過奶奶和弗蘭卡構想了一個計畫：每天家族裡會有一部分人來訪，由此向薩羅的爸爸施壓。她們正利用逆反心理來應付舊世界的心態，讓朱塞佩覺得如果他不來，就會被大家視為一個頑固、鐵石心腸的父親，不惜看著他的妻子在眾人面前落淚並拒絕參加彌撒，就因為他不讓妻子去見他們的獨子。我喜歡她們這種做法。

然後轉變發生了。在第七天，弗蘭卡和柯西莫帶著他們的女兒前來，這是具重大影響力的舉動。第一次看見她令我感動得流下淚來。她樣子跟薩羅那麼相似，比他更高，掛著光芒四射的笑容，流露出和藹可親的眼神。當她向我迎面走來，彼此在雙頰上各吻了一下，我的心幾乎化掉了。我原已對這一刻不懷任何期望，她默默耕耘讓這一刻得以實現，令我馬上對她起了敬佩之心。我站在九重葛的藤蔓下跟她見面，終於見到這位小姑，我知道對她來說這是多大的違逆舉動。她為了對哥哥的愛，不惜把向來遵行不誤的規矩擱置一旁，從這方面來說她是英勇的。

可是，薩羅那位六十多歲脾氣暴躁的父親朱塞佩還是拒絕來訪。他對自己所做的決定押了更重的籌碼。到了這個地步，整個情勢注滿了西西里的悲情；一個人竟然可以這樣無情地與兒子斷絕關係，我實在為他身心的康泰擔心。但我還是試著從人性的一面來看他，試著從他的立場來設想。

我想像他心裡一定知道或起碼考慮過，如果他現在不來見薩羅，可能就永遠再見不到他了。遠在美國，加上這個外籍妻子已盡了一切努力，這恐怕無可避免。他內心某處一定知道，我們老遠飛來西西里，向他伸出的橄欖枝子是那麼地大，也許他在滿布橄欖樹的這座島嶼上都不曾見過。

第八天早上稍晚時分，薩羅把要帶的東西塞進租來的飛雅特車，把鑰匙拋給我。「來，妳開車。我要去找波利齊傑內羅薩（Polizzi Generosa）。我們一路開車，直到累了或吃飽喝醉才調頭回來。」他告訴我，他要找的這個小鎮是童年時就曾聽聞卻從不曾踏足。聽起來那是個好玩的地方。

我和他有一項不成文的規矩，在洛杉磯以外的地方開車，我充當駕駛而他負責引路，主要是因為我十來歲就開始開車了，他卻是三十五歲移居美國之後才拿到駕照。我倆也認識到其中一人是個聲名狼藉的可怕乘客：那就是我。由於我欠缺耐性又愛多加批評，容易令他分心及發怒，往往兩者都不缺。他學會了把鑰匙丟給我，自己就安於在有需要時把頭伸出車窗問路。

離開了我們位於海岸的旅館兩小時後，我們終於輾轉來到了薩羅要找的那個山區小鎮。我血糖過低，暈車，通體不適。我沒預期小鎮那麼遠，山路是那麼陡峭狹窄嚇人，下頭亂石嶙峋的山谷令人一望而欲吐。看一下在山間石崖拔地而起的石建築，馬上就領悟到為什麼波利齊傑內羅薩（名字原指「慷慨之城」）在希臘和其後的諾曼時代，曾是一個居高臨下的前哨基地。即使一千年後，要到這裡仍是不容易，不是有想法就能成事。

我在飛雅特車上把排檔上上下下推著，在路上轉來轉去，我開始向薩羅抛出一個又一個無理取鬧的威嚇，最終甚至威脅不跟他生孩子，除非他馬上找到一家餐館讓我們享用最佳道地美食並豪飲餐酒。他對我誇張的要求和低血糖狀況漠然以對或顧左右而言他。「妳有一天會因這次的記憶而感謝我。」當我把更多抱怨一股腦地倒在他頭上，他終於威嚇要把我留在一家餐館讓我冷靜下來，他就去一家本地酒店看電視轉播的足球賽。當一對年輕夫婦在一座既熟悉又陌生的島嶼上迷了路，惱起來就會這樣互相戲謔一番。我最後把那輛雙人座汽車停下來，餓得不想動了。

這是下午兩點半午睡時間，這段時間裡西西里的鄉村都會變成鬼城，百葉窗全關上，收拾碗盤的聲音隱約可聞，大家都休息去了。

我們悄悄地把車駛到堡壘糕餅店（Pasticceria al Castello），為的是找洗手間，並且讓我們分開片刻。它敞開的大門散發著店裡香子蘭、杏仁和糖混雜而成的氣味。我讓薩羅先撥開門口的珠簾走進店裡。不管我們怎樣彼此鬧情緒，此刻我畢竟是西西里內陸山區的一個黑人女人，我不是預料有什麼事情會發生，但我總是讓薩羅先去接觸，就像如果我們開車進入德州東部的鄉村小道，去到我們祖先當佃農耕種的地區，他也會讓我先去接觸。我們即使在煩躁的時候還是講求實際的。

糕餅店的烘焙師兼老闆皮諾（Pino）容許我使用他的洗手間，薩羅在一個小電視螢幕裡看了一些足球賽片段。此外，我們不過是想喝杯濃咖啡，也許再問一下哪裡還有仍在營業的餐館。

薩羅和皮諾開始用方言聊了起來，不消片刻就談到了雖然薩羅是土生土長的西西里人，他現在卻跟我這個當演員的妻子住在洛杉磯。皮諾登時一臉興奮，突然他的目光往我這邊轉過來。「你認識文森・薛斐烈（Vincent Schiavelli）嗎？」他說著語氣匆促、有欠修飾的義大利文，我大體還聽得明白。我知道薛斐烈是知名的性格演員，曾參演《飛越杜鵑窩》（*One Flew over the Cuckoo's Nest*）、《第六感生死戀》（*Ghost*）、《阿瑪迪斯》（*Amadeus*）和《蝙蝠俠大顯神威》（*Batman Returns*）等電影。

「嗯，當然。我跟他沒交情，但我知道他這個人。」我用義大利文回答。

「這是他祖父的老家，他經常來這裡。妳要幫我帶點東西給他。」我還來不及提出異議，他就在眼前消失，跑到展示櫃後頭的糕點烤箱那裡。薩羅在他身後高喊：「當然可以。」

皮諾再次現身時拿著一個扁平的圓餅，放在一塊金色面的紙板上，他解釋，這不是普通的糕餅，而是波利齊傑內羅薩的傳統糕餅。這種糕餅來自西西里邊遠山區某個罕有人到訪的小鎮，用獨特方法炮製，就連薩羅也從來沒聽過這種糕餅。這是我不想帶走的糕餅，卻馬上知道不得不把它帶走。「一定，我們當然會帶給他。」薩羅重申我們願意代勞的承諾，皮諾就用粉紅色的紙把餅包起來，再加上金色絲帶作裝飾，還附上一張寫上電話號碼的卡片。我還來不及告訴他，我不曉得怎麼著手跟薛斐烈聯絡，那個餅就放到了我手裡，我們接著走出店門，我轉過臉盯了薩羅一眼，表情像在說：「真的嗎？你也知道這個餅不會從西西里帶走。」他也用表情反駁說：「別擔心，我帶好了。」

我不知道從弗蘭卡回到阿利米努薩以及我們從波利齊傑內羅薩回來這段時間之間，究發生了什麼事。可是，第二天，也就是我們在西西里的最後一天，當我們打扮好坐啜飲著下午的咖啡，一輛車駛進碎石鋪成的停車場，弗蘭卡先走下車，她後頭是薩羅的媽媽。

薩羅看見了他的媽媽感動不已，我一時間沒注意到他媽媽後頭那個巨大的身影，直到薩羅緊著我的手。

「滕碧，那是我的爸爸。」他說。他握得那麼緊，我幾乎尖叫起來。然後他很快放開手，從椅子上起來走向他媽媽。我的目光無法從他爸爸身上移開。

朱塞佩終於來到這家旅館，在旅館的花園裡，在九重葛藤蔓交織而成的拱門下，跟多年沒見的兒子見面。我發出可聽見的一聲「媽的。」我不曉得該先跟誰打招呼，甚至沒想過要說什麼。在我還來不及鎮定下來，他就來到我身邊，他送上一個誠懇的擁抱。我試著擠出笑容。

「讓我介紹，這是家父。」薩羅對我說，彷彿我們是在聯合國的社交場合。

朱塞佩比我想像得高，臉上顯露出一輩子在田裡耕作的滄桑。他身穿有摺痕的正式西褲、翻領鈕扣式襯衫、西裝外套，一身穿著像上教堂。他戴上我曾在照片上見過的那頂帽子。「哈囉。」他簡單地說，那是吸菸造成的粗啞聲音，帶著低調的感情。

他身旁是薩羅的媽媽克羅琪，她身穿正式的裙子、花卉圖案上衣，手握一個看來很少用的黑色小皮包。她從丈夫身邊跑開直往薩羅走去。她看見了兒子喜不自勝，因為能再次抱住他而不能自已，臉上流露出寬慰的神情。我後來才知道，是她扭轉了乾坤，讓這次會面得以實現。我們在西西里的最後一天，她早上起來像星期天上教堂一樣穿得好好，為丈夫煮了咖啡，然後宣布她會坐堂姐妹開的車去海岸地區見她的兒子。她指著一盤涼了的義大利麵跟朱塞佩說，她心意已決，他可以留下來或跟著去。如果兒子上機回美國前不能見到他，不能見到他選作終身伴侶的那個女人，她無法安樂地過日子。

克羅琪跟薩羅擁抱過後，向我轉身過來。她咧嘴微笑，神情溫婉。眼前是一個意志堅定的女人，臉上掛著我丈夫的笑容，她彎身過來說：「謝謝。」

那一晚為我們西西里之行畫上句點的，是在一家路邊餐館舉行的首次家庭聚餐，就在希梅拉（Himera）古希臘遺跡隔壁。這是他爸爸負擔得起的地方，而且跟他們的家鄉小鎮距離夠遠，不會招來更多閒言閒語。這個脆弱的家庭揉合了舊世界和新世界，由兩個族裔組成，說兩種語言，現在終於同桌共餐了。

我大大鬆了一口氣，但我也對自己的一舉一動以及所穿的衣服超乎尋常地自覺：包括我說的義大利文，我跟薩羅公然親密的表現，還有我穿的牛仔褲和露肚裝。一整頓飯我一直穿上毛衣把自己包得嚴實。我從來未曾想像他們對我的看法值得在意。事實則不然。

薩羅和他的父母用方言交談，我只能捕捉到對話內容的片段。薩羅偶爾轉過臉來給我翻譯。我在餐桌下握著他的手。我跟坐在我另一邊的柯西莫談了起來，談到我有多少兄弟姐妹、我的父母住在哪裡、我參演過的電視影集等。沒跟他聊的時刻，我就注視著兩個初次見面的外甥女。好可愛的兩個小女孩，她們都不到五歲，我可以很自在地跟她們說話，不用擔心是否弄錯了動詞時態，又或把陰性名詞誤用成陽性冠詞。

一餐吃下來，沒有人提到過去幾年的情況。對於時光白白溜走，沒有鄭重的道歉甚至沒有任何後悔的表現，我們只是不斷吃著，彷彿我們的關係從這一刻才開始。

吃著配上本地酸豆（caper）和簡單番茄醬的義大利麵，我的味蕾暢快無比。我又大口享用甜酸燉茄子（caponata）和撒上鮮薄荷的烤朝鮮薊。在他爸爸力勸下我還喝了餐後的濃咖啡，雖然我最近才發現我會因此一晚不能安睡，我願意為了這次試著進行的西西里式家庭大團聚消除任何障礙，甚至無視我對穀類酒的厭惡，喝了一些用果梗及種籽等葡萄渣釀成的梨子味渣釀白蘭地（grappa）。我希望身邊所有人感到自在，我知道我永遠不會成為他們的一分子，但作為妻子我可以扮演一種角色幫助丈夫與家人和解，我也證明了這點。我悄悄地慶幸自己成功了，甚至滿心樂觀，我們做到了。

回到洛杉磯，我把那個大甜餅從旅行箱拿出來。那是我們從波利齊傑內羅薩跨越三個大陸帶回來的。皮諾告訴我們，這種乾的糕餅可以包起來不放冰箱長達十天之久，他又保證，我們一旦回到洛杉磯把它交到薛斐烈手中，他就知道該怎麼享用。他提到可以倒上利口酒（liqueur）享用，也可以當作潘芙蕾幸福蛋糕（panforte）或美式水果蛋糕來品嘗，這兩種做法我都沒試過，也沒多大興趣嘗試。因此，當我們在菲斯坐火車時嫌它累贅，薩羅就負起保管的責任。在馬拉喀什我把它推到旅館壁櫥的最後方，我心裡想，根本不可能把這個餅帶進美國，也不可能叫知名演員薛斐烈吃下這份由陌生人帶給他的甜點。

我們降落洛杉磯遞交了海關申報單後，薩羅就問道：「那麼妳打算怎樣聯絡薛斐烈？」他帶著一點盤問的口吻，彷彿表示他已經完成任務，接下來就看我的了。

兩天後，我打電話給我的經紀人，問到薛斐烈的經紀人是誰，談到這個大甜餅和西西里的關係，那聽起來肯定是個很曲折的故事。

三十分鐘後，當薛斐烈打電話到我們家，我驚訝得合不攏嘴。兩小時後，這位演員就站在我們那間一房公寓裡，戴著圓形金屬鏡框眼鏡，一百八十公分高的身軀披上一件粉嫩色麻質外套。

「太好了，今晚稍後我有一場晚餐派對。這將會是美味的甜點。」他十分高興，喜形於色，因為他將可以跟最親密的朋友分享他深愛的祖居地傳統美食，而且這個大甜餅還是一位陌生人願意大費周章帶回來的。

我們和他在閒聊中談到了薩羅來自西西里哪個地方，來美國多久了，我們怎麼會拿到這個餅，皮諾又怎麼會想到要把它交給我。我沒提到自己也是演員，而在皮諾的世界裡那就表示我和薛斐烈是同事，而且彼此認識。十五分鐘後，我給薩羅、薛斐烈和那個餅拍了一張照片，然後薛斐烈就從容地從我們的樓梯走下去，回到他自己的世界。

薩羅和我往後多年一直跟人講這個故事，他用這個故事來證明他的同鄉在性格上如何堅定而不屈不撓；他又以此向美國人說明當你有兩個家園，跨越兩種文化，該怎樣堅持自我。每次他講這個故事，主角都不是他自己，而是「薛斐烈的大甜餅」，這個餅成為一道紐帶，把一位好萊塢明星帶進一個移民的家，這就是他對這個故事的看法。在我看來，這個故事是個象徵，代表了西西里讓我看到家園如何長繫於心。

然而有一個他不大講的故事，那是關於他的父親、家庭裡的衝突和我們的流放生涯。這個故事講起來就比較難了，因為它令人難堪。往後多年，跟他父母重新建立的聯繫，仍然像火焰旁的羊皮紙一樣輕易被毀。後來我們在一次度假期間最終前訪薩羅童年時的家，其後又參加家族的一場婚禮和初次聖禮，在克羅琪和朱塞佩的家裡作客過夜，我總是寧願盡可能少說話，少惹麻煩，埋首書本中，直到旅程完畢。薩羅的父母願意做出改變，令我敬佩，那是很多人一輩子無法做到的。但事實上，我從來沒有期待能跟他們建立親密關係。我頂多期望脆弱的和解以及文明人的互相尊重。如今我可以期待，如果家裡有人病倒或面對疾病威脅，彼此會通知對方，但始料未及的是，壞消息是來自我們這一方。

# 火山砂

我們這趟首次沒有薩羅同行的西西里之旅將要延續一個月，過了兩星期後，我帶著佐拉登上渡輪搭乘四小時的船前往斯特龍伯利島，那是在西西里群島末端的一座火山島。我急切地想離開阿利米努薩，在那兒會不斷想起薩羅——不管是在奶奶的家，在鎮裡的廣場，還是在咖啡店喝杯濃咖啡，都令我頭暈眼花。待在鎮裡，兩種感覺交替出現，一時撫慰人心，一時哀痛斷腸。騰出幾天到海岸去，到遠處零星散落的小島，看來是滿足我的漫遊癖的唯一方法，也讓佐拉和我有機會突破小鎮的幽禁。

我懷疑奶奶也需要一點獨處的時間。我們三人每天的生活變成了例行公事，飽餐一頓，打個大盹，傍晚長坐屋前長凳傷逝。在廚房裡，奶奶和我喝咖啡閒聊。我看著她把從花園採來的新鮮牛至晾乾，然後動手把它篩乾淨，用的還是那個自薩羅單身流落佛羅倫斯她就一直在用的塑膠篩子。種種滋味和記憶在夏日裡滋長，我們唯一沒同在一起的時刻，就是奶奶下午望彌撒的時間。

排隊上船的遊客有整整兩排。走過碼頭時我緊握著佐拉的手。「寶貝，我們坐到船艙裡，不是坐在甲板上。風太大了，而且從這裡去看火山是很長的船程。」

「我可以看電影嗎？」她問道，同時像我教她的緊握她小背包的帶子。

「不行，這跟飛機不一樣，船上沒有電影可看。妳可以看書，坐在我大腿上小睡一下就更好。」

我們的西西里之行已過了一半，她還沒有形成任何清晰可辨的睡眠習慣，時差的干擾還沒有消除。自薩羅過世後，我和她一直同床而睡，在奶奶的房子裡也一樣，這是佐拉需要的，也是我需要的。晚上，她彎著身體靠向我，也許她害怕如果移到床的另一邊就會失去我——我會在睡眠中像她爸爸一樣死去。因此她靠得很近，她嬌小的身軀也讓我獲得支持。在這些晚上我要確保她在身邊，她也是一樣，我們要確保對方不會消逝。因此如果能在船上睡一覺，我們到達後她就不會那麼惴惴不安，我也就有時間閉目養神。

我們坐下來後，我意識到這是重要的第一次，讓我試驗一下自己能否回到往日那個自我——那個愛冒險的我，那個在忙著照顧癌症病患前到處遊歷的我。她還存在嗎？我可以把她喚醒嗎？我和薩羅一起幾乎遊遍了西西里每個角落，可是有一些地方，一些特別的地方，是他和我渴望前往而由於他的病情無法如願的。二十年前我還是單身大學女生時曾到過斯特龍伯利，卻不曾和薩羅一起來過。

我告訴自己，在我新的人生裡，我將會是把世界展現在佐拉眼前的人。我要向她顯示，在陷入哀傷的同時，我們仍然能夠找到歡樂或刺激的時刻。我不知道是否真的能夠如此，但我還是想試試看。斯特龍伯利看來是象徵性的、意義重大的一步，可是當我們坐到船上，引擎發動，水底的螺旋槳把我們推動向前，我就體會到我可能估計錯誤了。

焦慮猛然襲來，像一把切肉刀往一根雞骨砍下去。近四小時的船程才過了五分鐘，各種事情可能出錯的恐懼就纏擾著我，我頓時覺察到此刻我獨自和佐拉在大海裡，行動電話無法接通，直到我們抵達陸地為止。而且，到達後我們會做些什麼，我其實沒有實際的計畫。我從來沒有這樣單獨跟她出遊。她的小背包裡有個信封，還在洛杉磯時我就在上面打字打上了緊急聯絡資料，信封裡放著我和她的美國和義大利護照，恐防我發生了什麼事跟她分開了，我希望讓人知道她是誰家的孩子，該跟誰聯絡，知道這個紮辮子、棕膚色的女孩不是無親無故的。我花了不知多少小時在網上查尋單親父母外遊時的訣竅，我由此認識到，如果單親父母的姓氏跟孩子的不一樣，像我這個情況，外遊時就可能會遇上困擾。我要準備一些文件說明我們的關係，解決我們姓氏不一樣的問題，因此除了我們的合照，在緊急聯絡資料欄裡，也把我的姓氏跟薩羅的姓氏用破折號連起來，寫成「洛克—古洛」（Locke-Gullo），然後用粗體打字以雙語註明：「父親於二〇一二年逝世。」

我不想把我的恐懼感染給佐拉，因此當她睡在我的大腿上，我在她耳邊輕聲說：「寶貝，我們會爬上火山看熔岩。」

然後我閉上雙眼，試著聚焦於斯特龍伯利的地質奇觀：記憶中的熔岩——那是大地之母從體內深處吐出來的，還有大海和風。令我著迷的是火山如何壯觀，還有相比於人類的脆弱它是如何堅定不移。它具備一種原始力量，它的活力跟我的悲苦形成強烈對比。這座小島對一名寡婦、一個歷險者、一個像我這樣出奇地具創作欲的人來說，就像一塊磁鐵般具吸引力，起碼我是這樣跟自己說。

我一邊愛撫佐拉的頭，一邊想像我們高興地攀上小山的歡樂情景，在黑色的沙灘上消磨整個下午，靜賞眼前的熔岩和背景中淡藍天空的落日餘暉；更幻想我們得以脫胎換骨，因為在這次朝聖之旅中看到人類能夠跟變幻無常的自然和平共處。斯特龍伯利的居民不知為了什麼鬼原因活在一座活火山的山腳下，雖然千百年來不曾造成傷害，但如果一旦出現緊急情況，並沒有輕易的逃生之道。可是這裡的居民在經常的警覺之下繼續過活，接待大群的季節性遊客，然後在淡季的孤寂中過日子，這個地方給人的印象是既誘人也令人困惑。我試著在渡輪引擎的隆隆響聲下平靜下來。

但這些像《國家地理雜誌》（*National Geographic*）勾起的遐想，畢竟蓋不住我的焦慮。焦慮感變得像變幻不定的變形蟲，黏附到種種世界末日般的可能性——從沉船、佐拉暈船、我在暑熱下失去活動能力，以至我遺失了我的美國運通信用卡而要去洗碗賺錢才能買船票回到切法盧。突然間我只想回到陸地，回到阿利米努薩，回到奶奶房子的安全舒適環境。然後一個念頭閃起，我體會到眼前這個寡婦是怎麼樣的一個人，我要不是任性就是太幼稚了，又或者兩者皆是。「我在什麼鬼主意指使下要這樣做？」我不再是二十歲了，沒有伴侶在旁支持，我帶著一個年幼孩子踏上漫長的旅程，沒有成年人陪伴，沒有另一雙手支援，突然間，我十分警覺我們真的離開了奶奶的廚房和社區。佐拉的安危完全倚賴著我，要是發生了任何事，不管是疾病、意外還是遺失文件，在阿利米努薩有整個小鎮的人幫忙。我肯定還要設法讓佐拉過得開心一點，當她無可避免地感到煩悶，就要用冰淇淋逗她高興，她累了就要把她抱起來。我踏進一趟大膽的旅程，雙腳一離地心就慌了，慌張之下我把佐拉的頭從大腿抬起，往皮包伸手拿出一顆安定文吞了下去。

在渡輪上，我們周圍的座位坐著出遊的德國和法國家庭，還有一些年輕的義大利夫婦，他們迫不及待要躺在黑色火山砂上把皮膚曬成古銅色。佐拉和我是寥寥可數的美國遊客之一，這些美國人大多是年輕的大學生，一頭油亮的頭髮，穿上曾被塞進背包的皺皺短褲，這些背包客就這樣走遍整個歐洲。我們是唯一的有色人種。

在開闊的海面上和一船陌生遊客中間，我十分警覺自己和佐拉如何易受傷害——置身於這種半生不熟的地區，我們無法應對任何衝擊。我把佐拉拉得更近，望著地平線禱告。

我們抵達斯特龍伯利後，我首先注意到它的港口，比起二十年前來遊玩時，它蓋建得更具規模了。然後我看到曾跟我有一夜情的洛可，他增添了二十年的歲月痕跡，卻很難不注意到他。他就在港口一家酒吧附近，一眼可辨的標記俱在——那輛偉士牌機車、他同樣的體型和同樣的臉孔，只是一切變老了。我發出咯咯的苦笑聲，心想：「薩羅，你在天堂刁難我。」

看著洛可在港口歡迎大群遊客前來，就像望著一面鏡子，看見一個我只管任意妄為的平行宇宙，在那另一個宇宙裡，二十歲的我做了不同的選擇，我選擇了那個一夜情的對象洛可，午夜在黑色沙灘上一番嬉鬧之後，成為他的終生伴侶，此後每個夏季我給遊客送啤酒，淡季就為他燙內衣褲。洛可是一則立體的警世故事，有如陽光下的一尊銅像，那些陳腔濫調的浪漫戀情都應該引以為戒——就像有錢的白人女孩不斷迷戀無法到手的壞男孩，成為那些專門捕獵美國大學女生的義大利小白臉的獵物。我和洛可正好是這樣的一對，只不過他仍然沒有脫離這種景況。我看了他一眼，把佐拉更拉近我身邊。

我想告誡佐拉，騎在偉士牌機車上的那些男人，就像看似開心果口味的冰淇淋，事實上卻是鯷魚味道。但我決定了留待日後再談，那將是遙遠的未來。

就在這時，一種感覺驚奇地湧上心頭，它是微妙而難解的氣憤難平。怎麼二十年後這個人還是老樣子站在這裡？我卻是走完了一趟人生歷程，經歷了令人心碎的愛、一段婚姻，有了一個孩子，還面對一次死亡，那麼翻天覆地的變化。可是他依然故我，像他身後的小山一樣恆久不變。當我凝視著他，心頭隱約泛起一絲恨意。洛可是勾起傷心事的一道瘡疤，是我遇上薩羅之前和之後的人生分界線，他的存在提醒了薩羅的不復存在。

我深深吸一口氣，試著放鬆下來，輕鬆面對，暗想：「好吧，老天，我曉得了。祢是反覆無常的。」

然後我拉著佐拉的手沿著港口的通道前行，避免跟洛可有任何眼神接觸。才走了幾步，我突然滿心勇氣，我帶著女兒走了這麼遠，我做到了，就憑一己之力。我之前的疑惑消失於無形，感到滿有力量。我看來或許——儘管只是或許——能夠在人生新一頁的複雜情勢下摸索前行，不會完全不知所措；又或起碼我可以自己帶著佐拉探索離家老遠的一座島嶼。但也許這只是安定文在發揮效用。

我擠了一下佐拉的手，指著前方火山的山頂說：「寶貝，那是一座活火山，是妳見過的第一座活火山。」

她看了一眼，轉過來對我說：「媽媽，我們會在這兒待多久？我肚子餓了。」當然，孩子有他們本身的優先考量，那不包括火山和一夜情。

我答應讓她吃披薩和冰淇淋，一提到這些東西就會像魔術般讓任何合情合理的人心情完全改變。然後我們進城，按著我多年前的記憶沿著狹窄的山坡路前行。我知道一路上有可吃飯的地方，因為好些遊客也是朝著這個方向走，要是果真如此，我們可以在島上吃到一頓很棒的大餐。既然來到這裡，我們在火山周圍多走一些路也沒什麼關係，那段長途跋涉的旅程已經開始——自從我經歷人生的失落之後，內心也走上了一段跋涉的旅程。

半小時後，我們坐在火山山腳一家餐廳裡，眼前是令人目眩神迷的地中海景色。佐拉點了蛤蜊義大利麵，撒上鮮歐芹和紅椒碎。我七歲時到德州東部遊玩，吃的是罐頭維也納香腸，喝的是大杯的菓珍（Tang）果汁。她不愧是爸爸的好女兒，飲食的品味表現出她的教養。

我幾乎要對她選擇的這道菜提出警告，貝類食物會在她胃裡引起不良反應，坐船回家時就遭殃了，但她還是要吃。我知道如果是薩羅，他就會說：「好，吃吧，好好嘗嘗。」如果我這個母親更慣於說「不」而不是說「好」，那可不是我感到自豪的事，因此我鼓勵她吃這道義大利麵。「不過也許不要把蛤蜊吃光，吃幾個就好。」我提出忠告。

我快速瞄了一下皮革封面的菜單，馬上就知道自己要吃什麼——西西里風青醬義大利麵。有兩種做法使得這道菜鶴立雞群，跟在每家美國超市買到的乏善可陳的青醬天差地遠。西西里廚師做的青醬，用的是杏仁而不是松子，加上自然熟透的番茄，杏仁帶來扎實的口感和濃稠的質感，番茄則帶來玫瑰紅的基底色調和水果般的酸味。這道主菜整體上散發出鮮明的大地氣息，還有羅勒和番茄融混而成的香味。

佐拉和我在靜默中進食，這是自薩羅逝世以來，我們一直試著調適的狀態。當發生那麼重大的事，閒聊看來是種禁忌，即使七歲小孩也一樣。而且，在我的經驗中，要跟一個十歲以下的小孩對話，兩個成年人一起總是比較好，薩羅能輕鬆地應付佐拉不斷轉變的話題。這天我覺得已窮盡了所有可聊的話題，於是只好從一個四分之一公升的小酒壺，一直倒著本地的白葡萄酒給自己享用，這個分量的酒可以讓我挺過這頓晚餐，仍然保持清醒。

佐拉從她的背包拿出她的彩虹小馬（My Little Pony）玩偶，在餐桌上一字排開，當作跟我們一起吃飯的客人。在另一種情景下，我可能就會告訴她：「不要把玩具放在餐桌上。」但我們現在的處境，能找到這種歡樂時光，就有如在空無一人的停車場上找到一張中獎的樂透彩券一樣。你就把它撿起來，不會再提出什麼問題。

「我們跟爸爸乾杯好嗎？」過了一陣子我問她說。所有有關兒童與哀悼問題的書都建議要談到他們所愛的過世者，要在日常對話中談及。

「我們要這樣做嗎？」

「不，我想沒有需要。我只是剛剛想到了他。」

「我真的不想跟他乾杯。」她說著就把空蛤蜊殼排在盤子邊緣：「我只想知道他為什麼會死。」

有些孩子會問：為什麼天空是藍色的？為什麼我的舌頭不能碰到鼻子？這卻是我女兒的「為什麼」。

「寶貝，他病倒了，病得很厲害，病了好久。但是我知道，他盡了力，能活多久就多久，因為他想跟妳在一起。」

「嗯，我不想再愛他了，我很傷心。」她的目光沒有從蛤蜊移開。

「我知道。這種感覺還會維持好久，這是人家告訴我的。」

她挪動了其中一隻小馬，這個玩偶戴著一頂長春花顏色的寬邊氈帽，看起來像是在溫莎宮（Windsor Palace）參加婚禮。然後她說：「嗯，我很想他，所以我想不再愛他了。」

她以前也曾這樣說；她還說過自己也想死掉，去跟他在一起；她又說寧可死的是我而不是他。她說了很多這類的話，聽了叫人難受，更難以忍受下去。治療師和參考書都說這是十分正常的，當這樣的時刻出現，當哀傷是那麼大，像要把房子擠得變形，我們往往就會走到後院，躺在草坪上，讓身體俯臥在泥土上。當我們躺在毯子上看星星，我就會告訴她把傷心送給星星，它們會接受的。我又告訴她可以跟爸爸說些話。她可能會哭，又或尖叫，又或咒罵，她會有種種不同感覺，而她往往只說同一句話：「爸爸，你不應該離開我。」

如今，在火山山腳下，在餐桌旁，我告訴她：「妳不愛他，只會令妳感到另一種傷心。妳那麼傷心是因為妳那麼愛他。他愛著妳，永遠地愛妳。」

「嗯，我要停止下來，不再愛他，」她用強調的語氣說，深信她有能力控制愛。眼淚開始填滿她的眼眶，但她繼續說：「在這裡讓我很想他，我不喜歡這樣。」

我在陸地上有暈船的感覺。

「在這裡妳是說斯特龍伯利，還是整個西西里旅程？」

「都是。」

她說出來了，正是我擔心的事，那就像是說我這個母親刻意把傷口揭開，卻沒有療傷的藥。

服務生過來，再倒了一些水。我再點了一些酒，然後才發覺那四分之一公升的酒壺裡只剩下幾盎司。面對眼前的景況，我不能讓發酵的葡萄令腦袋變得糊塗，好一陣子我看著那個瘦削、黑髮的服務生走向其他餐桌和客人——那是真的來度假的家庭，爸爸媽媽帶著胖乎乎的學步幼兒和厚厚一頭濃髮的青少年。大夥兒興高采烈，沐浴在陽光中。佐拉、薩羅和我這夥人，也曾是「這個」樣子，本可以又或可能可以如此，只是命運捉弄人。

「小甜甜，不再愛妳的爸爸，就像要太陽和月亮停下來一樣不可能，他的愛是妳的一部分。」

她眼神堅定地久久盯著我，深棕色的眼睛像要穿透我，她似乎在說不喜歡我和我說的話，不喜歡這番對話和她的人生。然後她往外望，看著下方屋頂陶土瓦片上聚集一群流浪貓。她輕微地聳了聳肩，問道：「我可以再吃一個蛤蜊嗎？」

「該死的，把它吃光好了。」我暗想。

這天餘下的時間在平淡無事中度過，我們從遊客商品店走到冰淇淋店再回到遊客商品店。她要買島上到處可見的黑色火山岩海豚小雕像，那是俗氣的觀光客紀念品，但我很樂於順從她的要求。回到港口，我們在人群的邊緣再次從洛可身旁經過，沐浴在陽光下的他穿上了太緊的短褲，跟遊客談天說地。兩個二十來歲穿比基尼的金髮女郎在跟他聊天，我為她們感到可憐。「女孩，上船去吧，」我想跟她們說：「信我吧，他不值得妳們為他活受罪。」

夕陽西下，佐拉和我重新登上渡輪。當船開出了港灣，船長讓船停了下來，靜待落日把天空染成琥珀色。我們從擠滿人的甲板上看著火山爆發，發出刺眼光芒的熔岩直噴上天，地球的核心正在上演一場煉獄火光秀。頓時我的心也豁然敞開，就像佐拉出生那天一樣，這也許是我見過最壯觀的自然景色。我瞥見了地球的生命歷程，見證了地質歷史，我緊抱著佐拉，我脖子上掛著的項鏈墜也讓我緊貼著薩羅。我感到他跟我們在一起，見證著他妻子和女兒的人生歷程。我們是某個意義上的倖存者，夾在我們中間是人生的一種奧祕，也是人生中最重要的一面。此中的奧祕，就是對天地恆久、人世無常的深刻瞭解，我希望它能幫助我們最終重獲人生的平衡。

太陽下山後，我們再次駛過海面，這時佐拉在我大腿上睡著了。我從底層甲板的舷窗往外望向黝黑的海面，只見在月光下閃起了粼粼波光。雖然什麼都看不見，我卻還是定睛看著。在黑暗中，我看見月亮的一絲銀光在海面蕩漾，這正是此刻我人生一個視覺上的隱喻——黑暗中有一抹亮光。我盼望人生下一段路能獲得照亮，就像月亮為海浪帶來了光。

# 苦杏仁

「舌頭伸往牙齒掉落的地方。」奶奶前去參加午間彌撒前跟我在廚房坐著聊天，說了這樣一句話。一星期後佐拉和我就會回到洛杉磯，奶奶在講一個她童年時聽到的故事，關於一個男孩愛上了一位他父母無法認許的女孩。一天在沒有人陪伴下，他把女孩帶到鎮外的田野，他們在一個老舊的騾子畜舍裡度過了一下午，晚上他把女孩送回她父母的家。在奶奶童年時代的西西里，這就等同私奔，表示這對男女必須結為夫婦，因為女孩的貞操被打上問號。閒話和恥辱將無可避免。

當男孩回到家裡，他的父母勃然大怒，把門閂上，不讓他進去。他們把他的衣服丟到街上，一把火燒掉，他此後再也不能回家。女孩的家庭也拒絕讓他們結婚。他孤獨終老。這樣的故事在西西里的每個小鎮都幾乎總以某種形式出現，奶奶就用那句諺語，用一根舌頭和一顆掉了的牙齒，來總結這個不幸的故事。

她講著這個故事，激起了我的好奇心。它有多重意義，而由奶奶說出來，考慮到我們本身的遭遇，它毫無疑問地別具意義。我們避過了那個家庭的命運，超越了西西里道德劇所演示的那種人生，我們彌縫了嫌隙，沒有人的衣服在街上被燒掉。以當時的情景來說，她這個故事對我們最有意義的一面，就在於那個男孩終其一生在追溯失落的一切：家庭、女孩、他的尊嚴。她在告訴我，我們在整個人生歷程中，不斷回頭看那些失落的事物，這就是她對哀傷的理解。我們總是嘗試在記憶和現實之間做出調解。那顆牙齒是人生中一切失落的事物的一個隱喻。

講故事，尤其是來自西西里生活的古老故事和寓言，是薩羅和他媽媽的一種特殊共同連結，他們喜愛透過口述傳統回顧昔日的西西里。她現在跟我分享同樣的一刻，即使我要她慢下來，重複某些方言用詞，把一句話翻譯成義大利文，她都願意這樣做。我不是她的兒子，但我可以是她的聆聽者，這種做法可以填滿我們正試著跨越的那一片靜默。奶奶喜愛透過古老的寓言分享她的智慧。我猜想那個故事隱含的智慧，也包含了如何面對訣別，在失落中活下去。還有一星期，我們就會互相道別。即將離別的事實，目前在我心中占據了最重要的位置。這天稍早時，她問我是否已開始收拾行李。對於一個美國人來說這未免是過度緊張了，但之前的每個夏天她都勸我們在啟程離開整整兩天前就把行李收拾好。「想想有什麼妳想留下來。」她的這句話在空氣中迴盪著。

在她家裡待了三星期後，我感到一種新的結合力在我和她之間建立起來，這種力量來自我們的共同處境和對薩羅的愛。我已經能稍微安心地面對我們共處時的靜默時刻。

在感情澎湃的時刻她叫我不要哭，我也尊重她的要求。「如果妳哭了起來，我就停不下來了。」這幾星期她曾說過好幾次，她不是在否定我的感受，卻是要令我知道這是令她難過的。她已盡力做得最好。我猜想她寧可單獨一人時哭泣，一次我就看見她念《玫瑰經》時哭了起來。

我自己的情況沒怎麼改善，晚上佐拉睡著後我往往就哭了，對我來說道別總是困難的。但一想起佐拉和我回到洛杉磯空蕩蕩的家裡，步履艱難地參加廣告片的試鏡，單獨吃晚飯，我就幾乎要崩潰了，儘管我已做好準備回到自己的床上，準備好去見我的朋友和家人。可是我仍然將要離開這其中一個最能令我感到內心平和的地方，要放棄與薩羅親近的某種方式，而這是只能在這社區裡找到的——跟他的媽媽在一起，在她的家裡，在她的餐桌前。這種不可言喻的親近感也伴隨著失落感。有時我覺得不能在這裡多挺一天，有時又不想離開，這種矛盾很難理解。我不斷想到薛斐烈曾怎樣寫到西西里和洛杉磯：「這是奇怪的難題。當我在西西里，我想回到洛杉磯；當我在洛杉磯，卻渴望能去西西里。」

我還沒有提到我們明年會再來奶奶家，主要是因為我沒有一個肯定的答案。一年之後看似很遙遠，我要考慮財務的問題，房貸要重新安排，還要應付試鏡，最後還要考量對我和對佐拉來說，還能不能再挺得過另一個瀰漫著亦苦亦甜記憶的夏天。誰曉得一年之後我身處何方？如今薩羅的骨灰已經下葬，奶奶不禁猜想我們是否還會再來。不錯，在這裡度過夏天已成為了我們家一個小小的傳統，但奶奶比任何人都清楚，守寡會讓一個人的想法和人生規劃改變。我猜想，她也知道雖然我們之間有一種很強的關係，我們卻不是真的很親近。我會不會再來，還是由我來決定。

奶奶和我沒有一種共同語言可以探討這一切問題。因此我們乾脆不談了。反正此刻我們還有一起相處的時間，尤其是在她的廚房裡，每天三頓飯，只要她在廚房裡就會讓一屋子活起來。

她從椅子上起身，整理了一下及膝的尼龍襪。然後她熄了火，把不合的鍋蓋蓋到一鍋燉番茄上。那是一個鄰居當天稍早採摘的番茄。到了下午，這些番茄就像冒著大汗，被還原為濃濃的汁液和口感豐滿的纖維，將會在晚餐中扮演重要角色。

「必須讓它有充分時間融合在一起，」她說的是番茄汁。我開始體會她這份從容，她的世界裡沒有匆促的步伐——不管那是愛、哀傷、喜樂，還是火爐上的一鍋食物。

佐拉在樓上跟羅莎．馬利亞（Rosa Maria）玩耍，她愛叫她「羅莎利亞」（Rosalia），她是住在葛蘭西路邊緣的賈柯瑪（Giacoma）的孫女，比佐拉大一歲，是個隨和友善的孩子。她們在佐拉四五歲時初次碰面，自此每年夏天都一起玩耍。令羅莎著迷的是碰上了一個跟自己那麼不一樣的女孩——美國人、黑皮膚，說兩種語言，有一個慷慨的母親樂於打開荷包掏出歐元，在小鎮廣場的咖啡店給她們買冰淇淋。她們形影不離，她們總是會在自己祖母的家門外等待對方。佐拉曾告訴羅莎利亞，在葛蘭西路那些婦女家中的什麼地方可以找到糖果。她們的友誼堅定不移，就像教堂正面牆壁上把石磚黏合起來的水泥一樣。

在樓上，她們用紙張做成堡壘，用大塊的動物園動物拼圖卡片和一個獨腳的芭比娃娃來扮演各種角色。她們像孿生姐妹般溝通，用的是一種只有她們知道的共同語言——揉合了義大利文、西西里話和英文。她們找到一種辦法來填補其中一方聽不懂的那些詞語。當天稍早我曾去看一下她們的情況，佐拉馬上要我離開。每天下午當陽光開始消退，小鎮在午睡後回復生氣，她就愛把奶奶的房子變成她的遊樂場。當奶奶前去參加彌撒，她就帶羅莎利亞到樓下，偷吃奶奶藏在櫥櫃裡的義大利版本「汀奇」（Twinkies）奶油夾心海綿蛋糕。

兩天後，我走路穿過小鎮去郵局寄張明信片，路上碰上一名農夫。他在一棟房子前面卸下一袋袋杏仁，從一輛貨卡提下來走過狹窄的人行道，行動那麼迅速令我看了又看。他是奶奶的年紀了，面容既古老又具年輕活力，縱橫交錯的皺紋圍繞在他明亮的藍眼睛四周，如果他生於另一個地方那可能就是電影明星的一雙眼睛了。他的雙腿因關節炎而彎曲，我無法相信他能那麼敏捷地提起他的收穫。

「太太，來拿一袋吧。」他用手勢示意我走近。「把它帶給克羅琪。」然後他吩咐我告訴她這來自她的堂兄弟。我還來不及回答，他就走進屋裡，出來時拿著一整袋杏仁讓我帶回家。

在此之前，我從來沒見過柔軟的綠色杏仁，鮮嫩而豐滿，帶有甘甜的餘味。它們在小鎮周邊四處可見的樹上生長，到了夏天，就在樹枝上凸顯出來，綠色杏仁裹在軟殼裡，這是一種天賜的禮物，但你得花力氣採摘。據說西西里人或把它當作小吃單獨品嘗，或是餐後配水果享用。但他給我的是一大袋是乾的，他解釋，這是因為他要騰出空間放那些綠色的，未來幾天就會帶回家裡。

我謝過他，就拿走了。

拿著三公斤杏仁在小鎮上走過，我還是頭一遭。當我爬上最後一座山坡走向奶奶的房子，半路上我的脊骨像要垮掉了。我拉開門簾走進房子，把那個袋子往廚房桌子砰的一聲丟下去，奶奶看了直搖頭。

「那是什麼？」她說著打開查看。

「那是杏仁。」我這時意識到剛帶回來的這袋東西，在這個本來平淡的晚上要讓奶奶費一番工夫了。

「哪裡找來的？妳瘋了嗎？」她的語氣洩露了心底的事實：其實她很高興有人叫我把禮物帶回來給她，這代表了對她的關心和尊重，儘管這也表示她要忙碌一番。

「我拿著它在鎮上走過真的需要一頭騾子。」我用譏諷的語氣說，這時她正提起袋子走到她的「地窖」——那是樓梯下的一個涼爽空間，她在那裡存放橄欖油、可供一整年用的自製番茄醬、一瓶瓶甜酸茄子和朝鮮薊，還有吊在繩子上的一顆顆大蒜球。在夏天最熱的日子裡，這也是她打盹兒的地方。

第二天早上我醒來時，聽到大門外不斷傳來奶奶用錘子敲打的聲音。我從樓上陽臺的門望過去，看見晾衣繩上剛洗過的床單迎風掀起，我把頭髮束到後頭，一下就把麻質裙子套到身上，走到樓下去。我看見她手拿大頭錘往一個翻過來的條板箱砸下去，打在杏仁殼上，一大堆破碎的杏仁殼像毯子般在她雙腳旁鋪了開來。

「我可以幫忙嗎？」我問道。

「妳只會砸到手指。」她語調不高也不低，似是在想什麼而分心了。我馬上知道她只想一人獨處。「我給妳在爐頭上準備好了咖啡，」她說著繼續低頭工作。

我多看了幾秒她的動作，想到她重複不停地削著、切著、剁著，這是她思考人生問題時的動作；禱告則是她把問題交託給上帝的方式。

我正要轉身過去點燃咖啡壺下的火，她就向我喊道：「如果妳要把它帶回去，我現在就要開始動手了，是不是？」她說的是杏仁。

我馬上知道她正想著我們即將離去，這也是我喝咖啡時心中所想的，同時聽著杏仁殼破開的聲音。

一個小販經過，奶奶沒停下來。她的堂姐妹艾瑪妞拉踏著拖曳的腳步上街買麵包，奶奶也沒停下來。艾瑪妞拉回來，我從她手上取過麵包，奶奶繼續只管把杏仁破開。我把麵包放到火爐附近，旁邊是一鍋燉朝鮮薊，還有一鍋櫛瓜，在文火燒著的薄荷和羅勒清湯中一塊塊輕輕互相衝撞。

然後我迎著晨風走到外面，從凳子下拿出一塊磚，放在石塊鋪成的人行道上。我拿起另一個一直放在她身旁的大頭錘，開始試著把杏仁殼敲破。

「它們很美味。來。」她從一顆剛破開的杏仁掏出它的心。

果然非同凡響，它溫和的味道帶著一絲清淡的甜味。這種堅果，果肉本質上是堅實的，同時也柔嫩而帶有討喜的彈性。你要是把它擱到一旁，待它乾了之後就變得更精采、更扎實。這些西西里杏仁，跟美國加油站收銀檯賣的六盎司塑膠袋袋裝杏仁有天壤之別。它們是自然界特殊作用下生成的好東西，它們提醒了我，一樣事物可以既柔軟又堅韌，視乎它在怎樣的條件、怎樣的照料下成長，不管那是有心還是無意的。

我伸手去拿另一顆。

「這顆別吃。那是苦的，」她告訴我：「沒有什麼比苦杏仁更壞了。」

苦澀（amaro）是種性格的味道，在西西里文化和廚藝裡占有中心地位。它可以在野生蔬菜裡找到。它在蒸餾過程中加進利口酒裡。透過苦味，西西里人切實體會到自然界欠缺甜味的一面；他們近距離體驗苦味顯著的強烈感覺。在廚房裡，當西西里人把苦的和甜的東西湊在一起，就讓味覺對比鮮活呈現出來，讓兩者同時表現出它們的個性。西西里人瞭解，苦澀在食物中、在人生裡都是不可或缺的味道，它塑造了這座島嶼特有的廚藝特色。沒有苦也就沒有甜。這座島嶼的詩歌告訴我們，西西里人的心境也是這樣。

奶奶把剛破開的杏仁殼遞給我看，裡面有水分。

「要是雨水太多，就會這樣。」我看到殼裡有一點霉和腐敗物。「任何東西要是太多也會造成敗壞，即使太多的是水。」

我知道她說的是杏仁，就像之前我知道她說的是一顆牙齒。但我不得不感到她談到的遠遠不止於此。我們像是在陸地上被水淹沒——那是一波波無盡的哀愁。一眼看去，我就知道奶奶深知人生是苦的——就是歡樂與愛也不能脫離苦海。失去了丈夫和獨子。苦杏仁的味道在她的味蕾上徘徊不去，她想讓我免於同樣的苦。

我背著風繼續著我的動作，輕柔而寧靜，這樣的風像一個堅定不移的人，一如小鎮裡盡是別具個性的人物。簾子迎風搖曳，窗子因風而關上，在風的驅迫下，晾衣繩上的濕襪子打到石牆上。公雞的啼叫聲隨風高升，越過教堂的鐘樓，到了小鎮邊緣的果園，在正發芽的橄欖樹之間留下隱約的回聲。

我意識到四天之後同樣的風就會把我從這座島嶼送走。

走進橄欖園並不太難。我走過一大片月桂樹樹叢之後找到了一個缺口，那裡的土地比較低下，我不用太費力就能把生鏽的有刺鐵絲網折彎。我在一叢茴香嫩枝附近蹲伏下來，蜷縮著身體再翻過來，就進入了他們家族的這塊土地，只是雙腿輕微擦傷，多刺植物的一些針刺附著在褲子上。小塊泥土掉進了鞋子裡，雙腳足踝也沾了塵土，這一點現在不用多加解釋。總之我進去了。

站在那裡，我可以看到很多樹都有細小的果實，初長成的綠橄欖只比一顆小葡萄大一點。薩羅曾告訴我，當橄欖還是綠色隱約帶著黃色，距收成期還有好幾個月。最近的一棵樹在它多節瘤的樹幹上，有一群排成直線的黑蟻沿著一條對角線匆匆前行。牠們列隊行進看來十分急迫。這棵樹的下方到整個斜坡上的樹叢，看來地面才剛清理過。這樣我要走到選定的地點就較容易了；要不然，在高及膝蓋的西西里原生硬質小麥（tumminia）遮蓋下，我走在上面就會提心吊膽，恐怕碰上蛇或凹陷的大洞。這種古老的小麥長滿一地，因為每季它的種子會被風吹送回土地裡。

我繼續向橄欖園的深處走去，小心翼翼沿著斜坡往下走，恐防摔倒。到了園子中央，我站在將要撒下薩羅骨灰那棵樹前。接近傍晚時分的輕風從地中海吹送過來，令我精神煥發，膽量大增。

我挑選的這棵樹既不是最大也不是最老的，只不過因為從這兒遠望，能最清晰看到永遠湛藍耀眼的一片海洋，同時這棵樹下面有足夠的平地，可讓我在激動時坐下來。

我把那個小木盒從口袋裡拿出來打開，雙手不禁有點顫抖。我拿起那個原用來放小首飾的透明塑膠袋，解開封口。如果我有更好的規劃，就會記住一篇禱文，準備這時念出來，但我的做法不是這樣。要讓薩羅神聖地回歸大地，唯一恰當的禱告，就是站立在這片神聖的土地上。

骨灰輕易地從袋子掉出來，輕輕地、徐徐地落到地面。我看著它在帶點灰色的黃褐色泥土中消失無蹤，最後剩餘的一點、幾乎無法看清的骨灰隨風消逝。

他回來了，永久回到了兒時踏足的土地，在海和山之間獲得了自由。

當我最後站起來，我的襯衫沾滿了汗，散落著淚水。蟬鳴不曾一分一秒止息，那是西西里的交響曲。下方遠處傳來拖拉機引擎的發動聲，西西里人的生活就這樣繼續下去。

第三部

# 第二個夏天

*Casa quantu stai e tirrinu quantu viri.*

可依者是吾家，可見者是吾土。

Home for as long as you need it to be and land as far as the eye can see.

—— 西西里諺語

# 傳家寶

薩羅逝世一周年的前兩天，當我正站在好萊塢派拉蒙製片廠的第七號外景場上，突然悲從中來，頓時頭暈眼花。我將要為一部有關警方辦案的電視試播節目進行試鏡。這時我幾乎崩潰了。

自從薩羅過世後已度過了五十二個星期三的早上。過去的這些星期三，足以讓佐拉長高，換掉更多乳齒，也足以讓她一再向我問道：「為什麼爸爸會死？」而我的答案也一直沒令她滿意。我們那棟百年老屋掉落了更多油漆；同時看著隔壁的公寓更多人搬進搬出。有一些星期三我無法起床，有一些星期三我無法入睡；我是那麼疲倦，以至要請別人替我開車送佐拉上學，替我到店裡買日常用品，站在餐桌前幫我摺好衣服。

我把五十二個星期三一個一個疊起來，最下面的一層，就是那個令一切改變過來的星期三早上。當時，我躲躲閃閃地面對襲來的哀傷，在眾人背後暗自哀悼，用盡一切能讓我能挺下去的策略。那時我內心有一個信念，相信只要我能熬過去而不崩潰，當第一年結束時就比較好過了。但事與願違，我覺得被捉弄了。

我倒過來念頭一轉，把哀傷看作人生碰上的某個人，要去認識他，跟他交朋友，跟他和平共處，因為那比我所知的任何苦難來得巨大。他有時把我拖倒，有時驅迫我向前走，那天我無法肯定他還能做些什麼。

當我走過外景片場到選角辦公室，再次在腦海裡把臺詞演練一次：「我找到屍體了」，然後是「凶手從沒料到會這樣」。劇本後頭還有一句：「我不太肯定是否想做這份工作。」這句話包含著一種獨特的、個人的真實性。一年了，我仍然覺得自己不適合肩負寡婦的工作。

我抬頭看著這個有名的好萊塢外景片場上方那個若隱若現的水塔。我喜愛派拉蒙製片廠，我參演的第一部電視影集就在這裡拍攝，它那義大利風格和裝飾藝術（Art Deco）的建築也是我百看不厭的，但那個水塔賦予它一種小鎮風情。我第一次開車進入這間製片廠，就以這個水塔作為地標，找到返回車子的路。水塔上醒目地展示著派拉蒙的公司標誌——星星圍繞著一座山峰。當我繼續往前走去試鏡，我真的想知道站在山峰上的感覺是怎樣的——攀了那麼久終於站到頂端而在雲霧之上。我真想知道在艱苦的哀悼歷程中獲得緩解，是怎樣一種感覺。

一輛高爾夫球車從我身邊駛過，上面坐著《重返犯罪現場：洛杉磯》（*NCIS: Los Angeles*）影集的一個二十來歲拍攝助理，戴著耳機在通話；還有一名信差把單車丟在一棵棕櫚樹旁，然後走進製片廠的食堂，消失無蹤。這一刻我也想走進食堂喝杯義式濃咖啡。然後我的手機響了起來，那是我的媽媽。

「妳下機了嗎？」我問道。她安排好了當天稍後從休斯頓來到這裡。我的爸爸和奧布瑞也前來陪我度過薩羅的逝世周年紀念。我打算請朋友來家一聚，沒有人想見到佐拉和我孤零零獨處，我們自己更不想這樣。

「我能幫妳在店裡買些什麼嗎？」她問道：「我現在先問一下，恐怕稍後妳忙著照顧佐拉。」

她知道我通常在晚上不會接電話。對我們來說，這最終會是怎樣的一天還是無法預料。有些日子還是很難過，尤其薩羅的忌日逼近。佐拉已開始回到自己的床睡覺，但我需要很長的準備工夫，才能讓她感到安全就寢。然後我自己往床上一頭倒下，因為在哀傷中肩負單親母親的任務而精疲力竭。卻往往躺著不能入睡，當我終於睡著，就會反覆夢見薩羅和我在海灘上做愛，就如我們在希臘和厄爾巴島所做的。在夢裡，海灘上帳篷周圍形成了一些沙丘，每天我們在這裡，兩個身體糾結一團。他進入我體內，我叫了起來，然後我往外張望，看見翻起的波浪逼近。眼看帳篷快要被海浪捲走，我們也同被吞沒。我在夢中大喊：「快，快，快做吧。」然後我醒來，鴉雀無聲。

「不曉得，媽。買菜買東西的事明天再想好嗎？我正要進去試鏡。」

「太好了，祝妳好運。」雖然她自己經營的生意營業額數以百萬元計，她樂於見到我在藝術方面建立自己的事業，聽說我參加試鏡也總是十分興奮。「妳會有很棒的表現。我買花給妳，妳受之無愧。」十分鐘後我坐在擠滿了演員的等候室裡，然後過了五分鐘我就站到鏡頭前，再過五分鐘已試鏡完畢。

當我回到家裡，陽光透過廚房的窗子灑下金黃的色調，那百年老地板沐浴在金光下，令我想起一片片焦糖糖果鋪滿一地。我靜聽正膨脹著瀰漫整間房子的寂靜，這是我仍然未能習慣的。有時那壓抑感像使我聾掉；有時寂靜似乎在碰擊著窗子，令玻璃咯咯作響。佐拉在學校裡，但我還是不禁叫喚她的名字，再呼喚薩羅的名字，打破那空洞的寂靜。然後我假裝薩羅從另一個房間回應我的呼喚，一呼一應地展開一陣對話。這是我經常玩的把戲，藉此填補身心俱疲的空虛感，可是，我口中喚出的名字只是砰的一聲掉到地板上，隨之而來只有寂靜的回音。

還有兩小時，我就可以到學校接佐拉放學，然後她就會令整間房子振動起來：看卡通電影、玩紙牌遊戲、拿洋娃娃作角色扮演、在鋼琴上彈奏音樂。她最近寫了一個故事，講述一個年輕女孩失去了母親，因為她母親到處「遊蕩」，去尋找她過世的父親。

過去一年，她度過了第一個沒有父親的生日。她經常問我：「如果妳死了誰來照顧我？」不管是在牙醫診所、在飛機上，還是當她躺到床上睡覺，這個問題都會溜進我們的對話。

「我很好，很健康，我就在妳身邊。我要留下來看著妳長大。」這個答案像是成為了我的祈禱文。

「可是妳不能確保一定是這樣。」這個八歲的孩子，知道人生會碰上陷阱。

「妳說得對，我們都不知道自己什麼時候會死，但是最重要的是我們現在活著。這一刻我跟妳在一起，眼前這一刻。」這是我從治療師和書本學到的話，藉此舒緩她的焦慮。

完成了當天的工作，一整天的重量卻壓到我身上，我突然變得六神無主，漫無目的。我需要清新空氣。於是走到外邊置身薩羅的花園，園裡的蠶豆正在成長，這就是家裡能讓我內心如釋重負的地方。重生、更新、延續不衰——這就是蠶豆帶來的希望。

站在中央的噴泉前面，我記起多年前的某個一月，這座花園是怎樣建立起來的。那年春天，薩羅從手術復原過來，而當我終於嘗到了他用園中的豆子所做的蠶豆義大利麵，他又再次接受化療了。他用園裡的食材做的第一頓飯別具意義。他找到了一種辦法，把焦慮、恐懼和憂慮轉化為美麗的東西。我吃下第一口時，實際上哭了起來，就在那一刻，我發誓以後每年都要繼續種蠶豆。當種植季結束，我們留下兩大把豆子，乾燥後存好用作第二年的種子。五年來一直如此。

即使在他過世後的第一年，我還是在一月底的某天到園裡種蠶豆，那是我們當年私奔到紐約的紀念日。

當我到園裡視察今年的收成，看來有二又四分之一公斤的蠶豆等著我們採收。薩羅曾教我怎樣細察收成狀況。我打算做他最愛的一道春天料理——蠶豆泥配烤麵包，跟前來參加他逝世周年紀念日的四十位朋友分享。兩天後，我們準備紀念薩羅的一生，並舉杯慶賀佐拉和我總算挺過了我們這輩子最艱困的一年。我不再是一個不斷幫他求診和化解困擾的照護者，從這一團糟的景況脫身而出，卻只是變成一名哀傷的妻子，陷入一片愁雲慘霧。但我還是想肯定這樣的轉變，確認我正在學習如何活下去。我要把它做對。因此我動手把豆莢從豆梗上摘下來。

我一邊摘，一邊對將會從這些豆子獲得滋養的人表示感恩。如果朋友就有如你自己挑選的家人，那麼我所挑選的就是世界上最好的家人了。他們像跟我同宗同族。每個人都是隨機偶遇進入我的人生——在大學一年級課堂裡，在拍新劇的第一天，正從托兒所的沙池裡為我們的赤腳幼兒把鞋子找回來，又或正當薩羅在公園裡向其他跨族裔孩子的父母自我介紹說：「我的孩子看起來像你的一樣，我們應該交個朋友。」這群好友來自不同社會階層和專業，年齡和興趣各異，其中有馬賽克藝術家、律師、教師、治療師、投資銀行家、演員、作家、禮車司機、漫畫家。我們之間的一道共同紐帶，就是在最變幻無常、最痛苦的時刻義無反顧地攜手同行。他們是在偶然之下與我相識，卻是出於意願而留在我身邊。我希望他們能吃到西西里的蠶豆，那是我期待著這天來臨而花了一整個冬天種出來的；我要跟這群人緊擁在一起，讓他們知道，過去十二個月他們的愛和關懷是我仍能屹立的唯一原因。

由於這是頭一遭有那麼多人來到我家，我試著讓往日的情景重現：薩羅和我一直以來樂於打開家門請朋友前來歡聚一堂，分享美食，樂此不疲。總是他發揮磁鐵的作用，把朋友吸引來到我們家。他為大家帶來友情和美食，還有他童年時在西西里那些匪夷所思的故事——其中一個故事說，鎮裡一名教師遇上那些上課不留心聽講的學生，就讓他們一路走回家時在衣服背後釘上「我是驢子」的標誌。這些故事不論從時間或地點來看都像是《新天堂樂園》裡那些被剪掉的電影片段，朋友們都聽得津津有味。

薩羅死後，我恐怕我們的朋友不會再來了，因為我跟他不一樣。我沒有他的隨和，歡迎人家隨時來訪。我比較死板，是一個什麼都仔細規劃的女人，幾乎到了病態的程度。但我希望透過安排這次聚會，可以重現薩羅呼朋喚友同歡共聚的精神，同時讓屋子再次高朋滿座，大快朵頤，杯盤狼藉，笑說當年。

我走回屋裡，把從花園採來的新鮮蠶豆倒到廚房的中島，堆起來就像一座小山，準備用來炮製薩羅最愛的那道春天料理，但我記不起所有步驟。我記得剝掉豆莢和沸煮的部分，但其他的記憶很模糊。做蠶豆泥時應該用先前沸煮它們的水嗎？抑或應該用高湯？我應該加大蒜還是青蔥？是大蒜吧，我想。要加胡椒嗎？用多少橄欖油？用奶油可以嗎？

當我猶豫不決，只能向一個人求助，就是奶奶。

「鎮裡怎樣了？」除了做菜的祕訣，她也是我唯一經常用義大利文交談的對象，我們每週三次的通話，讓我的義大利文還能保持流暢，也跟我往日的生活維持一種聯繫。這是我們保持聯絡的方式，讓我們知道自薩羅死後對方的最新情況。自從他爸爸過世後，薩羅每天都跟她媽媽通話。在薩羅死後我和他媽媽把他的做法延續下去，看來自然不過，這也讓我們兩人更親近。

「嗯，還是一樣。我也不大出去。愁眉苦臉地上街沒什麼意思，」她回答，說著一半方言，一半義大利文。「但我會在他忌日那天去望彌撒。」

每個月在一次彌撒上他們會把薩羅的名字念出來，這是她讓日子溜過的方式。我還沒想到怎樣告訴她我們在家中有場聚會，對薩羅的一生表揚致敬。「表揚」這個詞對她來說似乎是不對的，因為她的文化裡沒有這種做法。我和她相處時有很多這樣的時刻，我擔心要說的話經過翻譯詞不達意。這時我就會再一次想起薩羅已離我而去。他會知道該怎麼說，他知道在文化上如何步步為營：什麼不要說出口，什麼要加以掩飾，什麼要詳細解釋。當他不在，我就十分擔心我說的話或說錯的話會造成傷害或混淆。

「佐拉和我會請人到家裡來，我的家人也會來。我們會一起紀念薩羅。」我在電話裡跟她說著，腦袋總算能擠出「紀念」的義大利文。「我會拿花園裡採來的蠶豆做菜。」

她知道我們每年都種蠶豆，這種堪稱傳家寶的豆子，在西西里農家一代一代傳下來。蠶豆能在外國土地上滋長，餵飽我們這些千里以外的人，她想到了就高興。她告訴我做蠶豆泥時讓豆子保持綿滑的訣竅，然後我們談到了佐拉和她上學的情況，她問我佐拉還有沒有一直問到薩羅。就在我們快要掛上電話時，她出其不意地問道：「這個夏天妳會來西西里嗎？」

「會，我們會去，」我腦袋還來不及斟酌該怎樣回應，就這樣回答了。這種反射式反應令我自己也吃驚。「我相信這對我們是好事。」我聽到自己接著這麼說。

我掛上電話，看著那堆蠶豆。人家的傳家寶是首飾，我的傳家寶是蠶豆。

兩天後，我費了一番工夫在樓下薩羅去年過世的那個房間，布置了像祭壇的一張紀念桌。佐拉和我在房間四周點燃蠟燭，播放著他最愛的音樂，並把他最愛的書陳列出來。我們在佛像上掛上一串念珠。然後我拉開拉門念了一篇禱文。一小時後，朋友和家人相繼來到，擠滿了一屋子。如果客人願意，我邀請他們每人都到那個房間走一趟。我又請他們給薩羅留個短訊，可以默默地做，也可以說出來，又或在一本紀念冊裡寫下來。

在外頭，後院的訪客也擠得滿滿，正在談著薩羅、人生、身邊正發生的事，還有食物。噴泉上的水汩汩地流，空氣瀰漫著茉莉花的香味。這個春日，洛杉磯的天空明亮而令人快慰。

隨著下午的時光流逝，柔和的暮光快要來臨，大家走進屋子裡。約莫三十人在客廳裡：在壁爐旁，在鋼琴旁，又或站在望向薩羅那座花園的大玻璃窗前。

「謝謝你們前來。我們能聚在一起，薩羅一定很高興。他也跟我們同聚一堂，我知道他有一些故事要跟我們說。可是在今天，我希望任何願意的人跟我們分享一個有關薩羅的故事。」

這時佐拉坐在我大腿上，房子一下子活了起來，一個一個的故事在訴說他的友誼、氣質、政治牢騷、溫文的氣度、熱情待客之道和他的美食。當然，大家也談到他的愛——對我的愛、對佐拉的愛。有幾個音樂家朋友拿起他的吉他，一個即興的非正式音樂會在我家上演。鋼琴、小對鼓、木吉他和電吉他響徹一屋，這是一年來我感覺最為生氣蓬勃的一天。

等到所有人離開，已是晚上九點多鐘之後了，我很累，卻仍然沐浴在愛的餘溫中。

當我收拾好吃剩的食物後，發現冰箱裡還有一些剩下的蠶豆泥。我想起了幾天前和奶奶的對話，想到了我是怎麼擔心所說和不說的話。我答應了再去跟她見面，將再有一個共處的夏天。就如我還在思考該怎樣獨自栽種和烹煮那些蠶豆，前面要思考的還很多——有關人生、教養孩子、跨越文化障礙與薩羅的家人保持親密關係、克服地理隔閡，還有面對哀傷。

# 在餐桌上

「妳知道嗎？妳不必這麼做，人終究會離開。」我們在羅伯森大道上的愛薇餐廳裡坐著時，茱莉（Julie）這樣跟我說。這是薩羅確診罹患軟組織腫瘤三個月之後，癌細胞已擴散到他的骨骼，他將要接受不知多少回令人元氣大傷的化療。茱莉是我的演戲教練兼良師益友，更切合她身分的是，她才三十歲出頭丈夫就撒手塵寰，留下她獨力把一個兒子撫養成人。她知道什麼是勇氣、逆境，知道如何在當前處境下做出最佳抉擇。她自己也曾面對足以致命的疾病。「這可能超乎妳所能承擔，非妳所願。」她繼續說，她用認真的眼光盯著我。

才兩晚之前，薩羅和我陷入我們婚姻關係的谷底。經過了一週特別艱困的化療之後，我們在床上相擁。他的免疫系統大受摧殘，只剩下寥寥可數的白血球，幾乎可以為每個血球命名，處境極為可怕。於是我們躺下時我親吻他，把我的手擱在他胸膛。

他把我的手挪開，說道：「我認為妳應該另外找個愛人。」

「什麼？」他從來沒說過這樣的話。我感到天旋地轉。「不，絕對不行。不，薩羅。

我愛你，只愛你一人。我們同甘共苦。」

我們好幾個月沒有做愛了。他病得太厲害，虛弱不堪，經常嘔吐。我們都沒有直接談到這方面的事，只是每晚在床上相擁，然後各自轉過身來，無奈地等待進入夢鄉。

「我不會另找愛人，你就是我的愛人。就這樣。」

「我不想妳受那麼多的苦。妳也有妳的需要，我無法讓妳滿足。」

「如果你再說這樣的話，我就把你幹掉。閉嘴，別再說，我們沒事。」我再把手擱在他胸膛上，又親吻他。「我們會沒事的。」

然後我轉過身去，心裡暗自瞭解，我們正置身一個新的心理關口。這不光是要為他的生命搏鬥，同時也要為我們的婚姻搏鬥。

我才跟茱莉談到這件事，原以為她會叫我振作起來，說些話讓我精神一振，不料她卻勸我跟他分手。

「妳在說什麼？」我質問她。一種古怪的感覺湧上心頭，我還來不及辨認那是什麼感覺，就已怒氣填胸。我把盤子推開，環顧餐廳四周。愛薇餐廳以滿堂盡是喧鬧的名人食客著稱，來這裡討論癌症和是否離開薩羅，是多麼荒唐。我突然感到疲累不堪。當她勸告我在多月悉心照護薩羅之後需要放鬆一下，我還以為這頓午餐將是女生碰面閒聊的輕鬆愉快時光，結果跟我想像的恰好相反。

「我是認真的，離開是一個選項。」她堅持說下去，沒有退縮。她再給自己倒了些茶。

「不，不行。我絕對不會離開薩羅。」她聽懂了嗎？

「那麼，」她慢慢地說：「妳就得選擇這麼做了。我是說真正地做出選擇。」

她再吃了一口，再細啜她的伯爵茶，然後靠到椅背上。她誘使我做出反應，她是刻意這麼做的。然後她繼續說：「盡妳所能，保持心胸開放。面對不確定的前景不要卻步。至於他，不管病情壞到什麼程度，也要同樣地面對。如果妳全心投入，妳也就是跟他一起投入。」

那天我離開餐廳時，瞭解到這段婚姻關係可以走得比我們想像得還要深；又或我們在對抗那個共同敵人時，逐漸變成陌路人。我要立定主意在這條照護之路上走下去，但更重要的是，我首次體會到面對這個處境，我需要前所未有地為薩羅付出。跟茱莉的這番對話，讓我意識到現在該是我反過來扮演薩羅的角色了，就像他願意站在大雨中等我多個小時；不管發生什麼，我都要開放而堅定地在他身旁候命。

經過多回化療、三次住院，以及後來一次重大手術，薩羅還沒有把診斷結果告訴他的爸媽。

「我想先看看完整的療程結果怎樣，」在剛確診罹癌之後他曾這樣跟我說：「我想等待結果。我不想他們擔心，我媽媽會擔心得要死。」

他不想在自己人生瀕臨崩潰之際，聽到媽媽在半個地球以外憂心忡忡的話語。這一點我能理解，但還是感到困擾。薩羅的病情我馬上就告知我的父母了，我倚靠他們。他們為薩羅打氣，甚至提出財務支援，因為他不再工作了，醫療費用又高得令人吃驚。要在他父母面前隱瞞薩羅難以置信的病情，我感到很不自在，後來我們終於坦白告訴他的父母。繼續隱瞞就像背叛他們，代表了親密關係，蕩然無存。但在此刻薩羅有他自己的理由，尤其考慮到他們在老遠實在無能為力，他們的憂慮也難以承受，他想再等一下。因此我答應薩羅什麼都不說，這個承諾讓我看到癌症在我們之間引起多少分歧。我們還是讓他的西西里父母蒙在鼓裡。

可是，隨著聖誕節臨近，薩羅完成了超過四次化療，他的膝蓋用植入的人工膝蓋取代，沒有像我們原來恐懼的要從大腿骨以下截肢。他仍然要拄拐杖走路。醫生告訴我們，他股骨和脛骨之間置換了膝蓋的地方要好幾個月才能康復，他要多個月後才可以不拄拐杖走路。暫時來說，我盡量幫助他走動，他也在家中接受物理治療，我們靜待他的免疫系統恢復，然後他就可以在新的一年裡進行更多化療。他終於決定了在這段時間，告訴父母他患上了癌症。

「癌症消退了，我好多了。」這是多個月來他與父母最真實坦白的對話。

他爸媽一起在電話那頭跟他通話，提出連珠炮似的一連串問題，我聽到他回答時聲音在顫抖。他媽媽喊著「羅薩里歐，羅薩里歐！」語氣的悲慟令我毛骨悚然，幾乎要吐。一切疑慮重新襲來。我馬上切實瞭解到為什麼他要等這麼久才告訴爸媽，如果過去幾個月他還要擔負舒緩他們焦慮的額外責任，我們實在應付不來。

薩羅掛上電話後就哭了起來，我也不去打擾他。我們學會了婚姻中新的相處之道——什麼時候在彼此之間留下空間不去干擾，什麼時候彼此靠近。過去五個月他每天待在家裡，沒有工作，我照顧他生活上的各種需要，還有我們家的各種需要。我們每週七天每天二十四小時在一起，有如在戰壕裡。一種新的生活方式正在形成，包括讓他獨自哭泣。

他把消息告訴父母後第二天，弗蘭卡就打電話來說，他爸媽聖誕節會來洛杉磯探望他，她替他們買了機票，她說如果他們待上一個月機票就會最便宜。沒有人跟我們討論過。看來錯失兒子婚禮的這個母親，不想錯失在兒子患癌時陪伴在側。一想到整個月在洛杉磯跟我的公公婆婆在一起，我就幾乎全身癱瘓了。當我試著向薩羅暗示他們可能待得太久了，他說：「滕碧，隨他們好了。他們想幫忙。我不曉得對我們來說這是不是恰當做法，但是在目前的處境，根本沒有什麼恰不恰當的問題。」這時我們躺在床上，他轉過身背對著我，面向窗子。「而且我不知道還能不能再跟他們見面。」

他爸媽會在兩星期後來到。自從我們五年前首次碰面，我大概每年跟他們見一次面。我們的互動，就像遠親每年一聚：說些客套話，互相擁抱，一整天微笑相待，同桌共餐而不大碰觸到更深入的感情。我已接受現實，相信一輩子跟他爸媽不會太親近。光是讓另一人進入你的人生，就足以令你終生面對一個重大難關。我從來不曾想像他們來到洛杉磯，親眼看著我們怎樣生活。癌症改變了一切。

他們到達的那個早上，我把房子準備妥當，薩羅就在家裡休息，什麼都不能做，因為他仍然病重。但他還不至於無力掩飾自己的焦慮，又或無力指揮我做些什麼。

「妳到店裡買東西了嗎？」正躺在床上休息的他向我喊道，他身旁有一些書，還有兩份義大利文的《共和報》，讓他有點事做。

「去過了。」我從大廳另一邊的客房回答說，我正在那兒把床鋪好，準備好他們要用的毛巾。

「妳有買熨斗嗎？」

「什麼？熨斗？要做什麼？我不燙衣服的。」我說著，走到我們臥室的門口，確保沒有聽錯，也好好看一下這位丈夫，他竟然說我們家突然需要一個熨斗。

「對，熨斗，我媽媽要燙衣服。」

「真的嗎？薩羅，你要我出去，不管其他一切，首先買個熨斗？當真？」

「滕碧，她在我們家裡要有點事做。她不能開車，不懂英文，因此也不能看電視。她會想做做家務消磨時間，她想燙燙衣服。」

「就這他媽的原因，」我心想。「好的，薩羅，我打掃完再拿了你的止吐藥之後，經過五金行就買個熨斗。需要特定型號的熨斗嗎？」我問道，一肚子的氣都爆發了出來。

「別這樣。妳知道如果我做得來會自己做，我就是從他媽的這張床上起來也要妳幫忙。我只是想一切盡可能順順利利，爸媽需要我們小心照顧，我希望這段時間順利度過。」

我知道他是對的，我也想他平安舒服過日子，這是他應有的對待。應該讓他好好跟父母相聚，因為他現在生死交關。

我們到洛杉磯國際機場接機。薩羅媽媽流著淚向他問好，他爸爸在他兩頰上各吻了一下。他們首次見到了化療和手術過後的兒子，對他面容上的改變大吃一驚。

當我們駛過了洛杉磯西區，經過了市中心進入好萊塢，向我們家駛去，他爸媽一路看著市內的燈光、無盡的車流、不同風格的建築、到處可見的廣告招牌——其中一個正展示著洛杉磯的偶像安吉琳（Angelyne）。這是廣大無邊的城市景觀。薩羅的媽媽在後座抓緊她的錢包。

「可是城中區在哪裡？」薩羅的爸爸問道，從副駕駛座那邊望出去。

「沒有城中區，」我用義大利文回答：「這是一個去中心化的美國城市。」我不曉得他知不知道這是什麼意思，我滿不在乎。

「就是只有很多小社區，」薩羅用方言說，毫不費力地把我的粗魯態度掩飾過去。

我聽到他媽媽在後座發出一聲嘆息，可以看出她十分憂傷。這一切對她來說都是全新的經驗：這趟行程、這座城市、四周的環境。她對薩羅的憂心實在太大了。

四十五分鐘後，車子在我們家停下。我轉身向薩羅說：「給他們引路。」然後我獨自坐在車上，我需要時間消化正發生的一切。在車廂的一片寧靜中，我掉下了眼淚，我哭了起來是因為人生逼著我做的事令我承擔不來，精疲力竭。愛要求我付出的，超乎了我的能力。當薩羅和我感到那麼脆弱的這一刻，還要跟公公婆婆相處一個月遠超乎我能承受的，我想跑掉，找回自己的人生。可最後我還是擦乾了臉，深深吸了一口氣，然後打開車門。

當我走進屋裡跟古洛這一家人會合，我首先看見克羅琪和朱塞佩在房子裡走來走去，摸一下樓梯的扶手，打開冰箱，看看中庭的噴泉。朱塞佩敲了敲通往樓上樓梯的銅管扶手，也把頭伸進乾衣機裡看。克羅琪脫掉鞋子，讓她穿長襪的雙腳踏在地毯上。

當我把他們帶到樓上的客房，可以察覺他們顯然十分自豪。不是因為這棟房子特別大又或相當氣派；也不是他們所睡的床沒有床框；或者來自宜家家居（Ikea）的茶几。因為這是他們兒子的家，他身為移民能擁有這樣一棟房子，而且這個國家，曾經他們認為難以居留的。

當我建議他們在超過二十四小時的旅途後應該休息一下，他們突然止步不前。

「我們帶了食物來，」他們異口同聲說：「要拿出來放好。」

幾分鐘之後，他們就在樓上走廊把帶來的三個旅行箱打開了兩個，開始爭論該用帶來的什麼新鮮食材來做晚餐。

然後朱塞佩脫下他自製的腰間錢包，那是克羅琪用細薄棉布加工縫補過的舊背心，加上了可以束緊的繩子。我看見裡面有一疊歐元鈔票，足夠一個月花費。這些錢來自他們多年的農穫、多年的儲蓄，他小心翼翼把錢包拿出來，擱在地板上，這樣就可以方便彎腰把食物拿出來。然後他走到樓下，薩羅還在那裡等著，因為他不能在沒有人協助下走上樓梯。

「把食物給我。」薩羅向他媽媽嚷道。

克羅琪握著扶手走上走下，把食物一一遞給薩羅：茄子、冬季的刺苞菜薊、一串編成辮子般的大蒜，還有用來種的朝鮮薊球、多瓶番茄醬、一罐兩加侖橄欖油、多瓶醃朝鮮薊心、一小輪乳酪、乾牛至，再加上一個個放滿了洋甘菊花的塑膠袋，連著梗的花一串串綑起來。

這一刻我領會到有關他們的兩件事。第一，我的公公婆婆完全不曉得把生鮮農產品帶進美國是不合法的。望著一整個旅行箱塞滿了直接來自西西里農田的食物，我十分震驚。他們怎麼帶著這些蒜球、冬令蔬菜和乳酪通過海關，我永遠也搞不清。第二，他們對美國的雜貨店沒有信心，認為出國就要帶著自己認識的東西：好的橄欖油、番茄醬、甜酸茄子、他們親手栽種的大蒜。

我在旁幫忙把剩下來的東西帶下去給薩羅，我以為他會跟我一起取笑這是多荒唐。看見我挖苦的笑容，他卻表現出如假包換的興奮。「太好了！我們做義大利麵好嗎？」他用義大利文說。

這時快晚上十點了。

半小時後，薩羅跟他爸爸在客廳聊天，我就帶著我的婆婆參觀家中狹小的廚房。我把帶著根的刺苞菜薊塞進蔬菜保鮮盒，裡面還有我的加州壽司卷。

那一晚她就開始做菜，接下來整個月沒停過。屋子裡總是瀰漫著煨燉、煸炒和煎炸的氣味。廚房重新響起了盤子相碰、火爐啟動、烤箱門開關的熟悉聲音。克羅琪看來樂此不疲，她每天的生活也有了目標。

我們透過衛星電視給朱塞佩找來一些義大利文頻道，當他沒有在電視螢幕前向當時的總理貝魯斯柯尼（Silvio Berlusconi）大叫大嚷，我就要負責帶他去家得保（Home Depot）家居五金連鎖店消遣一番。他在貨架之間來去，對於貨色選擇之多驚嘆不已，那是美國物質生活過剩的表現。他要我為他翻譯所見的一切，從電鑽到排水管又至紗門。

一星期後，很明顯地我要為朱塞佩的麵包跑腿，我每天開車送他到店裡買麵包，經過一星期每天兩次送他往返——就像他在西西里每天往麵包店跑兩趟，我真的精疲力竭了。在家裡我有一位丈夫經常要去看醫生，還在服用強力藥物修復他的免疫系統並促進骨骼生長，再重新開始接受化療。現在我身旁還有不會開車、不說英文的公公婆婆，他們對博物館或餐廳、零售店興趣缺缺，他們只想跟兒子在一起。他們要吃麵包，他們要確保自己的愛能守護著罹癌的兒子。

一天晚上，當克羅琪和我在打掃廚房，薩羅在休息，他爸爸在看電視，克羅琪問我說：「醫生怎麼說？」她聲音粗啞，充滿了壓抑的感情。

「他們沒有最終的答案，但是到目前他反應良好。有些人很多年都不會復發。」我回應說。

「可是如果復發呢？」她問道，她改用西西里話而不說義大利文。我討厭這個問題。

要回答它，我就要把最壞的可能性揭示出來。

「我不曉得。」我用義大利文回答。

「如果有孩子的話，薩羅就有更強的理由活下去。」克羅琪把嗓子壓得低低地說。我幾乎把正在擦乾的盤子掉到地上，震驚不已。她的話像一拳擊中我的要害，心想：「豈有此理！她懂什麼？」我們正在為性命搏鬥，我們也為未來能有孩子保留了可能性。但是我找不到所需的詞語、精力和意願去表達這一切。即使在這刻，我也知道這番出自滿心關切的西西里母親的話，並不是對我作為女人、作為妻子的指責，可是它仍然使我覺得自己虧欠了薩羅。我想哭，想尖叫，我更想她和朱塞佩在我眼前消失。我把盤子留在流理臺上，跑到樓上我的房間，關上門，爬上床，不跟任何人說一句話，直到次日早上。

他們待了八天後，我到了承受的極限。薩羅和我各自因不同原因而疲累不堪，我們的互動也陷入緊張關係。我因為接待客人和扶助身邊人而累透了，有一種微妙、有所欠缺的感覺，因為我不是一個有孩子的妻子，也沒有像克羅琪那樣為丈夫燙平內衣褲。薩羅要不斷向父母保證他安然無恙，在感情上也極為疲憊了。

「我們要離開這裡去休斯頓，不然我要發瘋了。」我們那一晚躺在床上時我這樣說。他的身體很柔軟，顯然很虛弱。即使他的手，這雙曾在餐盤上創造魔術的手，也同樣柔軟。試著理解這是什麼一回事，令我每個細胞都恐懼莫名。我沒有跟薩羅提到他媽媽那番有關孩子的評語，我也立定了主意永遠不提這件事。這不會帶來任何好處。「我要去見我的父母。我不能在聖誕日早上面對這一切。」我指著他床頭櫃上的藥物和牆角的拐杖，但我所指的也包括他的父母。

「好，親愛的。如果妳要去休斯頓，我們就去吧。」他彎身過來吻我。然後他把我拉近。「我們會順順利利的，一切會順順利利。」他說。他希望真的如此，他需要信以為真。

我們都沒有說出來，但我相信，我們的討論隱含著一種渴望，希望雙方的家人首次見面。我相信我們都在擔心恐怕沒有另一次機會了。

休斯頓之行把一些重要時刻結合起來，在照片中捕捉了下來，幫助我記得他患病之初的日子，當時我是那麼精疲力竭，深受打擊，難以抓住記憶。我記得帶著薩羅的爸媽去墨西哥灣沿岸觀光，朱塞佩這輩子第一次拋竿釣魚，他們拿起我的叔叔菲德列（Frederick）在一九七六年奧運會贏得的田徑金牌不禁頭昏目眩。我的爸爸帶他們去看休斯頓德州人球隊的美式足球賽，朱塞佩在啦啦隊出場時揮動三角旗。我還有一個一閃而過的記憶，記得薩羅的媽媽排隊吃自助餐時盯著一個個托盤上的烤肉在搖頭，這一幕記憶最為清晰，因為事情就發生在我們兩家人剛要坐下來首次共進晚餐的一刻。我們圍坐在我嬸嬸朗達（Rhonda）家裡一張共食大桌前，克羅琪迷惑不已地說道：「我不明白為什麼美國人把那麼多食物堆在一個盤子上。」

「我不知道是否所有美國人都這樣，但德州人就是這樣。」我笑著回答，很高興跟我的家人坐在一起用餐。

一大托盤的烤豬肋排在餐桌上傳開。「媽，」薩羅說：「妳不用全部吃光。」然後他拿了一塊肋排，我爸爸給他遞上一杯茶。桌子上放滿了讓人身心靈飽足的美國南方食物，它滋養我的家人，我們也藉此獲得文化認同，我的家人總是樂於與人分享這些食物。

「我會嘗嘗。」她說，然後偷偷把那塊肉拿起混進朱塞佩的盤子裡，坐在他身旁的朱塞佩就忙著用西西里話對我叔叔說話。叔叔望著我期待我為他翻譯。朱塞佩是在問養一頭牲畜要多少的土地，這個話題出奇地跟我叔叔的老本行不謀而合——他是名牧場主人。

克羅琪靜靜地坐著觀察房間裡的一舉一動，察看著桌子前的臉孔，注視著各人的姿態，還有他們怎樣以一種遠在她故鄉以外的外語溝通互動，但大部分時間她還是在看著自己的兒子。自從她來到我們家，我就注意到她經常久久地望著他。我猜想她在試著觀察他身體上的變化：體重減輕、頭髮變得稀疏、要拄拐杖走路。可是在休斯頓這張餐桌前，她投向他的目光是不一樣的。終於吃完了馬鈴薯沙拉在等著喝桃子酷伯樂（cobbler）的時候，她把心底話說出來了。當時我妹妹坐在她另一旁，她轉過去說出了長長的一句義大利文。

妹妹向桌子對面的我尋求翻譯。我花了好一陣子才能說出話來。我的目光回到克羅琪臉上，一邊翻譯一邊凝視著她。

「她說：『我不曉得我的兒子擁有這一切——在這裡能有這樣的人生，這麼多的愛。』」

她首次體會到，薩羅在外國建立起人生。他人生裡有這樣一個家庭，把他當作家中一員。我從她的眼神看到她如釋重負。

我坐在那裡所見的，不光是每個人在分享食物，還在分享著大家的夢想、抱負、經歷。我能看到目前這番危難、這個惡疾的幽靈，如何改變我們的人生，攸關重要的事已經改變。從佛羅倫斯的婚禮到今天，我們走了很長一段路，那時我們這個大家庭的一半成員，出於種族隔閡和恐懼不能前來，只能透過傳真電文傳來訊息。在這次休斯頓之行，我們首次不必擔心雙方家庭共處一室會有什麼問題。

我曾在什麼地方讀過，婚禮不光代表兩個人的結合，還象徵了兩個家庭融為一體。

這沒有在我們的婚禮中實現，然而一種罕見的癌症卻讓兩個很不一樣的家庭聚首在一起。

# 瑞可塔乳酪

「古洛家回來了。」奶奶說，她用家族的姓氏來稱呼我們，把我們全包括在內。她以前不曾這麼做。她戴著四十多年來一直戴著的那對耳環，脖子上也掛著同樣的項鏈，上面那個木十字架是她的修女妹妹卡美拉（Carmela）從梵蒂岡帶回來給她的。她從大門前的長凳站起來。當她伸手搭在我的肩膀上，我注意到她手上戴著的婚戒依然緊貼合身。

我報以微笑，伸出雙臂給她一個美式擁抱。我們每年一度的來訪踏入第二年了。葛蘭西路上的寡婦和有夫之婦再次圍在我們車子四周，她們如常異口同聲地送上問候，還上上下下打量著我們：「佐拉長高了。」「妳的頭髮長了。」「妳看起來很累。」「妳看來營養很充足。」「妳需要休息。」

剛見面時的問候，總是有關我們外貌上的變化，這是西西里人的習慣。「營養充足」表示吃得飽足。我的確從去年夏天以來恢復了一點體重，佐拉也長高到我的胸前，她初發育的胸脯也微微隆起。尚幸她們沒提到這一點。

不到一鐘頭，我們就在餐桌前坐下來，準備享用一年來我們首次同桌吃的一頓飯。奶奶把一杓小扁豆手指麵舀到一個義大利麵淺碗裡，裡面有乳酪，混入了大顆、烏黑的胡椒子。它們使我想起了小小的黑眼豆，混在大量綿羊乳酪裡，我向來很喜愛這種羊奶做的乳酪，它的外皮鹹得那麼有滋味，能令我的味蕾馬上甦醒，它還帶有西西里的所有特徵，強烈而誘人。奶奶把它切成楔子狀，像小塊的牛排。

時間像不曾流動。我的座位還在老地方，奶奶坐在最靠近爐子的一邊，不用站起來就可以把食物送到我們面前。佐拉撲通地坐到了我的左邊。一口吃下去，我的心就放鬆了，壓力消除了。洛杉磯開始被擱置一旁，我實實在在地進入了另一時空。

「吃吧。」奶奶對佐拉說，經過了二十六小時旅程，佐拉看來是疲累多於飢餓。我再從碗裡舀起一口，吃下去的是運氣、命運和哀傷，盡在於此。然後我從桌子上那堆粗切麵包抓起一片。

「妳還好嗎？」我問道。我知道奶奶正看著我，看看我有沒有因為置身於她家，吃著她做的菜而恢復過來，重新振作起來。

「就像上帝的意旨一樣，不多不少完全一樣。」她說，聳聳肩，同時伸手去拿堆疊在一尊聖母像下的餐巾。

過去一年，我得聞鎮裡的種種消息，包括誰病倒了，誰出生了。我也聽到了諸多爭議的地方選舉的詳盡報告，據說奶奶拒絕去投票，因為兩個堂兄弟互不相讓爭取同一公職。我知道她血壓高，有糖尿病，肩膀有神經痛。我知道我的外甥女很勤奮好學，弗蘭卡和柯西莫仍在不穩的工作崗位上苦幹，生活上沒有什麼餘裕，更不要說奢侈享受了。我啟程前才幾天，奶奶還談到島上部分地區延燒的野火。

我轉過去面對佐拉，她才吃了幾口，正想從餐桌上起身，去客廳坐下來看義大利的電視肥皂劇，那是她沒事可做時最愛的消遣。我還來不及制止她，奶奶就先我一步。

「吃吧，佐拉，寶貝。妳要多吃才能長大。」奶奶用懇求的口吻說。她很想看到自己的孫女在餐桌上吃個痛快，她把另一塊乳酪放在佐拉的盤子上。

「佐拉，奶奶很高興看見我們回來。」我用義大利文跟她說，希望我們三人能以共同語言展開對話。

「我知道，我聽到了。」她用英文回應，然後她站起來走到隔壁的客廳。

「嗯，妳想告訴她妳在這裡的感覺嗎？」我追問。

「當然。」她撲通一下坐到沙發上，開始把鞋子脫掉，眼睛一直盯著電視。這個八歲小孩相當於新一代十八歲的人了。

「好的，妳為什麼不過來親口跟奶奶說？或者再摟她一下。」我突然改用英文，無法令語氣聽起來輕鬆自在。

奶奶感覺到有些什麼不妥。

「我最小的小寶貝，我知道她有多開心，從她臉上就看得出來，也看得出她吃這頓午餐吃得很開心。」她說的「我最小的小寶貝」是西西里話，親切感顯露無遺，我突然間幾乎眼淚直流。我仍然是這麼哀傷，她的溫婉令一切哀傷傾注而出。我們三人年齡不同，語言各異，試著達成成功的互動。一句小寶貝意義非凡。

佐拉滿面笑容走回廚房，在奶奶頰上吻了一下，然後單腳一踮轉過身去，便又跑了出去。

「赤著腳像個吉普賽人，」奶奶笑著用親切的口吻談著佐拉：「隨她好了。」

佐拉跑進另一個房間後，轉身過來用英文跟我說：「媽咪……為什麼奶奶家的牆上沒有妳和爸爸的結婚照？」

這是我完全沒料想到的，但這個八歲小孩，每過一天都用不同的眼光來看世界。我首次意識到我最終要回答這個問題，但現在還不是時候。

奶奶和我開始收拾桌子，我小心翼翼回應：「這裡沒掛我們的結婚照，但有很多我們的其他照片。」她沒有追問下去。

她年紀還小，我還不能跟她細談，一些家庭裡可能由於某些原因不能接受孩子的所愛。我不想在她和她祖母之間造成任何芥蒂。一個完整的答案先要把背景弄清楚，而要提供這個背景，就要把遙遠的過去剖開來檢視一番。

終有一天我要把目前不能說的清楚說出來：我們這個家庭跌跌撞撞地試著走到一起，在寬恕的過程中有些事是令人難堪的。我會跟她談到愛的追求，人類改變遷善的潛能，還有在海邊一家旅館花園裡的團聚。我會試著說明在人生中需要不斷修補和重建關係；她爸爸的病怎樣把我們拉得更近；還有她的出生怎樣改變了一切。

她會記得前來探望奶奶是她童年生活的一部分。她出生六個月後就開始前來探望她的奶奶和她口中所說的「胡椒爺爺」。她跟他們的關係只可見於一閃即逝的瞬間，隱藏於蔓藤般的連結中。就像她四歲那年的夏天，每個下午坐在爺爺大腿上，殊不知那就是他最後一個夏天了。肺癌突然迅猛來襲，他病得無法跟她一起外出散步，於是她在他臉上吹肥皂泡，在他脖子上呵癢讓他發笑，他們混在空氣中的笑聲，令薩羅哭了起來。那時，他跟癌症的搏鬥進入第六年，他知道那是他能見到他父親的最後一個夏天。那個夏天，奶奶看著自己的兒子和丈夫正從世界溜走，都是因為癌症這種惡疾，她因此變得虛弱不堪，心焦如焚頭痛欲裂。朱塞佩死後，她穿上黑色的守寡服，按照傳統將一直穿至終老。它讓社區裡的人想到她失去了什麼，看到她把哀傷帶在身上；它讓她在眾人之間扮演一個角色，承載著死者的故事和記憶。有一天我要把這一切告訴佐拉，告訴她我們這個家庭的故事，它的開頭沒有預告結局，時間會原諒一切。

她所知的只是爺爺奶奶對她的愛，他們張開雙臂歡迎她，就因為她是他們獨子的愛女。在此之前發生的一切，就如我自己的祖母說，只不過是「讓我們走到這裡的路」。

這一刻我清楚看到，奶奶和我站在這條路的末端，正開始踏上另一條路的起點。

佐拉繼續看電視，看來對我那個模稜兩可的答案感到滿意。奶奶把最後一個盤子擦乾，把準備要煮的餐後濃咖啡放到爐子上。我的注意力回到桌上的乳酪，吃下這塊既軟糯又扎實的乳酪的最後一口。奶奶正把摩卡壺（moka macchinetta）的上半部旋緊，看見了我這個動作。

「這是從廣場對面那家小吃店的乳酪師傅買回來的，是她和她丈夫做的。她有一個女兒年紀跟佐拉差不多。」她說。

我一直為佐拉在阿利米努薩尋找社交機會，在這一刻尤其可以肯定，讓她跟年齡相若的孩子互動是促使她融入這個地方的唯一辦法，讓她有機會說她懂得的義大利文，能夠出乎意料地帶來歡樂，讓她的內心感情自然流露。她的堂姐羅拉和玖絲（Giusy）比她大許多，快要讀完高中，正要上大學了。

「佐拉，妳想跟乳酪師傅的女兒見見面嗎？」我用義大利文問她，同時從那堆麵包再抽出一片，放上乳酪，然後遞給她。「我們可以嘗嘗她店裡的所有東西。」

「不大想去。」她說。對於我嘗試擴大她朋友圈的努力冷漠以對。

「為什麼？」

「就是不想去。」她聳了聳肩，這表示她對眼前以外的事沒有任何興趣。

「可是我會陪妳一起去，也許還可以找羅莎利亞一起去。」

我在努力嘗試，這也是我在洛杉磯一直試著做的事。在家裡我竭盡全力讓她維持活躍的社交生活。我們單獨在家裡，只有兩個人，這是我們度日如年的最大原因。在一整天忙著試鏡、做飯、洗衣和安排共乘車之後，我罕有剩餘精力跟她一起消磨時光，只能跟她坐在一起，蜷曲著身體一起看電視。我們只能緬懷往日，想起薩羅彈吉他，她就放聲大唱艾瑞莎・弗蘭克林（Aretha Franklin）的〈尊重〉（Respect）。如今我和她只能老在看《大廚斷頭臺》（*Chopped*）和《美國好聲音》（*The Voice*），一起走路去吃冰淇淋，就是大部分週末外出的重要節目。我知道她的需要不止於此，因此我的電子信箱和手機簡訊裡總有七八條訊息，跟其他孩子的媽媽交流，試著協調大家的時程、搜尋活動、討論飲食的選項。為孩子做社交規劃令人精疲力竭。跟朋友混在一起，總好過完全倚靠我這個哀傷的母親。我知道如果我不在她的社交上加把勁，我和她都可能被哀愁和惰性吞沒；更壞的是，她可成會成為現代版的《玻璃動物園》（*The Glass Menagerie*）裡那個與外界隔絕的蘿拉（Laura）。在西西里，這就比較容易了。每個孩子都吃義大利麵；吃東西沒有不含麩質的禁忌；如果要玩耍，跑到屋外就行了。她可以自由自在跟朋友到處走，到鎮裡的小吃店買冰淇淋也不用害怕迷路。在洛杉磯，即使我不是一個凡事必管的家長，任何時候她的任何行動也必須先讓我知道。在這裡她可以依循著自己的好奇心和興趣隨意漫遊。我為她感到興奮，我也立定主意我們要嘗試做乳酪。

後來，當奶奶和我在廚房裡啜飲著濃咖啡，我吩咐佐拉把桌布拿到街上抖乾淨。然後我走過四棟房子到羅莎利亞祖母賈柯瑪的家裡，問問羅莎利亞哪裡去了。不到十分鐘，她就出現在奶奶的廚房，我們做好準備，打算去乳酪店逛一趟。

兩天後，羅莎利亞、佐拉和我在傍晚六點半走進多納泰拉（Donatella）的乳酪店。我一眼就看出它跟我在洛杉磯最喜愛的、時髦人士經常出入的乳酪供應商銀湖起司店（Silver Lake Cheese Shop）截然不同。它不像那些時髦零售店，裡面放試吃的桌子，博士（Bose）音響揚聲器在播放著爵士樂。我走進去的第一刻就知道這是真實不過的一家商店。當我從街上踏到店裡的瓷磚地板上，就看見房間裡左手邊有一個用來製作乳酪的不鏽鋼巨鍋。零售是次要的，一如所料，店裡只有一個狹小的玻璃展示櫃，放著兩輪中型乳酪，這個櫃子還沒有照明，櫃檯前也沒有人看管。牆上的月曆是去年的，店裡燈光暗淡。顯然這裡的乳酪都是趕快做完匆匆賣掉，它不需要像在《ELLE雜誌》上所見的亮著銅鏽綠的展示盤，又或約翰・柯川（John Coltrane）的爵士樂。

奶奶告訴我不要在傍晚六點之前到店裡去。她解釋，多納泰拉清晨四點起床。他們從鎮裡的田野把羊群趕到下面的山谷，讓牠們沿著奔向海邊的溪流吃草。然後他們把羊集合起來，擠羊奶，再把羊奶送到市場。在午間較早時分，他們把羊奶送回鎮裡，下午和晚上就會製作乳酪。星期三他們會做新鮮的瑞可塔（ricotta）乳酪。鎮裡的家庭前一天先預訂，第二天晚上七點左右可以拿到仍然暖烘烘的現製乳酪，正好供晚餐享用。這天不是星期三，因此奶奶不確定我能否在店裡碰到多納泰拉。他們就住在乳酪店樓上的房子。奶奶說如果店裡沒有人就在街上叫喚樓上的人，這種舊世界令人神往的處事方式，對我這個美國人來說就有點任意強求的意味了，因為我和多納泰拉從未謀面。

奶奶又告訴我，多納泰拉和她的丈夫移居阿利米努薩前，曾在市集裡販售他們自己做的乳酪。多納泰拉認為自學做乳酪的技藝是聰明做法，因為她嫁進一個牧人家庭。反之，如果把賣不掉的奶浪費掉，又或更壞地賤賣給其他人做成乳酪，讓他們賺得的利潤遠多於自己，那就太愚蠢了。我對多納泰拉知道得愈多，就愈想見見這位對味覺別有一番想像的乳酪女師傅。

佐拉和羅莎利亞在店裡一角輪流試著坐到一個老酒桶上，嘻嘻哈哈地玩著。我樂於見到佐拉毫不費力地笑了起來，我想把更多這樣的時刻集合起來。我願意滿足羅莎利亞的任何願望，以獎勵她給我的女兒帶來歡樂。她也讓佐拉願意說義大利文，我自己這方面的努力，自從薩羅過世後都不大成功。在等候多納泰拉的時候我好一陣子看著她們互動，然後我問羅莎利亞她知不知道哪兒可以找到那位乳酪師傅。

羅莎利亞成為了我的小小情報員。在過往的夏天，當我對鎮裡各種瑣事的時間地點不大能夠確定，就會向她打聽。她提醒我彌撒什麼時候結束，告訴我麵包店什麼時候打烊，也告訴我如果要讓佐拉看到每天最後一頭在鎮裡走過的驢子，就該走到哪條街上。她的紅框眼鏡和一頭厚厚的黑髮，讓我想到她是兒童版的某位公共電臺主持人，她沙啞的嗓子馬上哄得我對她的一切著了迷。

「我們可以按她的門鈴，她可能在樓上。」她用西西里話跟我說。我還來不及回應，她就和佐拉一起走出了門外。

我獨自站在多納泰拉的乳酪店裡，沉重的打擊不知從何而來，突然間我又想起了薩羅。在阿利米努薩就是會出現這樣的情況：一天裡一路下來，我碰上什麼人，看見他們的臉，就會想起薩羅已然不在。那種突如其來的失落感是那麼強烈，霎時間我內心搖擺不定。此刻我感覺到他的不在，因為一個小孩帶著我們的女兒到門外按門鈴，叫喚一個我素未謀面的女人，而這就是這裡的處事方式。一直以來也都是這麼做。薩羅就一直相信這樣訴諸直覺，勝過美國人的做法。西西里沒有什麼大事發生，因為他們安排一切是那麼靈巧；一切都是即興的——在一刻的促動下發生。關鍵在於當機會出現時，你正好在那個地方，突然間那看來就是世間最明顯的事了。薩羅會很高興看到佐拉在一個陌生人的門前敲門，而片刻之後我就可能請求那位陌生人讓我們幫她一起製作乳酪。薩羅一直希望我能愛上西西里這種交往方式。

我想起了他總是如何談到這座島嶼：「你嘗過的愈多，想要的就愈多。」我坐到那個酒桶上，讓我的骨頭不用承擔整個人的體重。

羅莎利亞回來了，多納泰拉緊隨在後。我們目光相遇的一刻，我就從酒桶跳了下來。她是一個近四十歲體型結實的女人，雙頰緋紅，蘑菇型的短髮斜斜垂落到脖子。夏日的熱氣令她一臉通紅。她還圍著圍裙，表示當佐拉和羅莎利亞呼喚她時正在做家務。

我伸出手。「我是克羅琪的媳婦，」我用義大利文說，目光往她臉上掃射，看看能不能認出什麼，卻一無所獲。「我的丈夫是薩羅，我們住在美國加州。」我在提出身分特徵，讓她知道我不是完全的陌生人。

「我聽說過。薩羅的妻子。我從沒見過他，但是我認識妳婆婆。」她在圍裙上把手擦了一下，才伸過來跟我握手。她差不多是比奶奶年輕兩世代的人；她說起義大利文毫不費力，即使有一點西西里口音。她像其他同年齡或更年輕的人，不光在學校裡學習義大利文，成長過程中也在電視上一直在聽義大利文。如今年輕一代在鼓勵下才會說西西里話，因為他們認為那是一種次等語言。青少年有時會鬧著玩地取笑他們祖父母所說的一種更古老的方言，這種複雜、漂亮的口語，一代一代正逐漸消亡。

我移動一下腳步，點了點頭。當然，我也許是方圓三十哩內唯一的美國黑人女人，佐拉和我不需要任何介紹。

「請節哀，」她問候說：「謝謝光臨，太好了。克羅琪大嬸一定很高興。」「大嬸」是西西里人對年長女性的尊稱。「有什麼能幫忙的？」

「我想買些乳酪或下訂單。我還想知道妳哪天會在店裡做乳酪？」多納泰拉聽了露出驚奇的眼光。「我的女兒佐拉從沒見過別人做乳酪，她想知道她愛吃的這種食物是怎樣來的。」在房間另一邊，佐拉聽到自己的名字就豎起了耳朵。

「好，沒問題。妳要哪種乳酪？我只要知道分量和味道就行。」

「我會在這裡吃一些，到了月底回洛杉磯時把它帶回去。」小輪可帶著走的就行。」

「兩公斤可以嗎？」她問道，走到展示櫃從塵封的收銀機下拿出小筆記本。

「可以。」我說，不大確定兩公斤有多大，但相信她最清楚。

她在那個小本子上寫了筆記，然後向我望過來，再望向佐拉和羅莎利亞。

「妳確定妳要做乳酪嗎？大部分人不想他們的孩子做這種事弄得髒髒的。他們想餐桌上有乳酪，對它怎樣做出來卻沒多大興趣。」她用狐疑的眼光看著我。

「我住在洛杉磯，家附近沒有乳酪師傅。薩羅會很高興看到我們做乳酪。我可以替她們把衣服洗乾淨。」

多納泰拉點了點頭。「那就這樣好了。」她看來對站在她眼前的這個美國女人還算有好感又或有點好奇。

畢竟我是個來訪的人，不是要照顧一個家，要為丈夫和孩子做飯的一個本地女人。我有時間去探究有興趣的事物，其他女人面對這些東西只盼有人代勞。

「嗯，我這是美國人的好奇心。」我說，這句說笑的話我懷疑根本含糊不清，一出口時就已經在我腦袋裡經翻譯而詞不達意了。「我們該哪天來？」

我們約定了兩天後下午稍晚時分。她會做新鮮的瑞可塔乳酪。佐拉會做一大塊帶回去給奶奶。我們會做幾個小輪的鹽醃綿羊乳酪，在她店裡熟化。這一番工夫看來十分刺激、富教育意義，我也滿心期盼著品嘗美味。

「我們會帶圍裙來。」我跟多納泰拉說，一邊說著，佐拉、羅莎利亞和我就走到街上，站在午後的陽光之下。主街在下午稍晚時分已活了起來。我們向一群老人揮手招呼，他們在晚餐前聚到一起玩紙牌遊戲，或在小吃店前方，或在教堂旁邊的廣場。他們都因在田裡工作而帶著古銅色的臉，身上穿的是漿過的襯衫，頭戴破舊的鴨舌帽，對西西里以外的人來說，這種當地的傳統帽子令人想起黑手黨。再一次，我想起了薩羅，想起他有次告訴我，他爸爸曾在冬天為了保暖把報紙塞進帽子頂端。這細節讓我對朱塞佩多了一份親切感。

到了約定那天，當我站到店裡，多納泰拉教導我說，製作新鮮瑞可塔乳酪有兩個關鍵時刻：第一，當你把羊奶倒進去拌勻待它凝結；第二，當你把剛凝結的乳酪放進棉布篩子讓它成型。在這兩個關鍵時刻，乳酪和所花的時間可能全都浪費掉。更不要說你辜負了讓你擠出奶來的那些動物，牠們的慷慨付出原可以讓你做一盤盤好菜，像瑞可塔蘑菇細扁麵（linguine）和瑞可塔檸檬羅勒螺旋麵。

兩個女孩開始在多納泰拉的店裡做瑞可塔了，這是深植於西西里廚藝傳統的一種技藝，這時我無法掙脫對薩羅的另一波思念。在暗淡的燈光下，我看著佐拉一雙手拿著一根大木杓，把那個巨大不鏽鋼工業用攪拌器裡的瑞可塔拌勻。她具備薩羅的專注力和精準度。我們身後敞開的窗子傳進拖拉機駛過和教堂大鐘響起的聲音。我要把丈夫找回來。

「我們做的這塊乳酪需要多天時間鹽醃，還要一再擠壓，一再加鹽，讓水分釋放出來，然後在室溫下在裹著的布裡固定成型。」多納泰拉向佐拉和羅莎利亞解釋。她把三大杓液體舀到一個布滿篩孔的塑膠模子裡，然後擠了一次又一次，讓瑞可塔在模子裡成型。我看著多餘的液體排出來，流進房間中央地上的排水孔。

這時佐拉圍上長及腳跟的白色圍裙，用巨大的木杓攪動那一大鍋的奶，讓凝乳輕輕分解成粗粒狀，靜待乳清在下方沉澱下來，我看得著了迷。我體會到自己對乳酪製作的認識如何貧乏。我是那麼無知，以為只要攪一下倒出來就行了。我一直倚賴著多納泰拉的指引和肯定，確保一切正確無誤。我突然間滿有信心的認定這些乳酪一定做得很好，佐拉會對親手做的乳酪非常自豪。我往後站拍起照片來。

「爸爸在這裡看到妳一定很高興。」我用英文跟佐拉說。我知道，他看著佐拉一雙小手臂用盡全力在攪著，必定十分自豪。

然後我想到了「瑞可塔」這個詞語的詞源。在義大利文裡，它表示「再煮過」。製作過程裡要把乳清再煮一次，正是這個步驟讓它變得那麼獨特，賦予它味道上的特色，也給了它這個名字。

我繼續看著兩個女孩輪流攪拌，然後把凝乳倒進篩子裡過濾，拿著工具輕輕擠壓將剛出爐還暖烘烘的乳酪濾清。我不禁感覺到，我也在被攪拌、模塑，然後再度成型。這是悲傷的蛻變。如今已越過了一年的標記，我開始把人生沒有必要的部分濾掉。活著，就是把我人生裡的凝乳跟乳清區分開來。我開始理解，製作乳酪——尤其製作一輪鹽醃綿羊乳酪，跟面對悲傷有很多相似的地方。你要付出時間、勞力和專注力，還要把它擱下來一段時間。你要有一雙輕柔的手、堅強的意志。過程中有壓力，經歷鹽醃，有待凝固。

站在遠離家門的一家乳酪店裡，我體會到人生正在把我再煮一次，令我改變，就像在鍋裡凝結的奶在我女兒攪拌下會變成另一種東西，只不過我還不曉得自己會變成什麼。我只知道在地中海度過另一個夏天，在西西里一個山區小鎮製作乳酪，只不過是讓我改變的其中一種做法。我知道跟奶奶一起過日子，也是另一種做法。不管我是否公開承認，她是我重返此地的主要原因。

## 神父

在西西里的每一天，當奶奶清理餐桌，收拾剩下的義大利麵、手工乳酪、現烤麵包和自醃橄欖，她心中只有一個目標：轉換電視頻道，從佐拉最愛看的《馬泰歐先生》（*Don Matteo*）轉到她自己最愛看的《戀愛風暴》（*Tempesta d'Amore*），那是義大利文配音的德國肥皂劇。肥皂劇這東西，奶奶喜愛的是裡面總不乏談情說愛、背叛家人、珠胎暗結一類的情節，偶爾還有綁架，當然還有年輕愛侶對於應否婚前共赴巫山猶疑不決，再加上一些謊言，還有富麗堂皇的別墅和歐洲海岸勝景的鳥瞰鏡頭，就足以讓她安坐螢幕前了。

可是佐拉喜愛的電視節目只有一個——《馬泰歐先生》，這是一部說教式電視影集，主角是位屢破奇案的神父，他有雙銳利的藍眼睛，跟他所穿的黑袍形成強烈對比。在每一集故事裡，每當情節上有重大發展，這位神父就會從佐拉所說的「裙子」裡連忙拿出一部手機。這是《超感警探》（*The Mentalist*）和老派的《神探可倫坡》（*Columbo*）兩部美劇揉合起來的義大利版本。佐拉尤其被告解臺前的情景深深吸引。她特別喜愛馬泰歐先生暗中查案時一身牛仔褲和馬球衫的打扮。

「他看起來是歌手小賈斯汀（Justin Bieber）的爸爸。」一天我們吃完午餐時佐拉盯著電視機說。

正站在水槽前收拾碗盤的奶奶抬起頭來，把目光移向螢幕，她舌頭在牙齒後頭翻動著像母雞咯咯發響地說：「只有在北方神父才這樣到處跑。」

我看得出來，她對佐拉愛看的這個節目毫無好感，在《馬泰歐先生》快播映完畢的一刻，她已準備好把頻道轉去看她的肥皂劇。

「佐拉，為什麼不讓奶奶看她的節目，妳到樓上用 iPad 看電影不行嗎？」我用英文說。我成為了她們兩代人之間選擇電視節目的調停人。

「可是，媽咪，我想知道結局。」

「對，我知道。可是奶奶才給我們做了午餐，她收拾廚房時想看她的電視節目。我可以告訴妳它的結局怎樣……」我看過了很多這樣的節目，讀過了很多這類劇本，大概可以預知節目的結局。

「不，別告訴我！」她說，深恐我把劇情說出來。「我想自己看。」

「今天妳不能看，寶貝。也許明天妳可以在奶奶洗碗時，到對街艾瑪妞拉的房子去把一集的故事看完，但是妳今天到樓上看電影好了。」

住在對面街上的艾瑪妞拉是奶奶的堂姐妹。她正從最近的一次髖關節手術恢復過來，歡迎佐拉過去陪伴她。佐拉似乎對這樣的建議不知所措。她把椅子推回桌邊，瞟了我一眼把盤子遞給我，然後就到樓上去了。

「怎麼了？她為什麼上樓？」奶奶用西西里話問道。

「因為她想看一部電影。」我騙她說。

奶奶聳了聳肩，關掉水槽上還流著水的水龍頭，擦乾了手，伸手去拿電視遙控器。她轉到《戀愛風暴》，剛好快要播完片頭的字幕。

我幫她打掃，短暫走到外面，在正午的陽光下站在街道中央把桌布抖乾淨，要離大門遠一點，這樣食物的碎屑才不會引來螞蟻列隊走進屋來。

當我回到裡面把桌布摺起來放好，奶奶在廣告時段把電視的音量調低。她有其他的話要跟我說。

「來了一位深膚色的神父。」她說。這是過渡期裡在鎮裡待一下的神父。

我聚精會神聽著。我從來沒聽說阿利米努薩有任何有色人種，唯一例外是一個外來移民，每年兩次前來販售一些廉價小東西，像美國九十九分商店那種貨色，至於神父就更不用說了。

奶奶不大確定他來自哪裡，但根據她的描述，他是「非洲人」，我懷疑他可能是發展中國家的一位年輕神父，派到鎮裡來是為了符合神學院的修業要求。突然間我期望能見到他。一位非洲神父能領導阿利米努薩教區的居民，即使只是幾個星期，這種跨文化的體驗是我不能錯過的。

奶奶之前也曾提到他，當時是薩羅逝世一周年前後。復活節期間他曾在鎮裡待了一星期。如今在夏天當駐地神父的法蘭瑟斯柯神父（Padre Francesco）到北部休假幾個月，他就再到這裡來了。這位新的神父受到熱烈歡迎。大家都認為他「心地很好」。可是，他的義大利文不怎麼好。他在一次為已逝者舉行的彌撒中混淆了用字，原要對喪親者表示慰問，卻說成了衷心祝賀。

「現在我們要舉行一場婚禮，讓他可以給我們慰問。」奶奶譏諷地說。她喜愛好玩的玩笑，可是她的笑聲很快就停了下來，她現在關心更重要的事：教堂裡有一些新的隨身電扇。

跟義大利其他一些教堂不一樣，阿利米努薩的小教堂在夏天沒有大理石牆壁和高聳的拱頂讓室內涼爽，它很狹窄，都是石牆，還沒有窗。在夏天，午間彌撒就像蒸汽浴；到了冬天，彌撒就是鎮裡的最佳去處了，因為很少人家裡有中央暖氣系統。可是在這一刻，冬天還十分遙遠，現在正好是溽暑夏日。

「今天我要早點去望彌撒，」她宣稱，剛把她縫補過的衣服燙了一下。「昨天電扇都關了，我的衣服濕透了。」

教區裡的教友最近對於舉行彌撒期間要不要開電扇爭論不休。有人說電扇的風對他們的風濕病有不良影響，像奶奶的其他一些人就被標記為「愛風的人」。今天她帶了一個塑膠冰淇淋盒子的蓋子當作扇子，在彌撒前念《玫瑰經》到彌撒結束唱聖詠這一大段時間，就可以派上用場。

「彌撒後到教堂來，我想讓妳跟那位神父見面，」她說：「他人很好，我曾跟他提到妳。帶著佐拉一起來。」

當天下午稍晚，當奶奶正準備出門望彌撒，佐拉正在外頭跟羅莎利亞和吉內芙拉（Ginevra）玩耍，後者就是乳酪師傅的女兒。我問奶奶佐拉哪裡去了。奶奶就伸頭出窗外去問街道另一端的賈柯瑪，賈柯瑪又伸頭到門外喊著回答她會去問羅莎利亞的媽媽。十分鐘後佐拉就回家了。

我說服了她和羅莎利亞在彌撒快結束時跟我一起到教堂去。我告訴佐拉要確保頭髮整齊，穿上一件潔淨的襯衫。我們是代表奶奶，雖然她這一身自由自在的吉普賽打扮在洛杉磯銀湖區時髦圈裡完全沒有問題，但在西西里以孫女身分去見神父，還是需要比較正式的裝扮。我答應了事後讓她吃冰淇淋，獎勵她付出的努力。

當太陽開始往山谷另一邊的山巒落下去，然後在海面上消失，我們走進了教堂的祭衣間。教堂裡的教友開始從座席上起身魚貫走到外面。我們在教堂後方徘徊，在聖水池旁邊，兩臺電扇正全力開動。奶奶看見我們，叫我們走到前面去。一分鐘後，我們就在教區辦公室裡，跟那位非洲神父握手。

「幸會。」我說。

「幸會幸會。」他說。他的義大利文說來戰戰兢兢，還帶有一種奇特的口音，我卻說不出特別在哪裡。當我跟他握手，我感到暖暖的，置身一種開放的氛圍。我從他身上察覺到一種出乎意料的自豪感。他是深膚色的同胞。他是這個小鎮的精神領袖，儘管鎮民在文化上對他來說無異於外國人。他在崗位上用的是義大利文，他跨越了語言、地理、國族和種族上鴻溝。我能想像，我和他都認識到在義大利身為外國人或非義大利人的感覺是怎樣的；因為他肩負的使命以及其所需的親密接觸，他認識的也許比我來得多。我想暗地裡告訴他，他光是置身於阿利米努薩，就已經是在多方面推動著「上帝的事工」。可是我們不可能在短時間內聊得那麼深。

「在這兒碰上你實在太美妙了，」我說。我們後頭有些人在排隊了。有其他教區居民要對他提出特別請求，又或要私下跟他談一下。但他並沒有要匆匆結束我們的會面。

「妳從哪裡來？」他問道。

我察覺到他流露著好奇的目光。當我住在佛羅倫斯時碰上一些塞內加爾的新移民，也曾見過同樣的神情。我們是兩個散落世界各地的非洲人在此相遇，不管對方來自世界上哪個地方，這都馬上會喚起一種他鄉遇故知的感覺。

「我來自加州洛杉磯，」我回答。他露出驚奇的笑容，彷彿我提到一個充滿了夢幻和奇想的另類宇宙。我猜想他看過多少電影，裡面有棕櫚樹和穿比基尼的救生員這種加州風景。「你從哪裡來？」我反過來問他。

「蒲隆地（Burundi），」他說。我的地理知識很淺薄。我不能在非洲地圖上找到這個國家。但我可以想像他家裡的一幕動人場面，對他依依不捨的家人放手讓他獻身天主教教會。

站在我身旁的奶奶面露燦爛的笑容。她是十分虔誠的教徒，把我介紹給神父，是表示對神父的尊重。我們交談期間，她從錢包裡掏錢準備奉獻。這時她手裡握著錢，雙手輕輕推了推佐拉，示意她跟神父打招呼。

「這是我的女兒，」我說。佐拉踏步向前跟他握手。她用義大利文說「哈囉」，睜著眼以驚奇眼光看著他，彷彿他是黑人版本的馬泰歐先生。

「很高興見到妳，」他笑著握住佐拉的手。「妳就是那個美國孫女。」他退後半步打量她全身。「願上主祝福妳，」他說，他另一隻手搭在她肩膀上。

佐拉笑了，對於自己受到的注目禮有點尷尬。然後她回過頭來，去看幾呎以外在告解臺附近等著的羅莎利亞。

「妳多大？要讀幾年級了？」他問道。「我八歲，念三年級了。」她羞怯地說出了她能說的最好的義大利文。

「妳喜歡西西里嗎？跟奶奶在一起很開心，對吧？」

「對。」這個才一個字的答案，同時回答了兩個問題。我看得出她對這位神父已經失去興趣了。她急於回到羅莎利亞身邊，跟她一起在鎮裡漫遊，直到吃晚飯為止。

奶奶把獻金交給神父。神父笑著點了點頭表示謝意。

在我們後頭排隊的人顯得不耐煩了，這些拿著手袋的女人正準備走上前來，請求神父為她們禱告，向神父告解，又或為自己或自己所愛的人獻上獻金。奶奶把手放在我的手肘上，這個西西里通行的動作，表示是時候離開了。

「我希望回國前能再跟你見面。」我說著，和奶奶繞過接待室的人群往外走去。

當我們走到外面站在大理石臺階上，已是落日時分。奶奶家隔著兩間房子的鄰居貝內德妲（Benedetta）趨前打招呼，說她和她的孩子要跟我們一起走回葛蘭西路。可是我卻想在無情的直射陽光開始消退的這一刻，享受一下漫步的樂趣。我想走過鎮外的山丘，採摘刺藤上的黑莓。這樣在寧靜中獨處，只能在我離開那些石建築和卵石路的片刻享受得到。

我開始走到從小鎮往上走的低矮小山，走過山坡上布滿的小塊耕地，因為這是往日我和薩羅常走過的地方。蟬藏身在杏仁樹之間。這裡的大自然令人讚嘆，它帶來的內心寧靜，是我在忙個不停的洛杉磯無法體驗的。如今我可以慢下來，體驗單純的存在感。當我靜聽蟬的交響曲，我可以聞到茉莉花香。我迎風眺望，看見大地一直延伸到藍色的海洋。

我在洛杉磯看不到這樣的風景。整座城總是籠罩在一片霧霾中，把我們的生活空間跟開放的天空分隔開來。我走過市內的大片地區，也不向上或往外張望。不過，偶爾我也會瞥見這樣的景色。從帕薩迪納（Pasadena）開車到銀湖，我可以看到天空向著大海遠方延展，這卻是稍縱即逝的風景，因為我正驅車穿越高速公路和主幹道。

在山路上每拐一個彎，就顯然可見愈爬愈高了，阿利米努薩這個小鎮進一步退到背景中。當我攀上山坡上的第一塊平地，就可以窺見小幅的海景了。然後，整個地中海一覽無遺。我在山路上停下來，向著每個方向張望，不想錯失任何一幕風景。從這個立足點上，可見大片大片的耕地，視乎不同季節，在這裡陪伴著我的是番茄、朝鮮薊、蠶豆、胡椒、茄子、櫛瓜、大蒜、馬鈴薯、萵苣、甜菜、茴香、刺苞菜薊、洋甘菊、牛至、羅勒、橄欖、無花果、杏仁、梨子和杏子。每吸進一口空氣，都滌淨我的靈魂。望著這片土地，我覺得沒有任何內心的裂隙是太大或太凶險而無法跨越的。

我帶在身上而其他人看不見的哀悼之心，在小鎮邊緣的郊外變得比較寬懷了。我不用那麼緊緊守護著那顆心，我知道這顆心不會在此失落，也知道在這裡，我不會因為薩羅而感到失落。這裡有一個小鎮、一段歷史、一種文化，可以確保那不會發生。在這裡薩羅是不可能被忘掉的，對仍然懷抱著一顆哀悼的心的我來說，就能更舒暢地呼吸了。在某種方式下，我在這裡能感覺到他的心跳，在此刻的魔幻情景下感到此處的脈動，彷彿一直等著我來到這裡，來到紛繁世界的這片淨土。西西里人有一句話說：「沒有一刻比午夜更黑暗。」我的人生在過了好些日子，在超過一年之後，仍然像徘徊不去的午夜。可是當我走到這裡，我願意彎身迎向我能碰上的一點光——西西里的夏日陽光。我要赤身沐浴其中。

一小時後，我下山回到鎮裡，發現奶奶正在樓上燙衣服，她從來不會在一天的這個時間做這種事。

「我在燙艾瑪妞拉的睡袍。她最近做了髖關節手術，需要人幫忙。來，過來。」她帶我走到另一個房間，把她堂姐妹的睡袍和內衣褲留在熨燙板上。「我想妳看看這個。」她指著她臥室裡的衣櫥。

最初當她開始讓我看衣櫥抽屜裡的東西，我不曉得這是什麼一回事。然後我慢慢看清楚了。

衣櫥最上面的抽屜放的是睡袍——六件夏季的碎花無袖寬鬆直筒連衣裙，從來沒穿過的。她告訴我這是她一旦住進醫院時要用的。義大利（包括西西里）的醫院並不提供睡袍，她準備了足夠六晚住院所需要的，這樣弗蘭卡就不用在她住院期間每天替她洗衣燙衣。

第二個抽屜的東西大同小異，是春天住院晚上比較涼快時用的。第三和第四個抽屜放的是冬天住院的衣服，包括羊毛衣服、毛線睡袍，甚至還有睡褲，這是她從來不穿的，但這還是跟羊毛套裝放到了一起，她也願意穿它，因為冬天晚上在海岸地區醫院的暖氣不一定足夠。第五個抽屜放著手編枕頭套。我聽說醫院也不提供枕頭套。

到了最後一個抽屜，我要跪到手繪的瓷磚上幫她把它拉開來。它低低地靠近地面，她若要拉開它就要緊繃地彎著背脊了。窗外傳來水果販子開車駛進狹窄街道叫賣的聲音，推銷他那些最甜的甜瓜、最鮮嫩的李子，我們沒理會他。我定睛看著第六個抽屜。

裡面只放著一個透明塑膠衣服袋，袋裡有一套燙過的、摺好的白色花卉圖案睡袍。

「把它拿出來，我讓妳看看。」她說。

當我伸手進去，聚焦於透明塑膠袋裡的一個細節。這件全新摺得好好的睡袍上面有一張十五到二十年前拍的照片。照片裡的人是她和我的公公朱塞佩，她站在他後方，兩人都在微笑。我見到他們身後的桌子上放著一些禮物。兩人盛裝打扮。這可能是在某人婚禮上拍的。我把袋子遞給她，她把它放到衣櫥上面。她慢慢拿開照片，放到一旁，把衣服拿出來給我看：有一件睡袍、內衣褲和長襪。

「這是我過世時穿的。」

然後她拍了拍衣服，把襪子拉直，小心翼翼地把它們和照片放回袋裡去，再吩咐我把整個袋子放回第六個抽屜。「我要把這一切準備好。妳不想有任何人在妳過世的一刻說：『她在醫院裡沒有足夠的乾淨睡袍，送去墓地時也沒有體面的袍子可以穿上。』」

我告訴她我瞭解這一切。她聳了聳肩，似乎覺得我可能懂也可能不懂，但起碼我聽說過了。然後隨著水果販子一路駛到街上，他的男中音嗓子打斷了我們的對話。奶奶認為這是提醒她該回去把艾瑪妞拉的睡袍燙好了。「我這樣做是因為她的媳婦不喜歡燙衣服。可是人家每天來探望，這是需要的。」

她讓我獨自留在臥室裡，自己回到她的工作。我冷不防她會跟我談到這樣的事，因此而感動不已。她把自己最易受傷害的一面展示在我眼前，讓我預見和思量她終究要面臨的死亡。我感到自己的心軟了下來，看來我需要坐下來。她和我在此之前從來沒有這樣彼此放開胸懷。在同一天裡，她介紹我去見神父，又讓我看她過世時要穿的衣服。面對這樣的親密對待，能夠觸及她人生先前不為人知的一面，我不大確定該怎樣應對。在我們同在一起的這些歲月，這也許是我們最親密的一刻。她實在是開啟了她人生隱蔽的一面，讓我得知在她不能再自己做決定時，她期望受到怎樣的對待。這是西西里人對人生終點規劃。但我也感到自己獲得她的信任，就如她邀請我進去她內心一間新的密室，並鼓勵我留下來。此刻身為她的媳婦，有了不一樣的感覺。

當我離開臥室從她身旁經過，她還在熨燙板前把艾瑪妞拉的罩衫和胸罩上的皺痕燙平，我腦袋裡猛然閃現起另一個念頭。我體會到我在見證著這裡的社群如何緊密地互動，不管是好是壞，當有人病倒或離世，這裡街道上的每個女人都會動起來準備施以援手，她們互相扶持。這樣的古老習俗今天仍然鮮活，就像西西里為天后赫拉（Hera）蓋建的神廟一樣——這就是佐拉和我的下一個漫遊地點。

# 赫拉和寶石藍的海

前往阿格里真托（Agrigento）的車程花了近四小時穿越大片楓樹林，遇上一處又一處的封路和改道。柯西莫提議開車送我們，我相信這是因為我的小姑夫婦都擔心佐拉和我在沒有本地人陪同下穿越西西里荒涼的內陸地區，恐怕會演變為一場災難。弗蘭卡也一起來。老實說，在義大利和西西里經歷了那麼多開車的災難，有他們陪著我就鬆一口氣了。最為難忘的是五年前跟薩羅出遊，一名加油站的員工把含鉛汽油灌進我們在羅馬租的一輛柴油車。二十分鐘後，車子的傳動系統就在高速公路上垮了。這是八月天的中午。沒有冷氣，只有有限的行動電話服務，其他汽車以九十公里從旁飆過；引擎垮掉後甚至無法打開車窗。這裡沒有美國汽車協會（AAA）的緊急支援。我們透過義大利全國性免費電話系統「綠號」（Numero Verde）求救，卻碰上一個卡夫卡荒誕劇般的惡夢，多個鐘頭都只是聽到不斷重複的同一段預先錄音告訴我們「按一號鍵」求助。薩羅咒罵這個國家，宣稱義大利人辦事如此毫無效率簡直是人類的瘟疫。我祈求奇蹟出現，同時把剛買來的柳橙剝開來吃確保佐拉不會脫水，我們等待救援等了四個鐘頭。夏天在羅馬的周邊環路上困在路邊四鐘頭，就像在一間桑拿屋裡空轉柴油引擎。這次旅程結束後，我宣稱義大利令人忍無可忍，揚言以後不再回來。

當我在規劃前往阿格里真托的旅程，那次經歷記憶猶新，我也考慮到那個夏天在西西里發生的兩件大事：野火肆虐（可能是縱火造成的），以及從北海岸通往東南部卡塔尼亞（Catania）的A19公路部分封閉。不過，柯西莫還是打算從A19公路起程，因為那是他熟悉的路，而且他想避開巴勒摩的交通，然後再連接到前往阿格里真托的主幹道。這表示要從阿利米努薩去到目的地，我們就要沿著次級幹道穿越島嶼的內陸。如果走的是加州的公路，這樣的車程大抵要一個半鐘頭，但在西西里跨越同等距離卻要四鐘頭。可是我沒有卻步。

我選擇了阿格里真托，是因為佐拉喜愛神話裡男男女女的神，喜愛他們的美德、勇毅、哀怨和幽默。薩羅教導她認識這一切，她很樂於投入他對人類奮勇鬥爭行動的深入思考。我想跟她一起去神殿之谷，那是西西里最大的考古學遺跡。薩羅多年前曾帶我去過，我們曾在天后赫拉神廟的柱子之間熱吻，而赫拉正是掌管婚姻的女神。那也許是能把我的過去和現在結合起來的地方。神廟之谷靠近北非，它神聖、古老又具啟發性，來訪者在這裡必須與時間的巨輪搏鬥。站在這些神廟面前，你無法不同時思考已失落的一切，又見證著生命的延續，這正是我需要的地方。

當我們一車人終於抵達阿格里真托，我有點暈車，卻仍是樂觀的。天氣比我想像中更熱。我們在正午走出車外，就像走進了一個烤披薩的火爐，更糟的是，佐拉和我餓得幾乎動不起來。我連忙從皮包掏出薄脆餅乾，還有一顆從奶奶家抓來的梨子，正好供這一刻應急。

小姑夫婦和我很多方面看法不一樣，但最為不同的是我很樂於找家餐廳吃一頓豐富的午餐又或吃些小吃。我甚至會找間館子先坐下來休息一下，才在酷熱的下午跑去參觀古蹟和觀光景點。我喜愛輕輕鬆鬆地出遊。他們卻寧可一鼓作氣把旅程完成：囫圇吞棗吃個在家裡準備好的三明治，看看景點，然後踏上歸途希望天黑前回到家裡。他們總是寧可在家吃飯，極少甚至幾乎從來不會在不熟悉的地方用餐。這天我要按照他們的時程表行事。

當他們在阿格里真托考古遺跡的停車場左顧右盼，我顯然是又餓又渴又熱，突然感到很不舒服。我看得出他們來到這裡對什麼都興趣缺缺；我打亂了他們的日常作息，雖然來到西西里最美的其中一個古蹟，但我相信他們沒有什麼興致觀賞。我們才在一輛狹小的車裡擠了差不多四鐘頭。我能隱約感到，他們不可能就這樣等著我，容許我循著美國人偏愛的方式看個飽才打道回府。他們可以一輩子就這樣過去，從不踏足阿格里真托，奶奶也一樣。可是，驅使我來到這裡的是渴望、失落和希望，還有此中蘊含的奧祕。

我希望對這座島嶼知道得更多，因為現在我把它視為我的一部分，包括了我的過去、現在，或許還包括我的未來。

「佐拉，跟我來。」這時她吃了一口梨子，我把她拉得更近。我感覺到所有人都好像電線短路動不起來，沒什麼興趣看古蹟，我是唯一的例外。酷熱是眾人的大敵，我是唯一願意接受挑戰的人，於是佐拉和我開始往前走。我很快就決定了從最大最壯觀的神廟開始，那就是天后赫拉的神廟。其他一切如果有機會看的話就是額外獎賞。我就任由小姑夫婦自己隨便逛逛好了。

「媽咪，很熱。」佐拉很怕熱，向來都是這樣。

「我知道，寶貝。」我意識到，她能抵住酷熱在這裡遊覽，頂多就是這麼長的一段時間。我要編造一則故事來吸引她。「這兒那麼熱是因為這就是伊卡洛斯（Icarus）飛得太接近太陽而掉下來的地方。」她喜愛伊卡洛斯的故事。薩羅曾不知多少遍把這個故事念給她聽。她愛拿起她那本希臘神話的書在這個故事那幾頁翻來翻去。

我用自己的版本給她再講了這個故事一遍，滿腔熱情，就像我期望牙仙和聖誕老公公這些幻想故事能長留她內心一樣。「我想我們可以實際看到伊卡洛斯的身體掉到那裡。」如果我不能哄到一個八歲小孩，我「美國演員工會」（Screen Actors Guild）的會員證就該被撤銷了。我將會無地自容。我要維持她的注意力，直到我們走到赫拉神廟觸摸到它的支柱。我希望做到的就這樣。也許再拍幾張照片。如果幸運的話，我會在望向北非的海面做個靜默的禱告。

在海邊禱告，是我從我媽媽的第三任丈夫阿貝（Abe）學來的，這是他們結婚二十年來我學會的其中一件事。她這位塞內加爾裔的丈夫是一個穆斯林家庭的長子，在達卡（Dakar）長大，在法國的索邦學院受教育。在每個到訪的海岸禱告，是他讓我認識的傳統。他每到一地都真的做到了。當他來到洛杉磯，就會去到聖塔莫尼卡（Santa Monica）在水面前禱告，向他的祖先和已逝者致敬。到底這個傳統是他的信仰文化的副產品，又或只是他個人的偏好，我始終沒有弄清楚。老實說，這沒有什麼關係。我喜愛這個概念和它的精神。薩羅患病期間，它為我帶來平安，他在聖塔莫尼卡接受治療期間，我離開腫瘤專科醫師的聖塔莫尼卡辦公室後，就會往西開兩哩的車，把滿載憂慮的禱告投向大海。在他過世後的兩年，到海邊禱告成為了我經常舉行的儀式。那天在阿格里真托我希望我的禱告能到達北非海岸，那是薩羅和我曾到訪的地方。我有個沒邏輯卻發自內心的想法，相信如果把我的哀傷帶到我和我的愛人曾到過的地方，有助治療我的心靈。

「弗蘭卡、柯西莫，」佐拉和我攀上古蹟時我回頭對他們喊道：「你們好好逛。佐拉和我會往前走。我們一個鐘頭後回來這裡會合。」他們正試著弄清楚，在古蹟下方那個碎石鋪成、塵土飛揚的停車場裡停車要不要買票，那是沒有人在看管的。

我沒等著他們回答就舉步向前了。

接下來半個鐘頭，佐拉和我遊走在赫拉神廟的柱子之間。我們觸摸了一棵五百年的老橄欖樹。我們又繞著伊卡洛斯掉落的一個藝術裝置走了一圈，一位藝術家給這位天神造了一個小貨卡般大小的青銅軀幹，傾斜著掉了下來，蜘蛛似地伏在地面上。在落下的伊卡洛斯和天后赫拉之間的某處，我開始感覺到一種對立力量，是我在悲傷中慣見的。在我內心的一角，我慶幸能在多年後再來體驗這個地方；內心另一角卻突然想把整個人投入大海。悲傷仍然經常引起這樣的反應：它令我同時在這兩種矛盾感覺之間掙扎。這刻我覺得自己有點像另一個神話人物——被懲罰一再把一塊巨石推上山的薛西弗斯（Sisyphus）。我的巨石就是失落，而經歷失落之後的人生，可以是不斷反覆循環地舉起重物往上推，掙扎著把它推往更高處，即使是在欣賞眼前的海景。

當佐拉和我在古蹟上漫步，這種內心矛盾就變得更深刻、更陰森。薩羅和我在情愛上是否野心太大了？我們是否太接近太陽了？癌症是不是諸神投放在我們身上的一種宇宙級挑戰？人生的不確定性是無法理解的，讓步與妥協都少不了。雖然我知道我們有一段了不起的婚姻，有一段璀璨而充滿活力的愛情，但我仍然想要更多，我覺得自己被欺騙了。我被騙走了伴侶和終生的愛，還有原有的歡樂——這種歡樂來自有人對我認識那麼地深，他知道當我站在掌管婚姻的女神廟裡，不免感到有點荒唐。

然後彷彿有人開了一部攪拌機，把我內心的所有黑暗念頭急促攪動。我妒忌起身邊所有穿上短褲、擦上防曬油前來度假慶祝的新婚夫婦或老夫老妻；我也妒忌柯西莫和弗蘭卡，他們都仍有伴侶在身邊；我妒忌所有仍有丈夫的女人，也許即使那是不愉快的婚姻，起碼他們身邊仍有援手，他們的孩子仍然有父親。我來到西西里南部海岸，只是為了薩羅之死而狂怒。我坐了四小時的車，只是碰上一種亙古長存的感覺——憤怒。在阿格里真托，我默默地對薩羅發怒，痛恨他死了留下我熬過這亂作一團的記憶、質疑，讓我這個中年女人迫切地站到這處古蹟面前，期望能重新找到自我。我在一間古老神廟的大門前，試著尋回我一部分的心靈。

突然我體會到我跟薩羅有三段婚姻：第一段是我們新婚熱戀時；第二段是我們跟癌症展開生死戰；第三段是我現在作為他的寡婦。在我照顧罹癌的薩羅那十年裡，我喪失了自我的一部分——我那種自然的活潑性格、我對自己性別特徵的感覺、我的樂觀意識。照顧癌患這些歲月的起起落落，好像讓我這一部分的人生溜掉。雖然照顧他讓我學會了怎樣發揮自己的潛能，怎樣深深無條件地去愛，怎樣察覺到經常在我們身邊的大愛，它卻也令每天照亮著我人生的亮光變得暗淡，悲傷變得更沉重。我對自己的厭倦感到厭倦，令人恐懼的是，我以為自己永遠無法再毫不費力地笑起來，笑是那麼費力，令我痛入心脾。我擔憂可能要很多年後，才能再投入另一段愛。過往我經常做的事如今力不從心。沒有人曾告訴我守寡是這樣，對可能再無法復得的事充滿恐懼。我深恐哀傷的這一面，可能像神廟的石柱一樣堅實而難以化解。

我開始瞭解到我與薩羅的最後一段婚姻可能是最長的。實際上他沒有從我的人生消失，就像白天裡月亮其實沒有從天空消失。他無所不在，卻不可得見。學習在這樣的愛裡活下去是需要時間的。時間也許是應付失落最關鍵的一面。

在坐車穿越西西里崎嶇不平的內陸地區回家的路上，我望出窗外，感覺像是我已忘掉了我來到這座島嶼多少天了。時間會令你無法抓緊一切，就像西西里的景觀，它跟你的心智開玩笑，這一刻讓你看到青翠的山谷，然後這又在你眼前消失，換來的是荒漠嶙峋的山脈。自從這個夏天來到這裡，我前所未見地無法以半小時或一刻鐘這樣整整齊齊的單位來度量時間。只是感覺到日復一日無窮無盡的白天，無事可做，徒然察覺到早上和下午就像一對任性的孿生子，老是爭相占據一天的時間。然後當黃昏終於匆匆來臨，它還是徘徊不去，不願意讓路給黑夜。這時我意識到我要慢慢度過這一天餘下的時間，如同要慢慢品味西西里。

我渴望嘴巴邊緣能嘗到海鹽的味道，沙子夾到了腳趾之間。我希望地中海輕輕地讓我躺臥在它的水面上，面向太陽。我需要感覺到自己的身體變得輕盈、毫不費力，隨著水波任意漂浮。

兩天後，柯西莫把他的飛雅特車借給我，我載著佐拉開車到海岸地區切法盧的山腳。沿著兩線道的海岸公路駛進城去，我們經過通往卡皮塔諾灣旅館的岔路，在短暫的一刻，我幾乎要轉身面向薩羅，回味我們在旅館花園啜飲濃咖啡等待他家人來到的情景。但在這樣的處境下，記憶是難以捉摸的。我還是繼續開車前行，想像他的手掌按在我膝蓋上的感覺，聚精會神在當下一刻，準備在切法盧跟我們的女兒度過一天。如今他的人生透過我們而延續下去。

當我們到達切法盧，通常我們會做兩件事。佐拉和我會跌跌撞撞地走到海神海濱浴場餐廳（Lido Poseidon），因為他們有三個又寬又大的冷藏箱，供應令人眼睛為之一亮的冰淇淋，而我就會在海邊來一杯灰皮諾白葡萄酒（pinot grigio）或義式濃咖啡，視乎當天的心情。那天我點了白酒。

從我們以往多次的行程，佐拉知道這個既定步驟。她昂首闊步走到老闆娘面前，請她給我們兩張休閒椅和一把太陽傘，她付了二十歐元租金，然後告訴那個二十來歲穿紅色泳褲、刁著香菸的救生員，我們的椅子要放在海邊哪個地方。「我的媽媽想看書。」她的意思是我的椅子要靠近岸邊，這樣我休息時可以看見她。

我們很幸運，獲分配的椅子就在岸邊第二排，然後佐拉就走進海裡，偶爾回過頭來確保我在後頭跟著她。

接著我也泡進海水裡，跟在後頭。當我到了她身邊，我們一起站在淺淺的水裡。我告訴她：「我在夢中會告訴爸爸妳是那麼漂亮而令人讚嘆，妳是他深愛的這個大海裡的珍珠。」

她往我臉上潑了一點水，問道：「妳認為他可以見到我嗎？」

「我相信可以。」

「他會因為我而自豪嗎？」

「一定會。」

她笑了。我的話看來讓她放鬆下來。我有一種衝動要把她嬌小的身體抱進懷裡，但我忍耐著，祈求諸神讓時間靜止下來，幫助我抓緊這一刻的恩典。談到她爸爸同時又令她笑起來，在我們新的人生裡這是罕見的。我把整個身體泡進水裡。當我再冒出水面，空氣清新而溫暖。

在我們四周是幾代同堂的家庭；有古銅膚色、嗓子尖高的兒童，打情罵俏的夫婦，三三兩兩看似來自世界各地的朋友。有人在游泳，有人在休息。他們也被吸引跑到海裡。在海灘上，北非和孟加拉的移民在大群遊人中間穿梭販售各色貨品：毛巾、太陽眼鏡、手機套、泳裝罩衫、海豚形充氣塑膠小艇。兩個中國女人在海邊提供按摩服務。世界在這裡團結一致。不管我們來自哪個國家，不管有錢沒錢，我們都是這幅海濱風情畫的一部分。我想到了多個世紀以來那些侵略者、征服者、探險者來到這裡；我想到了那些不管是來自敘利亞、利比亞、北非和撒哈拉以南非洲地區的難民。這些每週湧進西西里的難民，逃避內戰和隨之而來的人道危機，他們的人生故事帶著無法忘懷的痛苦。這是我們這個時代的移民故事。西西里正在改變中，它自古以來也一直在改變。

佐拉向我游過來。她用身體緊扣著我，雙腿夾著我的腰。「媽咪，為什麼妳認為在亞利米努薩沒有其他棕膚色的人？」她對我們周圍的情景沒有視而不見。

「寶貝，阿利米努薩是個小鎮，沒有什麼人移民到那裡。它跟洛杉磯或其他大城市不一樣。在很長的時間裡，鎮裡都是住滿了當地出生的人、在那裡結婚生子的人。沒有多少外來的人。」我說到這裡為止，沒有進一步對歷史和地理問題針砭一番。我甚至不能談起難民危機的問題。我不知道怎樣談到那些兒童、母親和父親橫渡地中海來到我們現在踏足的這座島嶼，以及使得這個地方成為「淚之海」的種種處境。

「可是為什麼那兒沒有像我們這樣棕膚色的人？」她再問，海鹽正在她的髮際線上形成。

「因為像我們這樣的人，黑皮膚和棕皮膚的人，不是在歐洲出生的。像我們這樣的人幾百年前被帶進歐洲、北美洲甚至是南美洲當奴隸。」我馬上察覺到自己的答案說過了頭，就像我的父母，他們回答我童年時的問題也談到了複雜的成年人故事。如果此刻她和我在岸上，我可能就會在沙灘上把奴隸貿易的路線勾畫出來。

「可是我們是不是他們認識的唯一棕皮膚的人？」她再問，彷彿剛才的問題和答案這才同時到達她的意識。

「也許是吧。可能是這樣，除了那位神父，」我說。

「我不想成為唯一的棕皮膚女孩。」我曉得這是什麼意思：跟別人不一樣。作為唯一的一個，因為膚色而凸顯出來是不好過的。我懷疑這令她感到自己跟別人「有差別」，又或更壞的是比不上其他人。她肯定也曾想過以另一種外貌現身於世界，她不是第一個或唯一一個曾這樣做的棕皮膚女孩。該死的，無數的書和獲獎的紀錄片都曾探討活在白人為主的環境裡的黑人小女孩在身分和族裔上的複雜心理狀況。雖然我們現在不是在美國，我知道我還是要在任何心理創傷惡化之前及早辨察。我知道我也必須做所有黑人母親多個世紀以來一直在做的事：提醒我的女兒，她是珍貴而美麗的，即使世人的看法不一樣。

「棕皮膚是美麗的。」我把她在水中轉過來，讓她的臉貼近我。「寶貝，旅遊的其中一種收穫，就是去到一些地方碰到跟妳不完全一樣的人。如果我們永遠不這麼做，人生就很枯燥了。有一天，我想像妳會去很多地方遊覽，不是每個人都像妳一樣，但是妳會有很多樂趣，還會學到種種新事物。」

我用一個吻做出保證，結束了這番對話。在這刻看來已經足夠了。然後她伸手過來抓住那個放著薩羅照片的項鏈墜，當時我仍把它掛在脖子上。

她擦了它一下，像是在許一個願。「我可以在晚飯前吃冰淇淋嗎？」

「可以。」我說，同時鬆了一口氣，我們從那番對話退了出來，我還用不著回答我懷疑在這一切背後的那個問題：我是屬於這個地方的嗎？

這是我在二十年裡花了很多時間試著回答的問題——不管是向陌生人，向世界，還是向我自己。這個問題可以一直追溯到我跟薩羅來西西里的第一次旅程。但我學會了身分是多面向的，而要有歸屬感首先是要認同的。

後來的晚餐我們嘗了烤劍魚，那灑上了濃縮血橙汁，下面鋪了芝麻菜，這是海與火的古老搭配。然後我們從餐廳沿著海堤漫步，我想到了斯特龍伯利和我們去年夏天前往當地的旅程。佐拉望向海面，接著她向我轉身過來。

「我想知道那邊有些什麼……它的終點在哪裡？……那些海水怎麼會停留在地球上，如果地球是圓的——但怎麼它看來又是平坦的？是因為地心引力，可是……」她定睛看著，前額緊繃。

這是瞥見大圖景而瞬間閃現的問題，我對付出的學費感到驕傲。

「寶貝，正是這些基本問題驅使人類探索自然世界，」我告訴她。她再望向我，彷彿我所說的她懂了七成。「妳首先要想知道得更多，然後再出遊。」

「嗯，我想知道更多！」她呼喊。西西里帶來的還不止家庭連結，還有更多影響。

當她這樣說著，我隨之思考自己的人生歷程。我內心一角想知道自己會變成怎樣的人。這驅使我繼續前行。悲傷讓我精疲力竭，但它也令我渴望活下去。它讓我體悟到人生的短暫。我要存活下來。我想知道佐拉的未來是怎樣——這個把我叫做「媽媽咪呀」（**mammina**）的不平凡小孩。我想聽到她長大成人後的聲音，她長大後會怎樣回想起那個西西里小教堂的彌撒，她曾怎樣為那位非洲神父擔心，因為「如果你還在學義大利文是很難當神父的」。我想知道她還記不記得當神父在彌撒上念她爸爸的名字，她就跟身旁的奶奶一起唱「哈利路亞」。我想在有需要的一天，我還能在身邊提醒她到底是誰——那可能是早春的一天，也可能是暮秋初冬一個陰鬱的下午。我想在我講述她的人生故事時，能看到她認許的眼神。我希望能活下去分享她人生的細節，因為我是她故事的傳承者。我想在我女兒的廚房裡吃晚餐，舔著匙上的醬汁，嘗嘗她父親的廚藝對她的影響。我想讀到她從一個我從未踏足的地方寄給我的一封信。我想用指尖觸摸她寄來的信封上的郵票，想像她在當地的情景。我要知道她會選擇愛怎樣的一個人。我想跟她在火車站打招呼，看著她很高興地問我：「為什麼那麼久才到？」她會握著我的手，令我發笑，我們就這樣一起走進一座繁華城市的一條熱鬧街道，然後她召來一輛計程車，我會聽到隨著車子行進，計程表不停跳動她也在滔滔不絕地說話。我想看到八十五歲時我的手變成怎樣，愛穿怎樣的鞋，喜歡鞋子上有皮帶扣還是鞋帶，橘色還是不是我最愛的顏色。我想活下去，因為我想知道能怎樣重整人生，把零碎殘破的人生重新建立成完整。我想看到自己在多次失落後仍能找到出路。我想知道還有其他什麼方式透過最微小的動作把愛延續下去，怎樣在最微小的地方看到愛。我想有一天能站在舞臺上謝謝薩羅，沒有了這個我最愛的人，人生就變得平庸枯燥。我想再次見到摩洛哥柏柏（Berber）山脈上的沙。我想去採摘桑椹，吃個不停，直到我因為能享受到大自然那麼慷慨毫不計較地贈予而醉倒。我想在另一個人離世的一刻握住對方的手，因為這是極大的榮譽。我想知道對我意義重大的族群、地方和事物將會變得怎樣。我想從未來將會碰上的人學到更多新事物。我想自己知道我可能會碰上無法形容的痛苦，並知道儘管它能改變我卻不能壓倒我。我想能觸及我視野以外的地方，並跟把我帶到那個地方的自己問好。

第二天早上奶奶開了爐火做炸燉飯球（arancini），那是中間有莫札瑞拉（mozzarella）乳酪的飯團，她一邊做一邊跟我談到薩羅出生的故事。我不知道什麼促使她談到這個話題，但我自己有夠多經驗，能尊重記憶自動顯露出來，它需要經歷這樣一個循環才臻於圓滿。

「他前額和髮際線交接的地方像有顆草莓，多漂亮啊！我每天都吻它一下。」

她出乎意料地主動而開放，我沉默地坐著，接著而來的是她需要說出來的話。

「他右半的屁股上有一個胎記，那是咖啡的污漬。」她繼續說，用手背擦了一下雙眼，再繼續把飯團拌勻。

突然間我記起了我所愛的這個人身上一個我原已忘掉的細節——他的胎記，我所愛的那個屁股上的胎記。我怎麼會忘掉了它？

她告訴我，她懷孕時到了最後階段，有一天正是鎮裡的選舉日。她跟朱塞佩前去投票，正等候時有人給她送上一杯咖啡。

「在公眾地方喝咖啡太難為情了。那時有體面的女人都不會這麼做。只有男人在公眾地方喝濃咖啡。我很想喝，卻拒絕了，坐了下來。我傾身向右坐著，因為這比較舒服。」她指了一下右邊的臀部。「這就是他為什麼得到了那個胎記。」

薩羅身上留下了她愛咖啡而喝不到的標記。

她一邊告訴我這一切，一邊把薄荷加進從田裡採來的新鮮豌豆。她講完了故事，又回去做那些重複的家務，這些瑣事使得外邊的世界的雄心反而顯得無關痛癢。她對外面的世界毫無興趣，除非那影響到她的家庭，譬如麵包的價格，或電視服務的稅額調升。

然後她話題一轉：「明天早上我們去見律師。」

我以為我聽錯了。「律師？什麼律師？」

「我把這棟房子轉給妳和佐拉，弗蘭卡會帶妳去簽那些文件。」

我正站在樓梯下方的平臺上，身旁的電視上兩個遭逢惡運的愛侶正向對方發出誇張的肥皂劇式愛的宣言。我轉身面向還在廚房裡的奶奶，仍在試著理解我聽到的話：「妳說什麼？」

「這棟房子，它是妳的，我想把它轉給妳。那原是給薩羅的，現在就給妳了。」

# 你的土地

我們坐車去見三個鎮以外的律師，一路上是西西里鄉間乾旱的土地。我坐在後座，沉默不語，悶熱難當。柯西莫在不同電臺間轉來轉去，弗蘭卡也默不作聲。我大腿上放著所有相關文件：我的護照（美國和義大利的）、翻譯過來並蓋了章的結婚證書、薩羅的死亡證書、他的護照——上面有義大利政府蓋章確認他的死亡。如果義大利的官僚令我發怒，那麼西西里的官僚流程可能會令我哭起來。我被告知法律規定這種土地移轉必須在過世後一年內辦理。可是，因為我住在另一個國家也不知道有這麼一項規定，我們已超過最後期限四個月。據我所知，我們這個個案要提出抗辯，向辦理遺囑認證的律師提出情有可原的處境。我在思量我們該採取怎樣的策略，我要說什麼或不說什麼，讓流程順利進行。當我眺望著外面的山丘，決定了最好是一言不發。我也許正要變成西西里的土地所有人，但我遠離自己的家園，這一切如何運作，遠在我的知識範圍之外。

可是，要應付複雜的官僚手續，並對相關文化有足夠敏感度，弗蘭卡是名副其實的高手。她懂得什麼時候往前推，什麼時候轉向，哪一刻要尊重對方，有需要的話哪一刻要撒謊或誇大，好讓整個過程順利進行。柯西莫擔任她的後援。多年前，我就見過他站在她後頭，面對一個坐在櫃檯前的官員，他雙臂交叉，準備在官員語氣不對勁時一躍而前拋出一句「對不起」，又或在不合理時做出反擊。他們是合力攻防的一對，視乎處境分別扮演好警員和壞警員的角色。

薩羅總是說他的妹妹有一種沉默卻極為頑強的氣質。他們小時候，如果家裡做了一個她不喜歡的決定，她就會準備好面對困境，長期抗戰。她可以輕易地、看似毫不費力地三個星期不跟家裡任何人說一句話，她這種抗議行動成為了家中的另一道風景。她面對父親拒不說話的做法惡名遠播，他們成年後薩羅經常拿這一點來責怪她，只有兄妹之間可以這樣坦然相待。他們接著就會笑起來，而她就會提醒他，他自己面對家庭的困境就是一走了之。「你還記得你遠在佛羅倫斯時是怎麼一回事嗎？」她問道。我懷疑父母的所作所為對她在感情上造成的衝擊仍然餘波未了——他們不瞭解自己哪裡做錯了，不瞭解為什麼兒子下定決心要跟他們不一樣。薩羅為了自由要遠走他方，弗蘭卡卻在原地更深扎根。他們這個沉默的女兒，一直留在她出生地一平方公里之內的地方，如今她坐在我面前，為她的家人效勞，再一次幫助她哥哥守寡的妻子。

這一份意料之外的禮物所展現的持久不變的愛令我受寵若驚，我不期然打開心扉，頓時心都軟了，感情在原始狀態下混雜著感激、心神恍惚、欣喜，甚至一點歉疚。最後一種感覺令我吃驚。「我值得受到這樣的對待嗎？」我心裡整晚繞著這個問題打轉。奶奶的話不斷響起回聲：「那原是給薩羅的。」在我渴望和我期望獲得歸屬感這兩者之間，有一種無法休止的張力，我同時深刻意識到這是如何甘苦參半。然後，當我在怪異的對立感和心思攪動中精疲力竭，我的心因感恩而再度敞開。

可是，我整晚思量，想到弗蘭卡和她的孩子。把土地轉給我，她們會怎麼想？她和奶奶肯定曾討論過這個問題，因為弗蘭卡受命擔任中介角色，負責在這個下午帶我去律師事務所。因此，我猜想她對此沒有異議。眾所周知義大利對擁有第二棟房子的業主所課徵的稅款，對於年輕人失業率達百分之五十的西西里農村地區的很多人來說是難以負擔的。把房子留給弗蘭卡，終有一天會使她成為擁有第二棟房子的業主，根據我對義大利稅法的基本認識，對她來說這棟房子可能是一項負擔多於一份禮物，尤其是她要憑著不穩定的工作把兩個女兒養育成人。房子在我的名下就比較輕鬆。我被課徵的稅額比起我繳給加州的稅根本微不足道。可是，稅務上的考量看來不是送給我這份禮物的真正原因，也許一直以來奶奶就打算這樣吧？這是從來沒真的交到兒子手上的結婚禮物。

我啟程去見律師前，奶奶在屋外把衣服掛到晾衣繩上。在屋裡，我看見她把她其中一件黑色寡婦衫放在桌子上，旁邊還有針線。我前去辦理土地移轉時，她就會把衣服縫補妥當。當她從大門踏出去，片刻間在大門柱旁邊重新站穩，她像在思考的半途說出了一句話：「如果這塊土地不屬於妳，那它就不可能屬於任何人。」

「謝謝。」我回應。我的眼淚快要掉下來了，但她不喜歡早上流下的眼淚。

「如果我們現在就掉淚，那就停不下來。還有漫長的一天。」她這樣說。

然後她在原有的眼鏡上戴上一副老花眼鏡，坐下來縫補衣服。

當弗蘭卡、柯西莫和我繼續沿著迂迴的路行進，經過荒廢的農舍和罕有人使用的切爾達火車站，我才發覺我還沒有打電話把這個消息告訴我的父母，我也沒有告訴我的妹妹。它來得那麼快，那麼出乎意外，我因事情的急促變化而手足無措。我需要時間才能弄清楚我對這一切的感覺，才能感受到任何欣喜。在這一刻它是甘苦參半的。薩羅和我曾夢想在西西里鄉間擁有一棟房子，周圍是一片橄欖園。如今薩羅不在，這個可能性卻正在實現。

有了房子，隨之而來的是責任。「我未來有能力負擔嗎？維修保養的事誰會幫忙？佐拉長大後，我還會想繼續回來嗎？」這一切問題我覺得很難向我自己的家人一下子解釋清楚。不過，我知道他們能體會到土地所有權背後的意義。自從美國奴隸制度終結和重建時期展開，我的家族（父系和母系兩邊）不管是踏步向前，慨嘆當年，還是維持彼此的連結，土地所有權都起著標誌作用或扮演某種角色。如今是我藉著土地所有權來保持連結，雖然是在一個料想不到的地方。正當柯西莫在一輛載著一大捆小麥行進的拖拉機後頭，放慢車速幾乎靜止不動，我正在思量家族土地對我來說有何意義。

當我的外婆十來歲時住在德州東部農村，在後重建時期的黑人聚居區松林市（Piney）和尼格頓，她的家人買了數百英畝的林地。然後他們開墾耕種。這整片土地是一小塊一小塊買回來的。它地勢低窪，難以耕作，卻是沒受過教育的奴隸子女買得起的。白人要買地，就會看上尼格頓周邊較好的耕地。像我的家人所屬的黑人小社群，則可以悄悄買下他們祖宗曾在其中當奴隸的部分土地，他們在這片四周都是三K黨人的土地裡勉強可以謀生餬口，在實行種族隔離政策的社會體系裡得以存活。

不管怎樣，土地畢竟是他們的，足以讓他們耕作並養育四個孩子，並讓其中一個孩子——我的外婆——讀大學，最後取得碩士學位。到了她結婚並在附近一座城鎮養育我的母親，便減少了土地上的耕作。在此同時，當地的林木業正蓬勃發展，往往聲稱對黑人擁有的優質土地具所有權。後來，休閒度假地點利文斯頓湖（Lake Livingston）從一些開發商眼中的小亮點搖身變成休斯頓人的熱門目的地。這項開發挑起了當地投機者的興趣，於是他們有系統地從不住在當地的業主把土地騙走。

當時出現了一種廣為人知、十分美式作風的做法，一如蘋果派和任用親信被視為非常美式，當地一名白人地主德士堤·柯靈頓（"Dusty" Collington）和他的家人透過竄改郡政府書記處的紀錄，成功地侵占了很多黑人農民的土地。他的掠奪對象是不再住在當地的尼格頓人後代，他們為了尋求更佳發展機會而在大遷徙時代移居國內其他地方。

在一九六〇到一九八〇年間，當我的外婆住到毗鄰的另一郡，柯靈頓聲稱我外婆的家族中有人把地賣了給他。他甚至有「紀錄」可作證明，那是偽造的移轉契約，簽名就是個交叉符號。這個叉叉用來證明他所聲稱的賣方是個文盲。他聲稱我的外曾祖母就用這個叉叉當作簽名——以此證明她是文盲，把近一百五十英畝的地賣了給他。我不知道哪一點令外婆更感到羞辱：是柯靈頓說她母親是個文盲（即使她真正的簽名可以在郡政府書記處的其他文件上看到），抑或是如他所說她在並未告訴女兒就把家族土地賣掉。當我的外婆在九十七歲時過世，也就是歐巴馬（Barack Obama）將要成為總統的前一年，也是薩羅病得太厲害無法參加她葬禮的那一年，家族的土地已縮減到少於一百英畝，儘管原有的土地只有一小部分真的賣了出去。

我前去義大利讀書遠在他方之際，曾看著外婆跟柯靈頓打官司，竭力設法取回土地，然後我在紐約市有了自己的第一棟公寓，後來我又搬去洛杉磯。整件事的不公義情況令我憤怒難平。不過，我仍然深愛松樹的氣味，迂迴的紅土路也是我血液的一部分。我實實在在地知道它們是怎樣一種味道，那裡的土地就像我自己的皮膚一樣真實而鮮活。即使我從來沒有想過要像我的祖先一樣要倚靠那片土地，那仍然是我愛的土地，就如你愛你靈魂內心深處所認識的一個地方，無法忘懷。

我們一到達律師事務所，我就知道我的角色不過是扮演一名完全不懂義大利文的美國妻子。我會坐著不動，任由移轉的法律流程自行展開。只有當我需要表現出某種西西里人的感情或感傷才能把事情辦妥時，才會參上一腳。因為我在這兒學會的一切，其中一點就是我知道當西西里人面對悲傷、死亡和失落的傷痛時，他們有能力撼動山巒。他們覺得這是他們在文化上的責任。正是這使得他們成為西西里人而不是義大利人。

律師事務所的室內陳設讓我驚覺它似是出自電影製作設計師之手。它揉合了兩種風格：一方面像《哈利波特》（*Harry Potter*）描述的閱讀室，高及天花板的書架放滿了燙金封面的書；一方面又像地方貴族的私人住宅，裡面有豪華的繡帷和垂及地板的長絲質花卉圖案帳幔，還有窗簾上部的裝飾性短幔。當我們走進這間像沙龍聚會所的會議室，我被請坐到一張古董塗漆大桌前，桌腳末端是獸爪抓珠的設計。我前面放著水晶水壺盛著的一壺水，還有放在手編杯墊上的一隻玻璃杯。放了水就表示我們會在這裡待一段時間。然後那位律師走進來，他五十來歲，一身古銅膚色，一頭影星喬治·克隆尼（George Clooney）般的頭髮，身穿航海藍的馬球衫，腳踏古馳豆豆休閒鞋。他在我前面放下一本大大的卷宗，比十一吋乘十四吋還要大。那是有線的紙，滿是小心翼翼的小字。它看來包括了土地所有權的登記、繼承系譜，所在地的名稱，有些我認得出來，有些認不得。然後他要看我和薩羅的護照，當我把護照遞給他，他向我表達慰問。

幾分鐘後，我看見寫著薩羅名字的墨水很新，我相信那是古洛家系或繼承的文件。法律條文是草書體的，看似來自十八世紀。我的目光落在薩羅的出生日期、國民身分證號碼、他的出生地、我們在洛杉磯的住址。在下面，我看見自己的名字，再下面的佐拉名字，更多的日期、地點，還有對等的雙重國籍和語言。

在這頁文件上，薩羅這個人還原為勾畫他這一生的主要地點和主要事件：出生、住處、婚姻、子女、死亡。我看著頁面上的文字，再看了律師一眼，哭了起來。那位律師用他沾了菸味的手指遞給我一張紙巾，然後我簽了名。

當我走出去回到泰爾米尼伊梅雷塞鎮（Termini Imerese）的街道上，置身於尖峰時段的混亂中，迎面而來的是偉士牌機車的廢氣以及海鹽、尤加利樹和夾竹桃的氣味。我在正午的陽光下瞇著眼，像短暫失明。如今我在西西里擁有土地了。

我沒有拿到剛才所簽文件的副本，也沒有交易的收據。一切交由弗蘭卡處理，包括後續還要去律師事務所兩次，把土地移轉辦妥。我要做的已經完成。我不擔心，完全信任弗蘭卡。在西西里，很多事都是這樣辦的。我仍然在生活的邊緣上掙扎，煞費思量地想像人生還能給我帶來什麼。

當我們回到家裡，奶奶正在做甜酸燉茄子。炒洋蔥的氣味和薄荷的淡淡芳香，跟義大利麵在加了鹽的水中沸煮的氣味一樣熟悉，這一道菜甜中帶鹹，是典型的西西里風味，一口吃下去，就能體味到這座島嶼感官上的整體印象：太陽、風、泥土、阿拉伯遺風和歐洲風情，它是幻想醃漬在現實裡。香氣四溢而別具質感，甜酸茄子深沉卻具備天堂的滋味。

「過程順利嗎？」她問道，把木杓放下來。

「順利，我相信很順利。弗蘭卡處理一切，她知道所有細節。」

「很好。」奶奶回到正在做的菜。

我看著她把所有材料混到一起。茄子、橄欖、芹菜、胡蘿蔔、番茄醬。每樣單獨看來都是毫不貴重的平常食材，合在一起卻是滋味無窮。

「奶奶，妳確定不用我幫忙付法律費用嗎？我知道那要花很多錢。」

「如果你負擔不起一份禮物，你就不會送人一份禮物。」她說。她把鍋子蓋上，為這句話畫上句點，也讓甜酸茄子的味道融合起來。

我再站著看了一陣子，奶奶就像島上任何一棵古老的橄欖樹一樣屹立不搖，我知道我是站在這棵樹的蔭庇下，它的主根穩扎在舊世界的一個信念之上，也就是為了往前走，你需要一處可讓你停留下來回望的地方。她把這棟房子送給我，就是為我和她的孫女留下這樣一個地方，把我們更緊密相連，把食物留在餐桌上。她這份禮物讓我可以站在她的蔭庇下，直到我能夠走出去面對陽光。

後來，在奶奶的廚房裡，正消退卻持久不散的陽光餘溫透過分隔她家與外界的門簾滲進來。即使在屋裡，我仍能感覺到被街道上低飛的麻雀輕輕劃破的風。我知道我在西西里有一個屬於自己的地方，明年以至日後的夏天都可以重新回到這裡來。

第四部

# 第三個夏天

*Nun c'è megghiu sarsa di la fami.*

最佳的醬汁就是飢餓。

Hunger is the best sauce.

—— 西西里諺語

# 野茴香

我在薩羅老家第三個夏天的第一個早上，醒來時既燠熱，時差又還沒調整過來，卻沉醉在一個早已忘掉的記憶中——我首次踏足這座島嶼的旅程，當時薩羅和我跌跌撞撞地跑進了北部海岸一家農村館子。這個記憶只能在西西里重新喚起，因為這裡的景色、聲音和氣味成為了引向薩羅的管道，這裡的事物和它的細節是我無法在洛杉磯觸及的。經歷失落之後的人生總是令人困惑：記憶流逝後又出其不意地重現，有如魔術一樣。但這個早上，當我半夢半醒躺在柔和的晨光中，召喚起過去對茴香的回憶，我緊抓住眼前的魔術不放。

「我們就停在這裡，」他說，那時我們已花了大半天探索卡皮塔諾灣旅館周邊的次級道路和小鎮。

我們從一條與高速公路平行的兩線道次級幹道下來，在一個鋪碎石的停車場上把車停下。

「館子看來沒開。」我有點生氣，有點餓，對於自己置身何地很不確定。

「不是沒開。」他回應。

「你怎麼知道？」我語帶挑戰地說。

「因為這是下午三點。你看看那棟建築後方，店主就住在那裡。」他指著側面的一棟建築，大門前方有一條晾衣繩，兩旁有種在赤陶土花盆裡的天竺葵。顯然這就是所需的一切視覺線索，可以猜知有一位廚師在裡面，館子還是開著。

片刻後我們推門進去，只見裡面有十來張四座餐桌，空無一人。每張桌子有個手繪小花瓶，牆上漆的黃色，跟托斯卡尼地區所有教堂祭衣間壁畫上的太陽一模一樣，裝潢十分簡樸。廚房傳來皮諾．丹尼厄勒（Pino Daniele）的吉他即興音樂。餐廳的店主兼廚師走出來。他身材矮小結實，相貌跟地中海所有島嶼上慣見的臉孔一樣。

「哈囉，」他還來不及跟我們打招呼，薩羅就先開口了：「我們剛從美國來到，有什麼吃的嗎？」

那是春天，這位店主兼廚師解釋，他正等待本地魚販把劍魚送來，準備當天晚餐提供給顧客。「我們還沒有開門營業，但是既然你從美國來，我可以為你做義大利麵。請坐。」他把木椅子拉開來，把倒放著的兩個玻璃杯翻過來，走到他身後的酒吧拿來一公升的法拉蕊（Ferrarelle）礦泉水。

「你們從哪裡來？」他用褲子後袋的開瓶器把瓶蓋撬開。

「洛杉磯。」

「嗯，那麼，來一盤野茴香怎麼樣？我有些種在後院。」

「我們這就夠了。」薩羅說。

兩個盤子送到我們面前。我看見綠色的蔬菜，稍微煮軟，在橄欖油裡加點洋蔥和鹽炒過，然後再在番茄汁裡燉煮。最後撒上削成薄片的熟成瑞可塔乳酪。

「這是西西里的大自然放到了盤子上，」薩羅說著轉動叉子，把義大利麵捲成完美桶子狀的一團，準備放進嘴巴。「這道菜就是春天。野茴香讓我們知道我們還活著，不管身邊正發生什麼。」

那個早上我最渴望讓自己知道我可以感到我在活著，再次完完全全地活著。經歷失落之後的半死不活狀態正在轉移。我希望有些事情能提醒我人生是豐盛的，我渴望著情慾降臨我身上，這種可能性令我興奮莫名。

在那天早上的寧靜中，我想伸手到薩羅身上，感覺他背脊的曲線。他的皮膚毫不掩飾地柔軟，帶來飽足感官享受。我想靠得更近，貼近他的一呼一吸。我想拉起他襯衫的背面，湊近我最愛的一處吻下去，也就是他兩邊肩胛骨之間。他的背部是由痣形成的星座。我想潛進獵戶座的腰帶。

我幻想他這時醒來了。

「現在太早了。」他說，嗓子粗啞中帶著甜美。我在幻想中注入豐富的細節：一個販子在窗外叫賣剛捕獲的劍魚，喊著魚排每公斤多少錢；早上稍晚時分的光線透過窗子的活動遮板滲進我們這個無甚修飾的大理石房間。在我的想像中，這個空間是涼快的，但我不會被騙倒。我想像我們在七月的西西里。

「我們要起床了。」我說，想起了早餐，想到了奶油甜麵包、卡布奇諾和弄得薩羅滿手油墨的報紙，有如儀式般一一登場。「薩羅，你知道我看見了空空如也的糕點箱會很生氣。」

「妳要請店員給妳留一個，對吧？」薩羅總是相信跟咖啡店店員交朋友就行了。

我在床上再躺了一會，喚起最深層的情慾。我幻想他的身體向我滾過來。他的身體又如何散發著鹽味和泥土氣息，還有一點小豆蔻的香味。對早餐的想像逐漸消退到顏色淺淡的灰泥牆背後。「你怎麼這也做得到？」我想問他。

「做什麼？」他會說。

「在我喝下早上第一杯咖啡前就令我想到晚餐？」

「親愛的，有沒有我在身邊，妳都會想到晚餐，我只不過令妳的晚餐變得更好而已。」

我笑起來，吻他。在西西里跟他交歡，令我欣喜若狂。我要求再來一次。不過，這時我讓自己從幻想回到現實。

隨著晨光破曉，是時候起床了，以薩羅寡婦的身分開始度過我第三年在西西里的每一個七月天早上。但我心裡還在想著那個夢境，我前所未有地察覺到已經近三年沒有性生活了。當我到婦科醫生那裡做年度健康檢查，她開玩笑說我的性器官可能會萎縮。這番對話令我很是不安，我在停車場上就馬上翻查「禁慾」的定義。禁慾是修女、祖母和陷於昏迷的婦女才適用的，當然，我認識一些跟我同年齡的婦女也曾有一段時間過著禁慾生活，但她們都是剛從一段惡劣的情侶關係脫身而出，又或試著治療性愛成癮的狀況。老實說，我覺得自己像個有二十年性經驗的四十歲處女，一個已婚女性朋友提到自慰是一條出路，我告訴她這就有如告訴一個想吃五道菜大餐的人，從地震應急包底層抓取一罐午餐肉充數。不錯，在緊急情況下它可以幫助你暫時脫離困境，但它不能取代營養均衡的一頓飯。那次看完醫生後，我就開始在坐共乘車或站在火爐前的時候做凱格爾運動（Kegel exercise），好讓我的性器官在有需要時仍能發揮作用。

也許薩羅在夢中出現，是在提醒我自從他過世後，我的一部分已經與現實脫節，也許他在呼喚我放開懷抱，接受眼前的可能性。

當我躺在奶奶的房子裡，佐拉就睡在我身邊，我知道最近一年我花了很多時間試著從失落的經歷調適過來，踏著搖擺不定的步伐前行。兩年後，我的迷惘減輕了，可是悲哀仍然徘徊不去。雖然我感到置身世界中比較安穩了，能較舒坦地應付隨著失落而來的轉變，我仍然感到人生在很多不熟悉的方面殘缺不全。一波波悲傷依然湧至；只不過我更懂得怎樣乘風破浪前行。困難在於怎樣重新想像和重建人生。之前，悲傷像是把我捲在浪底，如今我覺得我已掙扎著破浪而出，我能看見天空了，可是沒有精力也沒有意願向著新方向邁進。我只是在學習怎樣再次呼吸。

我知道面對離婚、失業、死亡和疾病的人要重建人生，我們注定一生裡起碼有一兩次要重建人生。作為單親媽媽照顧著一個仍然籠罩在哀傷中的小孩，又是一名四十多歲的女演員，我已接受了重整人生板塊是需要時間的，而西西里正可以給我時間。於是我從床上抬起腳來，踏到大理石地板上。

這天在我面前開展，像一片敞開的田野。我把行李袋的東西拿出來，這時佐拉還在睡覺，還有待從時差、不同的語言和不同的世界之間調適過來。然後我走到樓下，跟奶奶一起喝這天的第一杯濃咖啡。

自從我一天前來到，這是我首次接納她進入我的生活時程。她看來不錯，比以前多了點歡樂。她像跟熟識的朋友碰面，向我展露笑容。她把一籃水果放在桌子上；當我把小咖啡杯放到桌子上，她就把糖直接倒進了摩卡咖啡壺。

我們還來不及開口說話，艾瑪妞拉就穿過門簾把頭伸進敞開的大門。

「我的媳婦回來了。」奶奶說，從喉頭發出大大的笑聲，距離兩棟屋子都可以聽到。在西西里話「媳婦」一詞有兩種稍有不同的唸法，對我來說聽起來都跟義大利文「榮譽」一詞有點相似，我由此感到一種無法形容的暖意，因為這對她來說也許真的是某種榮譽。

她和艾瑪妞拉聊了一分鐘左右，談到小鎮入口處那尊聖母像。我聽到她們談到，那座雕像需要清潔一下，再布置一些鮮花。她們覺得聖母像前只放著從冬天遺留下來已褪色的塑膠花是有欠尊重的。

「但是先吃早餐吧。我去買麵包。妳要我替妳買多少條麵包？」

「兩條，長的。」奶奶從花瓶底下藏著的錢裡拿出兩歐元給她，這個插著康乃馨的花瓶，旁邊就放著薩羅和他爸爸的照片。艾瑪妞拉隨即轉身走出門外，來去匆匆。

奶奶和我逐一談到自從上次道別後各自生活上的細節：她的血壓、我在洛杉磯的花園、我的工作，諸如此類。我們仍然每週通電話，可是面對面再講一次，一切又再次變得活靈活現而新鮮。我懇求她向我報告任何最新消息，跟我分享本地政治的故事，告訴我誰病倒了或被關了。她把她那個世界的事情告訴我，又聆聽我的零星故事，就會感到安樂。我們都希望對方知道自己情況良好，我們在拉著自己邁步向前。

「我在亞特蘭大拍的那部電影這個夏天就上映了。」我知道她永遠不會看《阿呆與阿瓜：賤招拆招》（*Dumb and Dumber To*）或任何我在這一年拍的影片。她肯定不曉得金凱瑞（Jim Carrey）是誰。

她專心聽著。對她來說，我的演員工作有如魔術，彷彿我每次的工作就像從一頂帽子拉出一隻兔子來。西西里的失業率那麼高，想到我還有工作她就心滿意足了，儘管她不大明白我在做些什麼，只能向陌生人描述說「她在拍電影的場地裡工作」。

她兩條手臂交叉在胸前，望向廚房牆上印著多位聖人的月曆：「在健康以外最重要的就是工作。我們人生裡要是兩者兼備就好了。」然後她脫掉其中一隻在家裡穿的鞋子，讓那隻腳暫時擺脫鞋子上的皮帶，它已經在腳背上留下了印痕。「學校又怎樣，妳能負擔佐拉在學校的花費嗎？」

我還以為她要問佐拉在學校的表現。但她是在忙著檢查實際的事。以後還有時間談到佐拉在閱讀、寫作和算術上的表現。

「我應付得來。」我說。

不錯，我應付得來。我財務上的穩定，有賴持續不斷而來的演藝工作、尚餘的既有工作，還有薩羅有限的保險理賠，後者我留下來用於無法預料的大筆開支和無可避免的就業機會不足狀況，最後還用來逐步償還薩羅先前的醫藥費。毫無疑問，這是有如高空走鋼索的動作。但我碰過更壞的日子。我們仍然有自己的房子，我仍然能送佐拉上同一所學校。我們還沒有像其他很多新寡單親家庭一樣又遭逢其他損失。我該知足了。我期望好運來臨。

然後我問她怎樣挺得住。「我把燈關掉，我把能用的再用。」這是真的。她床頭上方掛著的燈，原可裝六顆燈泡她卻只裝上兩個。「我要節省，因為日後弗蘭卡照顧我時可能需要幫忙。」她講求實際到了深入骨髓的地步。

然後我開玩笑跟她說，我夏天來西西里探望她，實際上可省下在洛杉磯的夏令營開銷，也省下在洛杉磯的日常開銷。我們坐在長凳上的這番交談，最後還同意了讓佐拉參加鎮裡的小孩半日夏令營。這樣她除了跟好友羅莎利亞在街上到處跑，還可以跟其他小朋友有一番社交活動。整個七月的費用才十五歐元，也就是十八美元。我一個下午在星巴克咖啡店吃些小吃就可能不止這個金額了。

「這裡我們沒什麼要花錢的。我們有吃的，有住的地方，妳不需要有一輛車。」她說得這麼有說服力，剎那間我曾考慮從一般社交活動退下來，讓佐拉在家裡受教育，每一餐自己做菜，接受義大利政府提供的免費年度健康檢查。

然後她問我這次來訪未來幾星期的計畫。

「嗯，這個月月底是我的生日，我的父母會來這裡探訪。」稍早時我曾提到他們會來，現在確定下來了。

「好啊。那麼他們就可以看到鎮裡的宗教節慶！」她十分興奮地說。

薩羅逝世兩周年時，我的爸爸告訴佐拉，他有一天會在西西里跟她見面。這是感情上的另一個里程碑，對佐拉來說尤其如此。她年紀漸長，表示她人生有更多時間是在沒有父親的情況下度過的；每年對爸爸的記憶就減少一些，對她來說這是痛苦的事。那天我的爸媽來探望我，我們去了洛杉磯的公墓。艾提嘉念了一首她為這個紀念日所寫的詩。佐拉獻上鮮花，跟她的表妹繞圈圈跳舞。我告訴她跟著本能走。跳舞是釋放內心能量的一種方式，把她不能說的用身體表現出來。在我們這群關係緊密的人中間，隨著時間流逝仍然有人能給我們提供喘息空間。所有人都碰觸到內心的記憶，並各自默禱，然後我爸爸告訴佐拉他會到她祖母家探望她。她從來不曾跟祖父祖母和外公外婆同處一室，兩方的祖輩最後一次見面是在佐拉出生前兩年。

現在這不曾發生的事要發生了，我的爸爸和奧布瑞會在小鎮為守護聖人舉行節慶那天來到，這天也是我的生日。

奶奶自從十多年前的休斯頓之行以後也沒再見過他們了。「我已把小鎮邊緣上那棟房子給他們準備好了。妳爸爸仍然愛吃香腸嗎？」

「也許比以前更愛吃。」我語帶嘲諷地說。

她告訴我準備讓我爸媽住在鎮外薩羅阿姨的屋子裡，她就是曾前來參加我們婚禮那位住在瑞士的阿姨，婚禮上她的丈夫跟我的親戚一起隨著艾瑞莎・弗蘭克林高唱〈寧為女人〉（Natural Woman）的歌聲揮舞餐巾。她的丈夫後來過世了，但離世前在阿利米努薩蓋了一棟房子，打算讓他們退休後居住。這棟在小鎮邊緣的房子一直空無人住，除了一年裡兩段時間阿姨會坐火車前來：在秋天橄欖收成季和夏天的八月節（Ferragosto）——那是八月十五日的義大利國定假日，義大利有一半的人會放下工作到海邊度假。

「我希望那棟房子對他們來說不會太簡陋，但是它有流通的微風而且環境寧靜。」她說。

「那就最好不過了。他們一定喜歡，謝謝。」

我十分興奮，想到了兩家人再次聚首而感動不已。我讓奶奶留在桌子旁，走到樓上叫醒佐拉。我們可以跟奶奶一起歡度大概整個月的多個早上，我不想佐拉錯過任何一個早上。

# 送葬隊伍

到達西西里三天後，我準備到小鎮邊緣跑一趟，那是靜默與風對話而喚起回憶的一處地方。在奶奶的房子外面，在一個種著羅勒的殘破赤陶土花盆上，一隻麻雀正喝著表土上的水。那個臉如皮革的魚販正開車離去，一條劍魚的劍狀長吻從他那輛旅行車的背部伸出來，指向西面。我在廚房桌子旁邊徘徊。

我有一年沒去過小鎮的公墓了。這一年我開始了一個新的傳統：每次帶塊石頭到公墓去。往日在洛杉磯，我讀到了卡羅．列維（Carlo Levi）的《文字如同石頭：西西里印象》（*Words Are Stones: Impressions of Sicily*），書中談到西西里和島上各處尋常百姓的不屈不撓精神。薩羅放在我們客廳裡的藏書，這是其中一本。書名讓我想起，當佐拉還是個學步兒，薩羅跟她在海灘遊玩時就一起找石頭，有些是心形的，有些形狀像西西里島。薩羅過世後，她在各處海灘就自己撿石頭。去年夏天在西西里，她找到了一塊心形石頭，在上面寫上「我愛你」，然後我代她把石頭帶到墓地。現在我要找塊新的石頭帶去，我想像經過一段時間，多次前去之後，那裡的石頭就有如一整套收藏品了；這有點像猶太人的傳統，把石頭帶到摯愛親友的墳墓。我肯定我可以在走往小鎮郊外的路上找到一塊合適的石頭。

我從鎮裡第一條街道的頂端開始，慢慢迂迴地往下走到鋪卵石的大道。這是星期日接近午飯的時間，絕對不是展開這樣一次漫遊的明智時刻。為了防暑每家每戶的門窗都把遮板關得緊緊。無情的夏天烈日高懸天上。

這天西西里刮起一陣突如其來的風。這種乾燥的風堅定不移地從北非的山脈俯衝而來，叫做西洛可風（scirocco）。雖然我此前在西西里度過的兩個夏天也曾遇上它，這天它卻不一樣。它比較輕柔，吹送過來的沙塵很少甚至幾乎沒有。沒有汽車被蓋上沙塵，強風沒有把不知多少哩外的沙粒帶來，沒有把作物摧毀。

我一路往下走，經過一條又一條街道，到處是連續不斷、經歷百年滄桑的畜舍，這些石建築隨著時間流逝而演變成簡樸的灰泥外牆房子。在厚厚的牆裡面，住了多個世代以來在此生生不息的家庭。繼續走下去又經過廢置的穀物倉庫，那曾是薩羅小學一年級的教室。再走下去，我走過已廢棄的公共水泉，薩羅的祖母曾在這裡打水洗衣、做飯，以及讓丈夫一天在田裡工作後洗個澡。我還經過公共廣場，往日大家把番茄醬放在這裡曬乾。每往下走一步，過去和現在就毫不費力地分開然後湊合起來。燠熱的空氣瀰漫著茉莉和尤加利樹的氣味。

我經過教堂的臺階，跟肉店老闆、麵包師傅和乳酪師傅打招呼。我從一頭繫在樹幹上的騾子前走過，牠在一棵矮化的棕櫚樹附近磨著蹄，尾巴在拍打蒼蠅。再走下去，小鎮開始從視野退卻，映入眼簾的是一片田野，一直向著遠處的山谷開展。我眺望著一片片從拜占庭帝國時代傳承下來的農地形成一整個網絡，這裡不透水的土壤多個世紀以來需要費力耕作，可是土地裡仍然長出野茴香，仍然有杏仁從樹上掉下來，還有續隨子從岩石蓬勃生長。茴香和北非的乾風是我這趟漫遊的伴侶。

到達之後，我毫不費力地推開了墓園的鐵柵欄門。像重新把一本書讀下去一樣輕易。就像把先前讀過的一個故事的結尾拋諸腦後，再來閱讀故事不可預料的結局。在柵欄門另一邊，陽光被牆遮擋，空氣比較涼快。通道兩旁的大理石牆提供了蔭庇，也擋住了海風。頃刻之間夏天消失無蹤。這可能是春天或秋天，墓園入口處是一個沒有季節的地方，唯一可以肯定的是，在這座墓園裡我是妻子、寡婦、伴侶，把丈夫的骨灰從半個地球以外帶來，就因為這是他的要求。

我從柵欄門繼續往前走，我在猜想這位在夢中仍然跟我交歡的詩人廚師丈夫，有沒有料想到這一刻我的到來，不禁笑了起來。他到底有沒有料到，我在西西里夏天的氛圍下，走過祖輩的石建築來到小鎮邊緣。這時他那從容而帶著睿智的笑容在我腦海浮現。他是知道的，他想我做我正在做的事，他想我站在經過時間洗刷的大理石之間，瞥見他的蹤跡就在這裡，在一個山麓小鎮的山麓上，他想我在地中海中心的一座島嶼上瞥見他的蹤影。

當我站到墳墓前，我第一個動作就是挪動那張飽歷風雨卻依然堅固的木梯，讓它對準陵墓的牆。可是在一天的這個時間卻沒有人能助一臂之力，這是星期天接近午飯的時間，任何本地知情人士都會告訴你這是一天裡前去尋覓回憶的最壞時刻。七月的西西里正午烈日只會令一切變得更緊張。其他女人，那些比我聰明的寡婦，此刻都在其他地方。她們擺好餐桌，切好麵包，正站在火爐前為午餐菜餚畫龍點睛，不管那是茄子還是現摘現煮的櫛瓜。可是我在西西里並不親自下廚，於是我繼續把那笨重的梯子慢慢挪動，在水泥地上拉著其中一邊讓它傾斜過去，然後在另一邊使力讓它直立起來，這樣一步一步下去直到我成功把它挪到刻有薩羅名字那面牆的前方。

我踏上梯子的第一步總覺得不穩當。我往下看看那些固定梯子踏板的釘子是否有幾顆鬆脫了，但我知道讓我動搖不穩的並不是鬆掉的釘子。

爬到了梯子頂端，我看見有佐拉字跡的那塊石頭還在壁架上。我跟薩羅墓碑上的照片面對著面，隔壁還有他爸爸的照片。他爸爸臉上的表情像是置身永恆的時空，使我想起我和這一家人達成和解後某年往訪的一個春日。

那天薩羅的爸爸從田裡工作完畢回到家裡，遞給我一大串洋蔥作為禮物。「妳可以拍張照片。」他說。他喜歡我給他或他的勞動成果拍照，於是我們走到葛蘭西路的中段，站在卵石路中間。我這個受過正規教育的都市化非洲裔美國媳婦便為我的公公拍起照片來，這個種大蒜的農夫會把鈔票繫到褲子的腰帶上，這樣在田裡勞動時就會感覺到自己的皮膚在碰觸著鈔票。在照片裡，他其中一隻飽歷滄桑受關節炎之苦的手握著一把廚刀，對準那串大蒜的中央，彷彿表示他可以讓整串東西一分為二或保持完整，這個抉擇在他手上。

我們把這張照片裝了相框放在洛杉磯的家。薩羅過世前幾星期，吩咐我把照片拿到樓下，放在門廳的小桌子上。他們說當一個人快要離世，就會提到摯愛的已逝者，回憶起他們，甚至要求去見他們。當時我對此一無所知，此刻看到了他爸爸的照片，唯一想到的就是這一點。

我對著帶來的石頭輕聲說了一句情話，然後把它放在壁架上。它在任何方面都不是一塊很特別的石頭，只是扁平而灰色的。雖然島上可以找到好些顏色特別的石頭，像近似古雕像黃色大理石的顏色，又或火山岩的黑色及瑪瑙紅色，我卻曾聽說灰色的石頭被稱為西西里的珍珠。最後我從梯上回到地面，意識到這是午飯時間了。我肯定佐拉已經起床。奶奶會把頭伸到前門外等著我從街道走上來，準備把義大利麵丟到煮沸的水中。

我從陵墓的牆往後退，閉上眼睛，轉身踏上回家的路。我沒有試著把梯子放回原位。

就讓它留在那裡，作為曾有人來探望死者的標記。

第二天早上，我發現奶奶、艾瑪妞拉、貝內德妲和克羅琪妲（Crocetta）圍坐在廚房的桌子前，帶著低沉語氣用西西里話交談。同時一臉愁容。奶奶拿著早上郵差送來的廣告文宣充當扇子。阿利米努薩一個十七歲居民剛告別塵世。

從我聽到的得知，女孩在嚴冬突然病發。鄰鎮切法盧的醫生清楚知道她這種病不是他們有能力處理的，她馬上被送到羅馬，她父母在醫院病房裡度過了最後的六個月。附近一所教堂的修女給他們送來修道院食堂的食物。世界各地的醫生都前來看診，因為她看來是全世界出現同樣病徵的十三個病人之一，患的是一種罕見、奇特而神祕的無名疾病。

多個月來每個星期日的彌撒上神父都向大家報告她的最新病情，請大家為她和她的家庭禱告。如今傳出消息說她已蒙主寵召。小鎮被愁雲慘霧籠罩。每個人都為她驚嘆惋惜——「那麼年輕就走了。」一提到她的名字成年男人也會哭起來。不管是在書報攤兼香菸鋪，在小吃店，在廣場上，還是在擠滿人的市政廳檔案室，她的死亡是鎮裡唯一的話題。使得這個悲劇更令人悲痛的是它神祕莫解，甚至無法給這種致命的疾病一個名字。

「她的家庭，那個可憐的媽媽，她從來不離開女兒半步。」貝內德妲說。

「令人傷痛的是無法得知是什麼病。」艾瑪妞拉說。

「去年有三個嬰孩出生，卻有十三人死亡。」貝內德妲補充。

這些就是阿利米努薩的系譜資料。

「這個比例給倒轉過來了。天曉得什麼會發生在我們身上……我們就是這樣來到這個世界，又這樣離開它。」奶奶補充，這是她們記憶中最古老的一句話。然後她們陷入一片沉默，看來是為一個年輕生命的逝去而沉思。

我對她的家庭深表同情。對抗罕見而無法看見的敵人，我知道是怎麼一回事，我想到了在經過十年的照護之後我應該學會為將要來到的事做好準備。我一直被籠罩在薩羅患病的陰影下，可是我從沒有準備好面對各種突然來襲的狀況。他的癌症反反覆覆，緊急的危機跟呼吸著的空氣一樣貼近著我。曾有一次，星期天原來平靜地在吃早餐，喝著茶，吃著新鮮出爐的牛角麵包，突然他因為藥物的不良反應引發一陣混亂，結果要把他送到急診室。又有一次，他吃著晚飯，突然站起來說不舒服，然後不久之後他就在浴室裡昏倒了，跌下來時一頭撞到洗臉槽上。我曾見過他的情緒在躁狂狀態下顛倒反覆，在幾秒內變得陰鬱或憤怒。我們的生活圍繞著他免疫系統的起落無常而打轉。在病魔襲擊下，他的免疫機能可能在這個星期戲劇性地發揮作用，下個星期又在無預警下消退無蹤。我曾見過他吃著一條棍子麵包就弄得一顆牙齒斷裂了，他的牙齒因為放射治療而變得脆弱不堪，這都是我從來不可能先做好準備的處境。

「我們要帶鮮花到墓園去。明天就要送葬了。」奶奶對我說。

「我會去買，放心。」我說，突然感到一陣眩暈。也許是因為暑熱或山上吹來的乾風，也許是因為感情的衝擊。我來過阿利米努薩很多次了，節慶、婚禮、惡鬥連連的選舉，卻從沒碰上過新生命的誕生和完整的送葬儀式，這是另一個重要的第一次。

第二天我把鮮花放到薩羅的墳墓後，我踏著那條被人遺忘的路從墓園回家去，這是很久以前騾子所走的路。我知道走在這條路上，西西里人說會令人看似「一個失落的靈魂」，但這正是我想要的。我不想見到任何人，只想伴隨著自己的是風。半路上我走近鎮裡唯一仍運作如常的噴泉，它就在一百年前為了讓騾子和運貨車通行而擴寬的臺階附近，這時我抬頭一望，看見那個年輕女孩的送葬隊伍已起步了。追悼者剛開始向教堂走過去，他們的起步點就是屹立在小鎮邊緣向來訪者招手的本鎮守護聖人聖安娜的雕像。教堂的大鐘敲響早上十一點的鐘聲，在風的吹動下大鐘又再搖了一下。

我繼續慢慢踏上臺階，到一半停下來靠在有陰影的牆上尋求支撐並喘一口氣。我當時的衣著不能走得更近。身穿紅色褲子和花卉圖案的上衣，我不可能是送葬者。

我看著狹小的棺木經過，她六個同學把它扛在肩膀上，那是十來歲的男孩們，臉上長著青春痘，頭髮用髮膠梳成油頭，手機插在後袋凸了出來。穿著白袍的法蘭瑟斯柯神父走在棺木前面；女孩的父母萎靡不振在棺木後頭但總算能站穩往前走。他們後面是鎮裡的一大群民眾，每人都拿著一朵白玫瑰。年長的婦女唱著輓歌，在此同時焚香的煙瀰漫在夏天原已刺鼻而令人煩躁的空氣中。

最後一個送葬者在我面前走過後，我從牆邊走開繼續爬到臺階頂端走上主街。一些穿著黑色連身裙和束襪的年長婦女從她們房子前面的窗看著送葬隊伍走過，然後退了下來。她們知道接下來的送葬儀式是怎樣的，大抵接著就回到她們的草編椅子，再送上更多禱告。

當我回到家裡，奶奶正坐在桌子旁，她也掉下眼淚來，她從遠在主街上方的門口看到送葬隊伍魚貫走過。

我一看到她就感到一陣眩暈。她也許察覺到我臉上的表情，拉出一張椅子讓我坐在她身旁。我就坐了下來。

在西西里，哀傷不是個人經驗而是屬於整個社群的，大家要共同見證它，互相扶持。這就像在非洲某些文化裡以擊鼓作為對抗哀傷的一種主動行為——節奏多天無休止延續下去，夜以繼日，一再重複，不斷提醒社群裡的人他們面對的失落；在西西里也一樣，死者的故事會一次又一次講下去。我準備好坐下來聽奶奶講述她的見證。

可是我們只是一直沉默地坐了一段時間，這一刻不再需要添加什麼。

然後她問道：「妳把花送去了嗎？」

「送去了，然後我走了好長一段路回來。」

「沒有什麼路比她父母今天所走的路更長。」

「我知道。」

大門的門簾被風起了。

「再加上風，他們就更是衰弱不堪。」

這個下午慢慢消逝。奶奶吩咐佐拉和我到樓上小睡片刻。

「休息一下吧。一天之內太多陽光，太多死亡了。」

隨著下午讓路給黃昏，陽光緩和，風也靜了。佐拉和羅莎利亞再次消失於玩樂和友誼當中，她們用塑膠袋做成一顆顆水「氣球」在葛蘭西路上拋上拋下。我出門去多買一些麵包，我經過一個同時販售筆、玩具、電池和防曬油的報攤，然後在乳酪店停下來預訂一份熟成瑞可塔乳酪。我要趁著還會在這兒待一陣子時早點下訂單，因為我知道它需要時間熟成，到了適當的時候才可以把它帶回洛杉磯。回家路上，我碰上一位老太太，她有一雙銳利的藍眼睛，穿上矯型涼鞋的雙腳可見屈曲的腳趾。她是奶奶的一位同輩遠親，一個滔滔不絕愛交際的人。這時我就像用叉子吃湯，怎樣也想不起她的名字，於是我稱呼她「嬸嬸」，她聽到笑了起來。

她一一細述了她的病痛，又表達了她對麵包價格漲了十分錢的不悅，然後她問到我在美國的家人。我告訴她他們會前來探訪，會在聖安娜節慶期間留在鎮裡。她抬起雙手在胸前鼓掌，表示高興和驚訝。然後她雙手抱住我的臉頰。「妳在這裡建立的連結就像一朵花，它需要土壤和陽光，這些東西，拜上帝所賜，我們不花分文就可以取得。可是妳卻是我們當中給這朵花澆水的人，讓它能夠成長。沒有水，所有關係都微不足道。它們無法開展，最終會枯萎。」

她再抱住我的臉，兩次跟我吻別。然後她舉步爬上陡峭的卵石路回到自己的家。

嬸嬸談到了家庭、佐拉、連結和關係的培養。但我敢於對她的話做另一番解讀，試想像我自己的人生像一朵花，是我不斷照料栽培的。西西里就是水分和陽光，在我經歷失落之後滋養了我，讓我在人生中變得更堅強。也許在墓地留下一塊石頭以作紀念還有額外的意義；也許它象徵薩羅持久永恆的愛。他的愛，還有他的人生、疾病和死亡讓我學會了很多，卻是他的愛從底層給我支持，成為了我在失落中的救贖。

我繼續走回家去，當我經過沿街的石牆，我向著牆上的灰漿和縫隙訴說了我的一個夢，這就是我在西西里度過夏天時寫在石頭上的日記。我會藉著這個地方的愛令自己變得更堅強。這是藏在石頭裡的遺產，是薩羅一生給我的禮物。

# 番茄醬

我們在阿利米努薩的日子循著一種重複而優雅的步伐行進，回來後的第二個星期，佐拉和我已經跟上這種步伐了。每天下午，她灌下暖暖的牛奶和兩個拳頭的甜餅乾，就開始走到街上。

「當心廣場上的車，不要走過小鎮邊緣那座橋。」我提醒她。

我吻了她一下目送她出門，心裡確知她會回家吃午餐，餐桌上有橄欖和配上新鮮四季豆的義大利麵，還有乳酪和麵包讓她飽餐一頓。午睡後她肯定會再次走到街上。

在此同時，我的爸爸不斷打電話到西西里來，報告他來訪行程的最新消息。我們的對話是這樣的：

「有無線上網嗎？」

「沒有。」

「美式咖啡機呢？」

「爸，你帶即溶咖啡吧。」

「我們會租輛車。」

「啊，不，不要租車。我開車去接你。」

「滕碧，我曾經開車走遍整個歐洲和德州東部。我做得到的。」我爸爸對於開車出遊幾乎像傳道一樣滿腔熱情。

奧布瑞也加入戰團，展開他們喜愛的互相調侃：「開車？嘿！在西西里？就像你說葡萄牙文一樣嗎？」

「不，這是來真的。西西里的馬路我應付得來。我的葡萄牙文只是用來秀一下的。」我們家裡有個百聽不厭的笑話，那就是老爸聲稱能說三種外語：葡萄牙文、非洲的史瓦希利語（Swahili）和「東德州話」。他聲稱他跟黑豹黨領袖卡邁克爾去莫三比克、安哥拉和幾內亞比索時學會了葡萄牙文；一九七四年去坦尚尼亞協助當地的自由鬥士時學會了史瓦希利語；在他祖父母的自耕農場附近的田裡採棉花學會了「東德州話」。家裡所有人一致認為他每種語言頂多能勉強擠出五個詞。當然「東德州話」是例外，他絕對講得十分流利。

「爸，你找人開車把你從機場送來，我會放心許多。在西西里開車出行是很大的挑戰。老實說，這裡的道路不是為遊客和西西里以外的人而設的。我跟你那家旅行社的職員談談好了。」

「對，吉因，求求你，不要讓大家為難了。」對於好冒險、愛逞強的他來說，奧布瑞是講道理的陰柔協調力量。然後她繼續說：「滕碧，這次打電話給妳，其實是因為我想知道，應該帶些什麼禮物給奶奶、弗蘭卡和柯西莫。」

送禮是奧布瑞擅長的本領。想像中她在另一個人生裡，也許就會開家禮品店，專門為別人購買至為貼心的禮物送給心裡惦念的人。這是她一種罕有的本領，就有如唱歌能超過五個八度的音域，又或能一邊走鋼索一邊拋火棒，我卻欠缺這種本事。她要讓我的西西里家庭知道，我們這個德州家庭是多愛薩羅，並且感激他們的熱情接待。我建議他們可以送些什麼給我的外甥女和小姑夫婦。然後還有奶奶。

「給她帶些家裡有用的東西吧，又或許一些對她的兒子有紀念意義的東西。她需要的就是這些，也許一條黑色圍巾也行吧。」

這是含糊的說法。我實在有點尷尬，對這個現在來說有如我另一個母親的女人，我竟然沒有弄清楚該送她什麼。

爸爸這時又插嘴了：「還有，我們在妳生日那天早上到達。妳想我們怎樣為妳慶生？」

「嗯，爸，我不曉得。」

我真的不曉得。這不光是我的生日，也是我們的結婚紀念日，永遠連起來的兩件人生大事。如今，我的父母和薩羅的家人將會在這個紀念日聚首一堂，回首十九年前在佛羅倫斯舉行婚禮那天，因為欠缺互信他們竟然像兩個世界的人，現在他們難得聚首——尤其在西西里，最應該感到別具意義的那個人，卻是已然不在。

夏天是製作醬料的季節。空氣裡瀰漫著木燻和番茄醬的氣味。鎮裡各處可見空的深綠色礦泉水瓶和棕色啤酒瓶，放在架子上或條板箱裡晾乾，一箱一架堆放在住宅或「倉庫」前的人行道上，那所謂倉庫可能是地窖或車庫，用來放置拖拉機、農耕用具和製作傳統番茄醬的大鍋。番茄是夏天的標誌，深紅色的聖馬札諾（San Marzano）李子形番茄直接從田裡採來製成醬，這是世世代代以來的習慣。鎮裡所有的儲存空間和倉庫不久後就會放滿一瓶瓶番茄醬，足以讓家家戶戶整個冬天享用。西西里人說：「最令人高興的就是你知道你可以在嚴冬打開一個瓶子做一鍋義大利麵，吃到盛夏的味道。」

自從朱塞佩六年前過世後，奶奶就再沒有做番茄醬了。她那個百年老銅鍋用羊毛毯子包著放在朱塞佩收藏工具的地方，那個類似閣樓的空間在瓦屋頂和二樓之間，鍋子就放在切朝鮮薊和把大蒜綑成串的工具旁。她把製作番茄醬的任務交給柯西莫和弗蘭卡。每年他們做的都夠她分享，放到三四十個一公升的瓶子裡。可是這個夏天柯西莫由於他自己的工作時程所限，要再過兩星期才開始製作番茄醬，那時我已返回洛杉磯了。取而代之，奶奶在葛蘭西路下方的堂姐妹會代她做番茄醬。

那天早上吃早餐時，奶奶千叮萬囑佐拉別把那一人份的梨子汁和桃子汁玻璃瓶丟掉。她把瓶子洗過，再用沸水煮過後，就收起來備用。

「這可以用來放番茄醬，這些小瓶子可以輕易放到妳的旅行箱。一兩頓飯用上一瓶就最好了。妳下班後回到家裡，打開一瓶，妳和佐拉就有一頓飯吃了。」

「我自己也一樣，」她繼續說：「這些小瓶子就夠我用了，因為我就一個人而已。」

「如果妳想看看番茄醬怎麼做出來，今天晚一點到努恩賈（Nunzia）家裡去吧，把佐拉也帶去。」我懷疑奶奶很想佐拉跟住在穿越全鎮的主街上的這位堂姐妹見一見面。

盧普（Lupo）家族兩房的三代人一起做番茄醬，他們分工合作砍柴生火，剝番茄皮，加鹽，切洋蔥，準備羅勒，打理鍋子，然後裝瓶儲存。整個流程要花三天準備（清潔並消毒瓶子，採摘番茄），一整天做醬，再花一兩天讓做好的醬冷卻下來。鎮裡其他家庭多是凌晨兩點一直做到早上十點，盧普家卻從下午稍晚時分開始，一直做到深夜，因為他們的地窖在山坡上，面向西南，這樣的地理環境讓他們能夠避過午間的熱浪，打開所有窗子就可以迎來穿堂風。

「把佐拉也帶去」，奶奶這個主意叫人為難，因為要用盡九牛二虎之力才能把她和羅莎利亞分開來。一般來說，鎮裡的孩子都不喜歡做醬，更不喜歡跟另一家庭的人一起做醬。在家中做醬這種傳統有它的風險。它極為費力，小孩也往往不准靠近鍋子，孩子做起來更是動輒喊累抱怨連連。很多家庭都等到晚間孩子都上床睡覺後才做醬，就是因為這個緣故。

當我在把那些小瓶子洗乾淨時，我伸頭到門外跟佐拉和羅莎利亞聊了起來。

「羅——莎，」這是街上的女人叫喚她的小名，我也跟著這樣叫：「佐拉和我今天晚一點會到努恩賈的家，去那兒做醬。妳要來嗎？」

她和佐拉坐在奶奶房子外面的長凳上，用佐拉的 iPad 製作電影消磨時間。最新的電影是一部驚悚片，有關奶奶房子隔壁存放的那些棺材。

「不，我不能去。我要上單簧管的課。」

「啊，對。」去年她在小鎮的樂隊取得一席之位。聖安娜節慶遊行即將舉行，她未來幾個下午都要練習。「我迫不及待想聽到妳的表演。」我心底裡不禁有點興奮，因為這表示佐拉就不會抗拒跟我同去。我實在想她看到她幾乎每天在奶奶餐桌上享用的番茄醬是從哪裡來的，我也想在小鎮這項最古老的傳統中試試自己的身手。感覺上這完美地代表了夏日的高潮。

這個下午時間看似以龜速行進。我在午飯後休息一下，看看書。我還打算走到葛蘭西路的頂端，從地面縫隙飆長出來的藤蔓採摘續隨子的花蕾。告訴我那兒可找到續隨子的簡娜（Gianna），她房子的下方就是遍地蔓生的續隨子。我從來沒見過正在生長的續隨子。她告訴我，好幾年來種子被風吹到這裡來，落在鋪卵石的臺階上。我打算採摘起碼兩杯的花蕾做酸豆，加鹽後放在屋子前的番茄旁曬乾，收拾行李時我會把它全都帶回洛杉磯。

然後，過午後不久，電話響了。奶奶接電話，對於在午睡時被吵醒有點惱。我在樓上聽到她「喂」的一聲大吼。幾秒鐘後她向我呼叫：「拿起電話筒。」說的是西西里話而不是義大利文。不管怎樣，看來有緊急的事。

一條街外發生了車禍。沒有人受傷，但其中一名駕駛是英國遊客。他不說義大利文，而我是鎮裡唯一說英文的人。一個鄰居打電話來，因為他們需要我跟那個英國人說話，希望我能翻譯並讓緊張情勢緩和下來。

我到達後看見一個四十來歲穿緊身牛仔褲、白色麻質襯衫的男人。當我從兩條街之間那條通道的一道木門後面走出來，他見到我似乎有點震驚。他站在街道中央，一群西西里人圍著他，顯然十分緊張。一個對峙局面正在形成。

我和他很快地互相介紹並說了些客套話，這是在外地遇上說同一語言的人的慣常動作。他是個音樂製作人，帶著年輕的家庭在西西里農村地區度假，在附近租了一棟農舍。他到這裡來買麵包，卻發現所有商店都沒開門營業。他撞到的那輛車，我不久後發現，是屬於卡羅葛洛（Calogero）的，這位和藹可親的農夫臉上總是掛著一個大大的笑容，每年都會送給我從他田裡採來的小扁豆帶回洛杉磯。

卡羅葛洛一看見我便喊道：「跟那人講話！」然後他雙臂往上一拋，做出這個表示挫折、無奈和憤慨填胸的典型西西里動作，這個舉動已讓我得知要知道的一切。

我還來不及翻譯，那個英國人就忙著為自己辯護。他堅持錯在卡羅葛洛。我看了看他那輛奧迪（Audi）旅行車，就清楚可見他也許是對的。卡羅葛洛可能沒看清楚就從他家的車道倒車出來。那是一條很少人使用的街道。那位英國人可能沒料到會有一輛車從狹窄的車道和屋子前方倒車出來。

我問那位英國人，我們能否迴避那愈來愈多的人群，單獨先談一下。

「你指控撞到了你的車那個人是鎮長的堂兄弟。」我馬上說出了在我看來他需要知道的最重要資訊。

他一臉困惑和惱怒地看著我，像是在說：鎮長的堂兄弟跟這件事有什麼關係？

可是我正在以西西里人的方式來思考，這表示面對這個特定處境要先考慮社會關係，然後才是事實。

「你有買租車保險嗎？」我問道。

「沒有，我不認為有這個需要。我只想他簽了車子雜物箱裡的表格，承認是他撞到了我。」

這時很熱，午睡時間才過了一半。場面愈來愈吵鬧，房子外的人群愈來愈大。看來每個人都迫不及待要告訴我他看到了什麼。

「我們進去吧。」我說，拉著他走進卡羅葛洛家的大門。

在卡羅葛洛那個氣氛溫馨、潔淨無瑕的廚房裡，這個因送給我小扁豆而建立起關係的家庭，三代人同坐在桌子旁，為事件中的親人辯白。我們坐到一張鋪上塑料布的四人桌前，其他人圍攏著我們。桌子上方有盞裝上傳統西西里瓷質燈罩的燈，繪上了摩爾人和葡萄藤的圖案。附近一張椅子上放了一個載滿番茄的條板箱，似是等著要煮成醬。

我往來於英文和義大利文之間，為一個英國人把當地的語言和文化翻譯過來，他突然察覺到自己處於不利地位。在西西里，錯誤是相對的。事實總是相對於你對世間事情的看法。可是我們仍然花了二十分鐘，在餐巾紙的背面來來去去地描繪車禍的說明圖，試著重現事發情景，然後那個英國人才放棄根據邏輯據理力爭，屈服於他身處這個西西里城鎮的眼前事實。在這裡你絕對不會背叛自己人。事實如何無關宏旨。

「你不是在托斯卡尼，你是在西西里。」我說，提醒他義大利不是一個單一的整體，托斯卡尼不能代表整個國家，儘管電影可能令你這麼想。托斯卡尼半個世紀以來一直在歡迎觀光客來訪，吸引千千萬萬的訪客，碰上過假日期間的種種問題、疑難和無法預料的災難。西西里，尤其是內陸農村地區，只有很少為觀光客而設的基礎建設。英文在這裡不通行，本地人也不會把目光往外望，不會招手請世界各地的人前來。「我現在瞭解了。」他突然領悟到這方面的事實，像西西里七月天一樣清晰。

然後他轉過來面向著我，也許是過去一小時我們碰面以來的第一次。他看見我這個美國黑人女人坐在桌子前，跟旁邊的人臉孔不一樣：看來她不是為他們辯護，只是她瞭解他們。

「妳怎麼會來這鬼地方？」他問道。

我給他一個能解釋一切的答案：「我嫁給一個西西里人，現在是寡婦。」

他猶豫了片刻，彷彿試著理解我擺在他眼前的一系列人生事件如何把他和我帶到目前一刻。然後他向我表示慰問。十分鐘後我說服他同意不再在保險理賠上窮追不捨。

「告訴他們你的車停著時被人撞了，沒有任何人可被追究責任。繳付罰款，然後享受你剩下的假期。」我說。

「這是個美麗的地方，」他指的是連綿不斷往山谷延伸的田野：「這一切太可惜了。」

我不能說會不會再來，這些人令這變得很為難。」我想讓他明白，他置身的這座島嶼，在歷史上曾被很多外來者征服和統治，西西里人的本能反應不是總讓外人覺得好受。

我看著他開車離去，沿著迂迴的路穿過黑莓叢，拐過一個又一個彎，往他租住的房子駛回去。我準備回家了，整件事令我精疲力竭。

回到家裡，奶奶正在煮下午的咖啡，我把卡羅葛洛和那個英國人的故事向她講了一遍。她的錢包放在桌子上。她不久後就要去望彌撒。那位來自蒲隆地的神父回來了，她想早點去教堂找個靠近電扇的座位。

我正要啟程回家時卡羅葛洛的妻子把我攔下來，給我一袋春天採收的乾鷹嘴豆，感謝我的幫忙。奶奶和我決定等著咖啡煮好時把豆子弄乾淨，豆子仍然混雜著泥土和雜草。奶奶把它們沖洗了一下，把雜質除掉；我拿著濾盆和花卉圖案的洗碗布站在旁邊準備把豆子弄乾。我們默默動手做著，煮咖啡的香味瀰漫整間廚房。我感覺到奶奶心裡想著什麼。我把濾盆裡最後一批豆子擦乾，再放到一個淺碗裡在陽光下曬乾。咖啡終於煮好了，她也終於開口說話了。

「妳是站在卡羅葛洛的一邊嗎？」她給自己倒了一小口濃咖啡，給我倒滿了一小杯：「因為其他人來了又走，我們卻是常在一起。」

我花了片刻才領悟她這番話的全部意義——它既是陳述事實，也是邀請別人與你並肩同行；這種想法一如我們踏足其上的土地，是典型的西西里。奶奶眼中的「我們」跟

「他們」對立起來。在此同時，她在考驗我的忠誠和對這個地方、這個社群的歸屬感。在這一切背後她所問的是，我是否是那個「我們」的一部分。

答案對我來說是絕不含糊的。

「是，我是，」我向她保證：「妳不會有任何問題。卡羅葛洛可能一整年都會給妳送來小扁豆和鷹嘴豆。」

她笑著把水槽和流理臺擦乾淨，把除了她以外沒人能看見的灰塵或問題擦掉。我希望她也抹掉對我的任何疑惑，不再懷疑我對她和她稱之為家的這個地方的感覺。不久之後她穿上正式的寡婦黑衣，在頭上噴了髮膠以防刮起大風頭髮被吹亂，然後就出門去望彌撒了。

當奶奶在教堂裡，我就把佐拉從她老黏著不放的 iPad 拉開，告訴她一個沸煮著的大鍋正等著我們。這是做醬的時間。我們關上大門，追蹤著木柴燃燒和李子形番茄煮得軟爛的氣味走去。

我們踏進地窖，就看見盧普家所有人都在忙個不停。其中兩人監督材料是否洗得乾淨，另外兩人加入洋蔥和來自特拉帕尼（Trapani）低沼澤地的粗鹽。有人把煮爛了的番茄倒進一個磨坊似的裝置，經過金屬篩子過濾後，番茄泥就跟皮和籽分開來。這時番茄變成了糊狀。近距離聞著鎮裡瀰漫的煙味，令人有一種飄飄然的感覺。在另一個房間裡，盧普家最年長的成員皮娜（Pina）在另一個大鍋前只管攪動著糊狀的番茄。她用的那支長長木杓，從她的腳趾長及胸膛，她的任務就是不斷輕輕攪動那鍋醬，讓它不要黏到鍋底。不遠處就是家中最年長的男人，他負責把大鍋的醬舀到小鍋裡，以便送到裝瓶的工作站。然後馬利亞．皮亞（Maria Pia）把番茄醬一瓶瓶裝起來，再蓋上瓶蓋。最後，地窖一角的地板上放著一些百年老籃子，這些籃子以往是放在騾背上的，裝滿了的瓶子就放進籃子裡，用毛毯裹著讓它冷卻。

佐拉和我看著這種古老、有效率、分秒不差而具節奏感的操作方式，不曉得該從哪裡加入。好一陣子我只好接受，我們的角色可能就是在旁邊站著看一下，當個旁觀者。我擔心事前我慫恿佐拉前來做醬的所有工夫，結果是讓她大失所望。我知道如果她只能在燠熱的地窖裡站著光看人家動手，五分鐘左右她就會厭倦。然後她開口說話了。

「我可以幫忙嗎？」當這小小的聲音請求加入，一屋子的人驚訝之餘也熱切回應。大家異口同聲說「當然」。「快圍一條圍裙吧，」有人催促她說。

「我想攪攪看，」佐拉指著放在橘紅色猛烈柴火上的第一個大鍋。那個木杓比她還高。「我可以的。」

「千萬別站得太近。要不然那些煙、洋蔥和蒸氣會弄傷妳的臉，妳要站開一點再攪動。」

佐拉拿起木杓，她那興高采烈的心情是這刻獨有的，因為此刻這個孩子在大人鼓勵下第一次參與一種以前聞所未聞的活動。她看著我等我點頭允許。儘管煙、火和滾燙液體的風險顯然可見，這一刻我卻無法拒絕她的請求。

我往後退看著所有人默默進行著這種做醬儀式。佐拉九歲的小手正在做她祖母曾做過的動作。同樣的事她爸爸也可能做過。它帶來延續感，促使大家分工合作，動手做實事，起著療癒作用。過了好一會，馬利安娜（Marianna）終於打破沉默。

「番茄醬的一切來自這裡。」她把重點放在「這裡」，然後指向離大鍋不遠的那扇敞開的窗，指著從石屋這扇窗所見的遠處田野。「一切來自這片土地。」

佐拉抬頭往外望，我追隨著她的目光，山谷映入眼簾，山脈在二十哩外的遠處，山丘上可見深紅色斑紋，那是夏天番茄收成的顏色。

「這是我們的一小塊土地，」馬利亞．皮亞接著說下去，同時走近佐拉。她站在佐拉後頭，把手放在佐拉的手上跟她一起攪了起來。這種動作是吃力而勞累的，我已準備好幫忙，但馬利安娜也察覺到要去幫忙了。佐拉看見有人伸出援手鬆了一口氣，卻完全沒有準備放下她的任務。

她堅定地站著，她那九歲的身體跟房間裡正在做醬的任何人一樣堅決而投入。我自豪不已。我敬佩這個幼小心靈。我能想像，像她這樣的小孩，長大成人後將無懼面對人生的火和熱，敢於翻動熱鍋。她會懂得欣賞我們腳下的土地。她會知道不管自己走到哪裡仍然屬於這片共同的土地。她的名字「佐拉」就包含著這個意義——大地的一小塊。

我們再待了一個鐘頭。我動手裝瓶，攪拌，加鹽，學習以古法翻開番茄的心——把拇指直往中心插下去，也就是插進原來連著梗的地方直抵中心部位。佐拉和我離開時身上散發著尤加利樹的煙燻味，還有羅勒、洋蔥和海鹽的氣味。它不光在我們的頭髮上、衣服上，還滲進了我們的皮膚。我想起了薩羅每晚從「水街二號」回到佛羅倫斯那棟小公寓時的氣味，這是一種誘人、鮮活的氣味，我希望它常留我的身上。

那天我上床睡覺時累透了，可是腦海裡仍然浮現著李子形番茄在舞動的影像，我看見我那個身為廚師女兒的孩子在大鍋旁攪動著，多麼期望薩羅也在場看到這個情景。不管怎樣，我感覺他是看到了，這就像他辭別人世那天早上，我感覺他在等我來到他身邊跟我道別。

# 鼠尾草和聖人

我四十四歲生日那天醒來時，心裡想著茴香和薩羅的詩情雅興。這是這個夏天我和奶奶單獨相處的最後一個早上，我的父母這天的午飯時間就來到了。幾天後，佐拉和我就會去羅馬，再返回洛杉磯。我聽到清晰可辨的水流聲，正流向臥室上方椽上的水缸。來自山脈的水每星期一次引進鎮裡，居民可以把一整個星期要用的水注進家中的水缸。水聲穿過石牆在大理石地板上反彈發出回聲。它十分響亮，如雷貫耳，足以把我吵醒。佐拉還在睡覺。

家用清潔劑的氣味從樓下飄上來。我聽到奶奶在移動椅子。她可能正在使勁地擦洗地板。打掃就是她的冥想，也是我們臨別前的慣常動作。我的父母再過幾個鐘頭就來了，肯定將會不斷有人來訪。她打掃時也許就是我靜靜跟她聊天的最後機會，就我們兩人面對面地聊聊。

我把自己準備好，將頭髮往後紮起，披上一件晨褸。我們的對話可能被路過的人打斷——他們可能是去買麵包的葛蘭西路鄰居，或是正把田裡採收的蔬菜帶回家，或是在外晾衣服，或是在街上叫賣。他們會伸頭進廚房裡，給你報告最新的本地新聞和八卦消息，又或是令他們難過的事，所以我想穿得體面一點，卻又不是穿得太整齊。經過三個夏天後，奶奶知道當我穿上晨褸坐在餐桌旁，我就是還閒著。

當我正要從樓梯下的平臺踏進簡樸的客廳，我要小心翼翼避免在濕滑的地板上摔倒。

「當心！」她說：「我聽到妳在樓上。咖啡煮好了，坐下來吧。」

我隨即坐下。她檢查了一下咖啡壺下的爐火，然後如常給我倒了一小杯，接著把糖遞給我。這有如餐桌上的簡單舞步，順暢而毫不費力，是我們曾做過無數次的動作。我就安坐下來了。

「媽媽。」我放膽地這樣稱呼她，在這刻感覺上是自然的。「妳知道我對於離別在即有什麼感覺。」眼前的種種激起了我的勇氣：一天的曙光、對薩羅的思念、我的生日、即將來到的客人，還有隱然意識到另一個夏天的重聚不是必然的。

「妳用不著告訴我，自昨天以來我就心情沉重，未來幾天也不會怎麼好。」她說著，把咖啡壺下的爐火調低，然後她也坐了下來。

她接著問我當天打算做些什麼。我告訴她我會最後再到墓園一次。她提醒我秤一下行李的重量，只攜帶必需的東西。她告訴我還有六瓶番茄醬要打包放進旅行箱。我們繼續閒聊聊了大約十分鐘。

然後我們沉默下來。只有咖啡在壺裡的沸騰聲打破靜默。她先給自己和我各倒了一點咖啡，然後她開口說話了。「因為妳經歷的一切，妳在薩羅身邊的那些日子，妳值得受到這樣的對待。」

她以罕見的、自發的親切口吻談到了我在她家以外的人生，在她餐桌前這些時刻以外的人生。我把咖啡一飲而盡，然後望向門外。我花了一分鐘才領悟到她可能在暗示的種種想法。然後，沒有等著再喝一杯，我從她打開的話匣子接續下去。

「我循著自己的方式，試著推動自己往前走，盡我所能把佐拉養育成人。我試著建立新的人生，」我說，突然感到自己像一顆剖開的甜瓜暴露在人眼前。「我期望著我和她的人生變得更豐盛，這是佐拉和我都需要的。幸運的話，我還可以再活四十年。我也希望這些日子充滿歡樂。」

她聳了聳肩說：「當然！」說著想再呷一口咖啡，但她的杯子已經空了，於是她把頭伸過手編的門簾望向門外。我用餐巾擦了擦嘴巴，繼續說：「往前走卻不遺忘。」然後她轉過身來望著我：「我不曉得我講清楚了沒有。」

我和她定睛相視。我猜想她所談的，是否叫我放開胸懷接納另一份愛。

「嗯，我想我明白了。當我的人生踏步向前，我的心永遠不會忘記。」

她點頭回應。我們心裡的話瀰漫在空氣中，她以自己的方式告訴我，我是獲得諒解而被愛的。不論我的人生把我帶往哪裡，永不動搖的一份愛總伴隨著我。

她把眼鏡推上鼻梁，用同一條餐巾擦了擦眼睛，然後把杏子奶油甜麵包往我這邊推過來。

我知道我們作為朋友，作為同病相憐的寡婦和母親，關係又再跨過了另一個里程碑。

「我要打個電話給堂姐妹佩特拉莉亞（Petralia），如果妳不親口跟她說聲再見，她會死咬著我不放，讓我歉疚一輩子。把電話遞給我。」

十五分鐘後，我穿好衣服出門去。我把仍在睡覺的佐拉留在家裡，自己最後一次去山坡上漫步。我決定了要去我曾跟薩羅和他爸爸去過的一個地方。我從葛蘭西路走下去然後往左轉。牧羊的鈴聲在我身後叮噹響起，一個牧人正帶著羊群走過主街到小鎮下方的山谷吃草。

我感到一陣海風吹來，抬頭望向天邊，這一刻我想不到還有什麼更好的生日禮物。我在洛杉磯看不到這樣的天空，在那裡天空就像罩在城市上的一個圓屋頂，而且大部分的日子裡，我都匆匆在都市化的空間走過，沒有什麼理由要抬頭往上或向遠處張望。

在逐漸變窄的山坡遠端就是我們家的桑樹。它周圍是四棵梨樹，長出細小而味濃的綠色果實。這就是我愛獨自流連的地方。

這兒保證能獲得寧靜。

桑椹沒有令人失望。這是採收季的晚期了。很多已被鳥吃掉或掉到了地上。沒有梯子的話，我從來沒法觸及樹上最高的果實，因此我只能滿足於低矮樹枝上採到的桑椹。我這一生和薩羅的所有回憶瞬間在我腦海湧現，我記起了春天的朝鮮薊和他指甲下殘留的鹽，這一微小的細節令我暖在心頭。我一直站在那裡，讓酸中帶甜的鮮果味道再次在我口中綻放。

然後我走回鎮裡。我繞道走，經過引向一家老榨油廠的路。一天前，我和薩羅的遠房堂兄弟厄皮法尼歐（Epifanio）共坐聊天。他在小鎮邊緣外經營一家橄欖油榨油廠，他即興給我上了一堂橄欖油品嘗課。他說品嘗橄欖油的關鍵在於把味蕾喚醒，跟它帶草味的辛辣味道搏鬥，同時體味它平順的質感。

在榨油廠四周，厄皮法尼歐種了一些祖傳品種的薄荷、鼠尾草和羅勒，這些古老品種多個世紀前很常見，但現代的西西里人對它們無甚認識。他告訴我，所有這些品種都是自然界透過有機方式異花授粉的結果，沒有人為干預。

吸引我目光焦點的是鳳梨鼠尾草，跟鼠尾草經典品種的差異在於它的斑駁顏色。我活了四十多歲，還沒有聽過地球上有這樣一種東西。我踏足這座島嶼二十年後，它才顯現在我眼前，當我用手掌輕輕擦它一下，它就散發出一種像鳳梨的微妙香味。厄皮法尼歐告訴我，我是無法買到種子的，它用插枝法繁殖，也就是截下植物的一部分把它栽種成另一株完整的植物。

我站在那兒享受著手掌裡跳脫而出的鳳梨香味，領悟到人生仍然在我眼前開展，我只需要放開懷抱面對它。

我踏著迂迴的路回家，穿過一叢一叢的野茴香。我以前沒有看到它，但它就在那裡，在我之前走過的路上繁茂滋長，為這片風景平添姿采，白色的梗長到膝蓋至腰間那麼高，頂端是毛茸茸的綠葉，乍看之下就像野草。茴香這種美味的植物，可以在你雜草叢生的人生路上飆長出來。就如薩羅曾說：「它出現在你面前，讓你知道自己正活著。」當我回到家裡，佐拉已經醒來，坐在奶奶的桌子前。

「哈囉，媽媽咪呀，」她咧嘴笑著說。

每個夏天在西西里都可察覺她在成長。每天早上她自己上街到糕點店買麵包，她學會了製作鮮瑞可塔乳酪的古老技藝，在家族的果園裡嬉戲，西西里成為了她的一份禮物，在這裡她肯定可以加深對父親的認識。她的獨立行動能力令人屏息驚嘆，她的友誼在加深，她的義大利文別具迷人魅力。她現在會用義大利文說笑話，令我相信說義大利文的佐拉是說美式英文的佐拉的另一化身。我願意同時愛這兩個佐拉。

她在寫一張明信片。這是每個夏天我要她做的事，給自己寫一張明信片，告訴自己這個夏天對她來說有什麼意義。然後我們會把明信片寄回洛杉磯，這張明信片上的照片是切法盧的夜景。我想起了一星期前我們在那兒的街道上漫步直至遠過了午夜之後，我們讓海風填滿胸膛，我們在教堂廣場啜食義式冰沙，她在天空上發現了北斗七星，談到了她的爸爸。

「妳認為他能看見我們在這裡嗎？」她問道。

她知道我們的行程快結束了。於是我們談到怎樣跟奶奶、她的堂兄弟姐妹和她的朋友說再見。我可以看出她的悲傷顯露無遺，在種種對話話題裡表現出來。她談到薩羅過世時的頭髮，她問到奶奶的年齡，然後同一天稍後，當我們晚上無法入睡，她要我承諾竭盡全力「活到一百歲」。

當恐懼和失落令她沉默不語，愁苦不堪，我總是會這樣跟她說：「我很健康。如果我有這樣的本事，我會活得夠長，看到妳成為老太太。」她就笑了。

「可是到時候我就不住在家裡了，妳知道吧。」她很快指出。

「如果妳還住在家裡那倒令我驚奇了。」我說。

「也許我會住在這裡。」

「如果這樣，記得留一個房間給我。」

寫完了明信片，吃完了早餐，她就幫奶奶準備午餐。這是她的第一次。當我在隔壁的房間裡用報紙把一瓶瓶番茄醬包起來再放進薩羅多年前留在那裡的舊襪子，她對我喊道：「媽，妳看我。」她正在用一個桌面直立式乳酪磨碎器，它的搖柄像她的小手一樣大。這是屋子裡最古老的廚具，在奶奶結婚後不久就買的。我很快地環視廚房一遍，看得出奶奶正準備三道菜：經典番茄醬義大利麵、帕馬森乳酪焗茄子（eggplant parmigiana）、購自肉店的香腸，還有各種乳酪和綠葉蔬菜沙拉。她先在沙拉上撒了海鹽再拌勻，待我爸媽來到她再馬上加醋。甜點是來自她堂兄弟斯蒂法諾（Stefano）田裡的新鮮甜瓜。

食物是她家庭生活的中心。做飯是她的第二本性。她沒有正式的食譜；食材、分量和步驟全在她腦袋裡。一次我曾請她把食譜寫下來，這就像請她寫下她怎樣呼吸或走路。「我不能告訴妳。我只是按著該怎麼做就怎麼做。」

來自奶奶廚房的食物在訴說一個故事，是有關一座島嶼和一個家族的史詩式故事和人生故事，這個故事觸及了貧困、悲傷、愛和歡樂，它如實描繪了故事中的人有時僅憑麵包、乳酪和橄欖維生，同時他們去到山腳上自家的果園，在果實纍纍的果樹間採摘野菜。她的廚房總是能告訴我目前什麼是當季食材。它提醒了我此刻我靠近北非，靠近東方。它告訴我哪些人曾帶著他們的文化在這座島上走過，還有他們怎樣留下了足跡。但我最喜愛的是，她的廚房讓我看到一種食材可以做成很多不同料理。她的食物顯示當你陷於失落，或沉浸於愛，以及當你走在人生路上，如何展現可塑性和應變能力。她領悟到怎樣把基本的生存需要轉化為盛宴。

西西里人說，當他們打開一瓶橄欖油，你應該聞到它散發著土地氣息，富含抗氧化劑，帶著青翠的綠色，它應該在瓶子裡歌頌生命。我從桌子上抓起一瓶橄欖油，倒了一些在現烤的麵包上。我可以嘗到生長在小鎮周邊的朝鮮薊、番茄和尤加利樹遺留下來的香味，它們的精華注入了附近的橄欖樹的生命裡。在奶奶身邊我可以領略這一切；她做的每道菜都是料理留在我內心的印象。

快到正午時，我的爸爸打電話到我的手機，他說司機剛駛進了小鎮。

「留在那裡，我馬上來，」我說，同時感到怪異的一陣眩暈。

「嗯，我還能到哪裡去？我半句義大利文也不懂，甚至不知道自己在哪裡。」他用責備口吻說。我能聽到他語氣裡的興奮感覺。

「爸，你在西西里。你成功來到西西里了。」我叫佐拉從樓上的臥室下來。

她帶著羅莎利亞從樓梯跑下來。「跟我來。」她在前頭引領著她的朋友。佐拉活力充沛，說道：「我要介紹妳認識我的美國外公外婆。」

幾分鐘後我們一夥人沿著葛蘭西路一直走下去，佐拉走在我前面，羅莎利亞亦步亦趨。

我等這一刻的來臨等了二十年。

我們在街上互相擁抱過後，三三兩兩的旁觀者就走到車子旁邊說「歡迎」。看來他們來訪的消息已經在鎮裡傳開來了。

然後我們一路走回奶奶的房子。當我們沿葛蘭西路往上走，家家戶戶的寡婦或有夫之婦紛紛走出大門喊「歡迎」。但令我最為感動的一幕卻是奶奶自豪地站在家門前。

「哈囉，吉因。哈囉，奧布瑞。進來。」她邊說邊拉開門簾請他們進去。

這是他兒子活著時她無法做到的事。但她現在做到了。

「告訴她我們感謝她盛情接待。」爸爸對我說。

「爸，說過了，」我笑著說同時眨眼示意：「我曉得。」

我的爸爸從沒見過我說那麼多的義大利文。他專注地看著我，彷彿終於看破了父女之間一道無形的屏障。他這個小小的女兒從德州東部跑到這兒立足於此，跨越了他能想像的最遠距離。

「問問奶奶我們有什麼能幫忙的。」奧布瑞說，指著火爐上正沸煮的一個鍋子。奧布瑞準備投入行動了。他們不想奶奶獨力做所有的事。

「那全都做好了。」我說。

「對，奶奶永遠不會讓你在她的廚房做任何事，」佐拉插嘴說：「你是她的客人，只要吃就行了。這是這裡的規矩。」

三十分鐘後，我們坐在一桌的豐盛食物面前。我一邊拚命翻譯，一邊扭動叉子捲起一團團的義大利麵，麵上巧妙地蓋上的一層醬汁，跟做菜那個女人一樣樸實。奶奶要確保我的父母喜愛她做的菜，吃得開心。我注意到奶奶正注視著看來吃得很少的奧布瑞。

「她吃得不多。」我輕聲在她耳邊說，恐防她心裡難堪。

奶奶往後縮手轉身面向奧布瑞：「吃吧！多吃一點，我們這裡有很多食物。」說著把盤子往奧布瑞那邊挪過去：「吃吧！」

我們向薩羅祝酒。我確保我的爸爸能嘗到薩羅的爸爸留下來自釀的西西里葡萄酒：殘留的果肉和沉澱物在底部，表層是強烈的單寧酸味道，中層是香氣四溢的醇厚葡萄酒味。它沒有經過任何多餘的工序，未經加工，在家釀製，這樣的東西就如我祖母所說，「令人精神大振」。

「就把它看作西西里的瑞坡酒（Ripple）好了。」我開玩笑說；瑞坡是一九七〇年代在黑人情境喜劇和黑人剝削電影（blaxploitation movie）裡常見的廉價酒類。

「那麼我淺嘗一口好了，妳不想見到我說葡萄牙文吧，對嗎？」

西西里小說家兼散文家李歐納多．斯恰斯恰（Leonardo Sciascia）曾說過：「翻譯就是一幅繡帷的另一面。」這是薩羅告訴我的，當時他正試著把一首詩從西西里文譯成英文。

在餐桌上，顯然可見跟薩羅在一起就像編織一幅美麗而複雜的繡帷。他過世後，跟他的家人在一起就像是看繡帷的另一面，針腳顯露了出來，還有大大的結和流蘇破損的地方，但它仍然是這幅美麗繡帷的一部分。

午飯後，我帶著爸媽走到奶奶的妹妹在小鎮另一端的房子，他們將在那兒暫住。一路上碰上的人都停下來跟我們打招呼問好。爸媽吻過數十人的臉頰，握過數十人的手，這些人對我來說就像家人一樣。每個人都給爸爸和奧布瑞提出忠告，告訴他們來自阿利米努薩代表了什麼意義，我在旁為他們翻譯。

最令我高興的那個過路人，住在銀行樓上，可以鳥瞰廣場上往來的人群。「我們全都是上帝的子女，就看看我們的手。」他舉起一隻手，掌心向著我的爸爸，說道：「但是你注意，每隻手指都不一樣。一隻是短的，一隻是長的，一隻是彎曲的。它們各有不同作用。可是我們都是同一個家庭的一分子。」

後來，我們碰上舍柯先生（Signor Shecco），他的綽號叫「騾子先生」，因為他擁有鎮裡僅存的其中一頭騾子，經常帶著這頭披上彩色流蘇的母騾出來漫步，那是上世紀末本世紀初的傳統。他跟我爸爸說：「我們不過是這裡的四隻貓，距離墓園咫尺之遙。」他舉起四根患關節炎的指頭，等著我替他翻譯。「我們是四隻貓」表示「我們只是寥寥幾人」；「距離墓園咫尺之遙」表示「年老而行將就木」。

然後舍柯先生繼續說：「可是我們都很好，我們都很親近。明白嗎？你的女兒是我們的一分子。」

我的爸爸微笑向他表示感謝。

我們繼續往前走，爸爸回頭望向那位帶著騾子的人，又環顧四周看似亙古常存的卵石路和建築，然後他對奧布瑞說：「來到這裡，我對我的女婿有了全新認識。不過我對我的女兒實際上也有了前所未有地瞭解。」他這番話令我感動不已。

下午轉為黃昏，我們準備好觀賞聖安娜的遊行。我們拍電影的把一天的這個時間稱為「魔幻時光」，這時太陽的散射光線令一切變得更美。小鎮的褪色石牆成為了一幅畫布，地中海的各種色調在其上顯露無遺，一天的這個時刻讓西西里變得永恆不朽。

佐拉和我帶著我的爸媽來到小鎮的廣場，一群居民已經聚集在教堂的臺階上。這是把聖安娜的雕像抬出來的時候了。我抬頭望向教堂——那大理石和石灰岩的正面大牆、那個羅馬數字的大鐘、那座鐘樓。兩個夏天之前我曾站在同一地方，當時神父為薩羅的骨灰祝福，我無法肯定我能否找到人生的意義，更不要說重新想像我的人生。

我聽說聖安娜是聖母馬利亞的母親，也就是耶穌的外婆。在天主教裡，安娜是至受尊崇的女性楷模，是女性智慧的化身。她也許是從異教徒的生育女神安努（Anu）吸收進基督教，名字原來的意思是「慈恩」。每年一次，她的雕像從阿利米努薩這所教堂被抬起來，擱到幾個男人的肩膀上，走過整個小鎮，鎮民的遊行隊伍在後頭跟著。能走完全程的婦女赤腳走在卵石路上，緊隨著雕像，落日下雕像的投影覆蓋在她們身上。這些婦女在艱困時刻和歡慶時刻都向聖安娜禱告，我也聽說聖安娜是寡婦和遊子的守護聖人。我在她的節慶日七月二十六日出生。我在同一天結婚。對阿利米努薩的人來說，這表示她是我的個人守護聖人。「妳抽到一張好牌。」奶奶告訴我。

我站在街上，在教堂前，我的父母和女兒在我身邊，這時神父開始禱告，樂隊也開始演奏。佐拉向吹奏單簧管的羅莎利亞揮手。聖安娜雕像在教堂兩扇刻有浮雕的大木門中間現身。這真的是魔幻時光。

「巧合」和「命運」是同一現象的兩個名字。在佛羅倫斯我們巧合地碰上，命運就讓我在二十多年後站在這兒，離開我原來的家數千哩，置身於我選擇的另一個家，初嘗到了重生的滋味。薩羅的愛、他的人生和他的離世，令我在人生路上同時變得剛強也更柔韌，又令我在支離破碎的環境中能堅強地站起來。

隨著雕像從臺階上被抬下來，遊行展開，我呆立不動。這時也無處可去；這一刻這個旅程已圓滿結束。我感到內心經歷著甘苦參半的演變。當我告別這個地方，我意識到還有很多日子要活下去。痛失所愛的創傷成為了一道愛的疤痕。我知道接著而來的不管是怎麼樣的經驗，我都會更深刻地去愛這個穿小精靈皮靴的詩人廚師——他點燃了一輩子不滅的火。

我閉上雙眼，握著佐拉的手，向「安努／安娜／慈恩」發出懇求，請她伴隨著我這名母親、寡婦、遊子，不管我下一步走向何方。

*Recipes*

# 食譜

The recipes are mostly from my late husband's personal notes;
some are from my memory of what we ate.
Some are from my mother-in-law.
A few I researched and then modified, as I imagined he might do.

## 第1個夏天

番茄薄荷燉朝鮮薊

日曬番茄乾配杏仁橄欖醬

西西里杏仁青醬義大利麵

芝麻菜沙拉配番茄及熟成瑞可塔乳酪

芳香橄欖

## 第2個夏天

小扁豆手指麵

蠶豆泥配烤麵包

烤劍魚配西西里檸檬香草油醋醬

經典甜酸燉茄子

帕馬森乳酪焗茄子

西西里羊酪甜餡餅（薛斐烈大甜餅）

## 第3個夏天

經典番茄醬

櫛瓜義大利麵

茴香蠶豆筆管麵

茴香柑橘沙拉

桑椹義式冰沙

# 第一個夏天

## 番茄薄荷燉朝鮮薊

## Carciofi con Pomodori e Menta

每年春天，我的婆婆都會做這道朝鮮薊料理。她很貼心地把它冷凍起來讓我夏天來到時享用。我吃下第一口，就感到它是用愛心燉成的。在我們洛杉磯家裡，當朝鮮薊是當季食品時，薩羅會做這道菜的變奏版。

**·材料·** （六至八人份）

一罐（八百公克）去皮罐裝全番茄，最好是義大利聖馬札諾品種
一杯半無甜味白葡萄酒
半茶匙紅椒碎，壓碎
兩茶匙西西里海鹽（或按個人口味略增）
一杯頂級冷壓初榨橄欖油
八瓣大蒜
半杯麵包屑
一杯（鬆鬆盛滿的）鮮薄荷葉
六顆中型朝鮮薊
兩顆檸檬，切半

**·作法·**

1. 把番茄放進一個重型大鍋，用手或叉子壓成泥。加入白酒、紅椒碎、兩匙鹽、半杯橄欖油和兩杯水。備用。
2. 在食物處理機裡，把大蒜、麵包屑和薄荷葉攪成粗切狀。讓機器繼續轉動，加入剩下的半杯橄欖油，攪至厚糊狀。備用。
3. 把朝鮮薊外面幾層的深綠色葉瓣（花瓣）剝除，直至見到柔軟的淺綠色葉瓣。用有鋸齒的刀把頂部兩．五公分或稍多的部分切掉，把莖部的末端切齊。用半顆檸檬在切口摩擦以防烹煮時變焦。用水果刀或蔬果削皮器把底部和莖部的堅韌綠色外層移除，直至底下淡綠色的果肉露出。用檸檬摩擦。把整棵朝鮮薊縱切（穿過莖部）切半，用檸檬摩擦切口。用小匙把中心的絨毛移除，並拔除尖刺狀的內葉。
4. 用匙子把薄荷糊在切半的朝鮮薊上擦均。在一個大鍋裡把它們鋪成一層，倒進番茄泥蓋過。上面撒上一層薄薄的麵包屑。
5. 煮至即將沸騰狀態，加蓋，繼續以中低火烹煮，把朝鮮薊翻過來一兩次，直至叉子刺下有綿軟感覺，約五十五至六十分鐘。

## 日曬番茄乾配杏仁橄欖醬
## Pesto di Pomodori Secchi, Oliva e Mandorle

這種西西里風味的青醬是我們家裡常備的醬料。隨時可以拿來抹在烤麵包上，塗到三明治上，又或最特別的用作令人垂涎的義大利麵醬料。杏仁、日曬番茄乾和油漬黑橄欖三者的組合，總會把西西里直接帶到我面前。

**· 材料 ·** **（製成一杯半醬料）**

半杯生杏仁，粗剁
兩湯匙切碎新鮮迷迭香葉
四分之一杯粗切羅勒葉
兩茶匙義大利香醋（balsamic vinegar）
兩茶匙糖
半茶匙燻紅椒粉（paprika）
二十枚去核油漬橄欖
十至十五顆日曬番茄乾（泡在油中），粗剁
四瓣大蒜，剁碎
一杯頂級冷壓初榨橄欖油
粗海鹽和現磨黑胡椒，適量

**· 作法 ·**

把杏仁、迷迭香、羅勒、香醋、糖、紅椒粉、橄欖、番茄和大蒜放進食物處理機，邊攪邊慢慢倒入橄欖油，細切成厚糊狀。若要質感更順滑可以多加一點橄欖油。加適量的鹽和胡椒調味。可製成一杯半醬料。

# 西西里杏仁青醬義大利麵

## Spaghetti con Pesto alla Trapanese

這是我在西西里度過第一個夏天後學會的其中第一道菜。它的做法簡單而直接，雖然它的起源地是特拉帕尼市（Trapani City），卻可以見於島上各處的菜單。我從斯特龍伯利到巴勒摩和陶爾米納（Taormina）等每個地方都見過它的蹤影。每次廚師都給它賦予個人特色，加多或減少一點番茄。在美國，我在夏天番茄最當季時做這道菜，因為它的精髓在於把簡單的天然味道揉合起來達成完美和諧。每種食材本身都是閃爍的明星。

**·材料·** **（四至六人份）**

四瓣大蒜

四分之三杯生杏仁

一杯頂級冷壓初榨橄欖油

五杯羅勒

一顆中型或大型生番茄，去皮，切丁，大小約一公分多

海鹽和現磨黑胡椒適量

四百五十公克義大利圓直麵

碎磨佩克里諾乳酪或帕馬森乳酪，上桌時添加風味（酌用）

**·作法·**

1. 在食物處理機裡把大蒜和杏仁混和起來，邊攪邊慢慢倒進一半橄欖油，直到成為均勻乳脂狀。
2. 加入羅勒、番茄和另一半的油，一直攪至十分順滑。加入適量海鹽和胡椒。備用。
3. 把義大利麵煮好瀝乾，再倒回鍋裡，加入醬料，輕輕拌至完全均勻。再多加一點橄欖油幫助醬料黏到麵上。即時享用。我愛撒上碎磨的佩克里諾或帕馬森乳酪。

## 芝麻菜沙拉配番茄及熟成瑞可塔乳酪

## Insalata di Rucola con Pomodori e Ricotta Salata

我在薩羅的個人筆記裡找到這份食譜。他在名為「西西里露臺上的一頓夏日晚餐」的菜單裡把它列為前菜。當我最初發現了它，心頭湧起甘苦參半的感覺，想到跟薩羅在西西里某個露臺上吃著另一頓晚餐。現在每年夏天我會在銀湖的家裡做這道簡單的沙拉給朋友品嘗。

**· 材料 ·**（四至六人份）

半杯頂級冷壓初榨橄欖油
兩湯匙紅酒醋
一茶匙蜂蜜
三束芝麻菜，去莖
六百八十公克鮮番茄，切成四分之一
一顆小紅洋蔥，切絲
二百二十五公克熟成瑞可塔乳酪，用削皮器削成薄片
海鹽和現磨黑胡椒適量

**· 作法 ·**

1. 先做沙拉醬，在一個小碗裡，把油、醋和蜂蜜加一點鹽拌勻。
2. 把芝麻菜鋪平在一個盤子上。上面再鋪上番茄和洋蔥，頂層撒上熟成瑞可塔乳酪。加入適量的鹽和胡椒調味。灑上沙拉醬。即時享用。

# 芳香橄欖

## Olive Aromatiche

奶奶每頓飯總會在餐桌上放一碗碗的芳香橄欖。有黑橄欖也有綠橄欖，都是從家族果園採來的。她在我們到達前先做好一批，供我們留下來的一段時間享用。在洛杉磯我自製這道小吃，在派對裡放在我最喜愛的西西里瓷盤裡奉客。

### 一、芳香黑橄欖

**·材料·**（兩杯份）

四百五十公克油漬黑橄欖
半杯頂級冷壓初榨橄欖油
兩湯匙義大利香醋
兩瓣大蒜，切碎
一茶匙粗切迷迭香葉
半茶匙紅椒碎
一顆柳橙和半顆檸檬的皮，磨碎
少許紅糖

**· 作法 ·**

在一個碗裡，把橄欖和橄欖油、香醋、大蒜、迷迭香、紅椒碎、柳橙皮、檸檬皮以及紅糖混和起來。拌勻，放置一小時左右讓調味料入味。室溫下享用。

## 二、芳香綠橄欖

**· 材料 ·**（兩杯份）

四百五十公克去核綠橄欖
半杯頂級冷壓初榨橄欖油
半杯胡蘿蔔，切細粒
一根芹菜梗，帶少許嫩葉，剁碎
兩瓣大蒜，切碎
兩湯匙乾燥西西里牛至
半茶匙紅椒碎
一湯匙紅酒醋

**· 作法 ·**

如果用的是醋漬綠橄欖，把醋倒掉，用廚紙輕拍至略乾。在一個碗裡，把橄欖和橄欖油、胡蘿蔔、芹菜、大蒜、牛至、紅椒碎及醋混和起來。拌勻，放置一小時左右讓調味料入味。室溫下享用。

## ★ 第二個夏天 ★

### 小扁豆手指麵

### Ditalini con Lenticchie

每年我們一到達西西里，這一定是奶奶給我們做的第一道菜。當冒著煙的盤子放到桌子上，在我看來絕對是充滿了詩意。我知道自己回到家了。這道菜告訴每個遊子，你的家就是與人分享一桌食物的地方。

**· 材料 ·** **（四至六人份）**

四分之一杯頂級冷壓初榨橄欖油
一顆紅洋蔥
三杯半乾小扁豆，綠色或棕色的（不要用法國勒皮〔Le Puy〕小扁豆）
兩根小胡蘿蔔，剁碎
一根芹菜梗或一小束芹菜葉，剁碎
一瓣大蒜
一湯匙海鹽（或按個人口味增多）
適量黑胡椒
半杯鮮甜菜或鮮菠菜，剁碎（酌用）
少許乾牛至
一盒手指麵

**· 作法 ·**

1. 在一個平底深鍋裡，把橄欖油和洋蔥混和，中火炒約五分鐘。加入小扁豆，拌勻使充分蓋上油。加入四杯水以及胡蘿蔔和芹菜，煮至水沸。加入大蒜、一湯匙海鹽及適量黑胡椒。把火調低，加蓋，文火慢煮約二十分鐘。加入甜菜或菠菜和牛至，再慢煮約二十至二十五分鐘。加適量的鹽調味。
2. 於此同時，在一個大鍋裡把加了充分海鹽的水燒沸，煮熟手指麵，再把麵瀝乾。把麵轉移到豆子已煮妥的平底鍋，拌勻，讓所有的麵蓋上豆子。再加一點橄欖油讓麵和豆子充分混和。撒上適量碎磨佩克里諾或帕馬森乳酪。即時享用。

## 蠶豆泥配烤麵包

## Purea de Fave con Crostini

鮮蠶豆去皮是很費工夫的。把每顆蠶豆的殼去除並把外皮剝除需要時間和耐心，還要對這種慷慨的豆子的栽種過程抱著發自內心的尊重。它多個世紀以來一直是地中海的主要食材不是沒有原因的。對我來說，烹煮蠶豆是個冥想過程。我會播著音樂，給自己倒杯酒，一邊烹煮蠶豆。這種做法是薩羅教我的。一旦煮好了，這道配烤麵包的菜是非同凡響的美味，富泥土氣息又令人心靈飽足。

**·材料·**（十二片）

九百公克仍在豆莢中的鮮蠶豆
二又四分之一茶匙海鹽
兩湯匙頂級冷壓初榨橄欖油
半顆小白洋蔥，細剁
兩湯匙鮮薄荷，剁碎
半茶匙檸檬汁
海鹽和現磨黑胡椒適量
一條棍子麵包或手工麵包
一瓣大蒜，用來擦在麵包上
切成薄片的佩克里諾乳酪，上桌時增添風味（酌用）

· 作法 ·

1. 把蠶豆的豆莢除掉。在一個大平底深鍋注入一半的水，加入兩茶匙鹽。把水煮沸。在此同時，在一個中型攪拌碗裡放入幾杯的冰，再注入水。
2. 把蠶豆加進沸水裡，煮二至三分鐘（千萬別煮更長時間）。熄火，把豆子瀝乾再倒進冰水裡，（記得保留一點煮豆子的水）。讓豆子在冰水裡停留一至二分鐘。把冰水瀝掉。把每顆豆子的外皮移除，在末端擠壓把豆子從外皮裡擠出來。
3. 在一個中型長柄平底煎鍋裡，把橄欖油燒熱並加入洋蔥。煮至洋蔥半透明，約兩分鐘。加入豆子和先前煮豆子的水，還有剩下的鹽。拌勻，文火煮約五分鐘。把鍋子從爐火移開，混入薄荷，再加入檸檬汁。把混合物倒進食物處理機，攪至如乳脂般順滑，如有需要多加一點橄欖油讓它更為順滑。加入適量的鹽和胡椒。備用。
4. 把麵包切片，約二公分半厚。烤或烘至略呈金黃色。從烤箱或烤架移開，拿一瓣大蒜在上面擦，再抹上橄欖油。在每片麵包上抹上厚厚一層蠶豆泥。視乎個人口味可加上一片佩克里諾。最後撒上剩下的薄荷。

## 烤劍魚配西西里檸檬香草油醋醬
## Pesce Spada alla Griglia con Salsa Salmoriglio

我們在西西里海岸吃了很多鮮魚。在海濱城市切法盧，市內各個市場經常可見到整條或半條剛捕獲的劍魚。在一次前往當地的旅程中，當佐拉和我坐在一家餐廳裡，就看見一名漁夫把捕獲的劍魚直接送去給廚師，廚師烹煮的都是最為新鮮的魚。在西西里，烤劍魚都佐以香草油醋醬（salmoriglio sauce），這既是醃漬調料也是上桌時佐餐的醬汁。它味道鮮美，令人讚嘆，也很容易調製。

**· 材料 ·** （四人份）

兩湯匙西西里牛至，乾的或鮮的皆可（鮮的要細剁）
兩湯匙鮮歐芹，剁碎
兩湯匙鮮薄荷，剁碎（酌用）
二至三顆檸檬，榨汁，濾清
一杯頂級冷壓初榨橄欖油
兩瓣大蒜，細剁
粗海鹽和現磨黑胡椒適量
四塊劍魚排，每塊一百一十五至一百四十公克

**· 作法 ·**

1. 把各種鮮香草沖洗乾淨，再用廚紙輕拍至略乾。留下兩茶匙檸檬汁備用。
2. 把橄欖油倒進一個碗裡，邊攪邊慢慢混入大蒜和大部分的檸檬汁和香草。這一碗醃漬調料質感應該較稠，幾乎呈糊狀。加入適量胡椒。備用。
3. 把醃漬調料和備用的檸檬汁抹到劍魚上。撒上海鹽。把劍魚放在烤架上烤熟，約每面三分鐘，視乎魚排的厚度。裝盤上桌。用匙子把剩下的醬汁淋在每塊魚排上。

## 經典甜酸燉茄子
## Caponata Classica

對我來說，這一道經典甜酸茄子代表了西西里的精髓。可是每個人做的這道菜都不一樣，各自表現了個人的心得和想像力。來自奶奶廚房以及遠至敘拉古（Siracusa）的，我都嘗過。深沉，美味開胃，鹹中帶甜，對我來說這簡直是天堂的滋味。

**·材料·**（四至六人份）

蔬菜油，用來炒菜
兩條中型或大型茄子，切成約四公分丁狀
適量的鹽
半杯頂級冷壓初榨橄欖油
一顆紅洋蔥，縱切切絲
三根芹菜梗，在沸水裡煮一分鐘漂白，再粗剁

兩根胡蘿蔔，剁碎
十顆去核綠橄欖，縱切成三分之一
四分之一杯酸豆（續隨子花蕾），沖先後瀝乾
一杯半優質番茄醬（見本書的「經典番茄醬」食譜）
一小束鮮羅勒，剁碎
四分之一杯白酒醋或紅酒醋
一湯匙蜂蜜或糖（或按個人口味加減）
半杯葡萄乾（酌用）
半杯鮮平葉歐芹（義大利歐芹），上桌時添加風味

· 作法 ·

1. 在一個重型大平底煎鍋裡倒入二・五公分滿的蔬菜油。分批加入切丁的茄子，炒至全體轉棕黃色，約五分鐘。用廚紙輕拍至略乾。加鹽調味。備用。
2. 在另一個大煎鍋裡，把橄欖油和洋蔥混和，中火炒至略呈金黃，約五分鐘。加入芹菜、胡蘿蔔、橄欖、酸豆、番茄醬、羅勒、醋和蜂蜜或糖。輕輕拌勻。加鹽調味。
3. 輕輕加入茄子，當心別弄碎。視乎個人口味加入葡萄乾。文火慢煮二至三分鐘。如有需要再加鹽調至合乎口味。然後全倒進一個大碗或大淺盤，冷卻。加入切碎的歐芹。室溫下享用。
4. 甜酸茄子在炎熱的夏日可以涼吃。要增添滋味和特殊質感，可撒上搗碎的杏仁。

# 帕馬森乳酪焗茄子

## Melanzane alla Parmigiana

這道經典菜色用炭烤來做，效果美妙絕倫。事實上我在洛杉磯做這道菜時這是唯一的做法。炭烤的味道是我無法抗拒的，煎炒無法獲得同樣效果。一層一層地享用，其樂無窮。兩層的茄子就有這種效果，三四層的話就滋味非凡了。

**·材料·**（四至六人份）

四至五條中型或大型茄子，橫切成一公分多的厚圓片
粗海鹽
一杯頂級冷壓初榨橄欖油
現磨黑胡椒
兩瓣大蒜，剁碎
一茶匙西西里乾牛至
六杯優質番茄醬（見本書的「經典番茄醬」食譜）
三分之一杯佩克里諾乳酪或帕馬森乳酪，細磨
一束羅勒，去莖，剁碎
**★ 烤箱預熱至攝氏一百九十度。**

**·作法·**

1. 把茄子片放進一個大碗。撒進充分的鹽，等四十五分鐘至一小時，讓過多的水分從茄子釋出。然後把碗子裡的水倒掉。灑上橄欖油，讓每片茄子都蓋上油，再加入黑胡椒、大蒜和牛至調味。
2. 每片茄子每面烤一至二分鐘。備用。
3. 用中高火把番茄醬加熱。
4. 在一個大型瓷器或玻璃烤盤底部抹上橄欖油，再倒入一杯番茄醬。然後鋪上一層茄子。用匙子把番茄醬加到茄子上。再加入碎磨乳酪和羅勒。鋪上另一層茄子。又加上另一層番茄醬、乳酪和羅勒。烤至乳酪化掉，番茄醬起泡沫，約三十分鐘。

# 西西里羊酪甜餡餅（薛斐烈大甜餅）

## Sfuagghiu

這種餡餅把歷險、渴望、堅持和希望集於一身。今天，每當我看到薩羅和薛斐烈多年前在我們洛杉磯公寓裡所拍的那張照片，笑容滿面地拿著那個餡餅，我心裡就興奮莫名。我總喜歡想像那些移民子弟不管心繫何方都會因為能共享這樣一個大餅。（據我所知，麵包師傅皮諾沒有把他的食譜跟薛斐烈分享。這個食譜並未在薛斐烈的《美不勝收》〔*Many Beautiful Things*〕一書裡出現。我這裡分享的食譜，是他在該書中談到的那個餡餅的一種變奏，是從波利齊傑內羅薩鎮的官方網站找到的。）真正敢於冒險的烘焙愛好者可以一試。

**·材料·**（十二至十四人份）

**內餡材料**

四百五十公克西西里新鮮綿羊乳酪（tuma cheese）

五顆雞蛋的蛋白，室溫

兩杯糖

一湯匙碎磨肉桂

黑巧克力，適量

三分之一杯糖漬水果，切成小塊

**· 材料 ·** **（十二至十四人份）**

**餅皮材料**

四杯麵粉

一杯豬油，切成小塊，額外準備多一點用於抹在烤盤上

六顆雞蛋的蛋黃，攪勻，室溫

一杯糖

四分之一杯糖粉

**★ 把烤箱預熱到攝氏一百九十度。**

**· 作法 ·**

1. **內餡作法**

   把乳酪細磨置於碗中。加入蛋白，邊攪動邊依序加入糖、肉桂、巧克力和糖漬水果。攪勻備用。

2. **餅皮作法**

   把麵粉放進一個碗裡，中間挖一個凹口。把豬油加進凹口，然後把麵粉摺起來，用雙手把麵粉和豬油揉捏均勻。加糖和蛋黃。繼續揉捏均勻。如果太乾可加一點水。把一半的麵團壓扁至一公分多。在一個二十三公分圓形彈簧烤盤上，抹上豬油並撒上薄薄麵粉，再將麵團放入。

3. **餡餅作法**

   把餡料倒到已鋪到烤盤的麵團上，注意不要倒得太高，因為烘烤時可能膨脹。在上面再鋪上剩下的另一半麵團。在邊緣擠壓讓它密合起來。烤約一小時。從烤箱拿出來撒上糖粉。放一整天後享用。

## ★第三個夏天★

### 經典番茄醬
### Salsa Pronta

通常這種醬料會用新鮮的聖馬札諾品種番茄在柴火上的大鍋裡煮製。這個版本的食譜可以在全年任何時間在家中廚房烹製。我會大鍋大鍋地煮，然後冰在冰箱或冷凍庫。這樣我就總是有「現成的醬料」，可用來做麵條、千層麵、湯或帕馬森乳酪焗茄子。（注意：煮的時間愈長，醬料就愈稠。喜歡的話可以煮成軟膏狀用作披薩醬，十分美味。）

**· 材料 ·** **（約八杯醬料）**

兩罐（各八百克）聖馬札諾番茄，剁爛

兩顆大紅洋蔥，粗剁

四瓣大蒜，去皮

半杯頂級冷壓初榨橄欖油

一大束羅勒

一湯匙海鹽，或適量

一湯匙糖

牛至和紅椒片末（酌用）

**· 作法 ·**

1. 把番茄和半杯水在一個大鍋裡混和。加入一半洋蔥和一半大蒜。煮沸，然後調至文火，加蓋，慢煮約四十分鐘，不時攪動以防黏到鍋底。從火爐移開。用食物研磨器或攪拌機把番茄打成泥。
2. 在食物處理機裡把橄欖油、羅勒和剩下的洋蔥和大蒜打成十分順滑的糊狀。
3. 在一個乾鍋裡，把番茄泥和羅勒混合物混和，不加蓋中火煮至變稠，二十至三十分鐘（若要煮成膏狀就要更長時間）。從爐火移開。加鹽和糖。若要做成披薩醬或想有點辛辣味道，可加少許牛至或一點紅椒片。
4. 在醬料仍未冷卻前可放進消毒過的玻璃瓶密封儲存，又或可在冰箱裡存放三至四天，也可存放在冷凍庫最長一個月。

## 櫛瓜義大利麵
## Pasta con Zucchini

西西里的櫛瓜有多個品種；其中最令人肅然起敬的是長型、淡綠色的庫庫塞（cucuzze）品種，阿利米努薩一帶的農夫都大量種植。它們樸實無華，可以做湯、配麵或烤來做菜。在美國超市買不到庫庫塞櫛瓜。不過，這個食譜用本地食品雜貨店的櫛瓜來做也行，是可以做成義大利麵的醬料或單獨享用的料理。

**· 材料 ·** **（四至六人份）**

一顆中型紅洋蔥，剁碎
半杯頂級冷壓初榨橄欖油
四百五十公克鮮夏季番茄，羅馬（Roma）或其他李子型番茄，去皮剁爛
三條中型櫛瓜，剁碎（喜歡的話可以去皮，但非必要）
一塊蔬菜濃縮湯塊
半杯鮮羅勒葉，撕開
海鹽和黑胡椒適量
義大利圓直麵或個人喜歡的其他長麵條
碎磨熟成瑞可塔乳酪或碎磨佩克里諾乳酪，上桌時添加風味

**· 作法 ·**

1. 在一個平底深鍋裡，加橄欖油用中高火把洋蔥炒二至三分鐘，至金黃色。加入番茄再炒約兩分鐘。然後加入櫛瓜拌勻。擠碎湯塊放入鍋裡，再加入羅勒、四分之三杯的水，以及適量的鹽和胡椒。加蓋中火續煮，至櫛瓜變軟，約二十分鐘。熄火備用。
2. 把加入充分海鹽的水燒沸，放入麵條煮熟然後瀝乾。把麵放回鍋裡，加入櫛瓜和番茄醬炒勻，慢慢加入更多一點橄欖油讓麵和醬料混好。裝盤上桌，按個人喜好撒上適量乳酪。

## 茴香蠶豆筆管麵

## Penne con Finocchio e Fave

如果說有一道菜能把我帶回到我跟薩羅初次踏足西西里的一刻，也就是他把這座島嶼種種輝煌面貌向我展示的一刻，那就非此莫屬。它令我想起薩羅的生命力，他的「春天活力」，他的精神的終極演化。而且這道菜實在太好了。（這個食譜的茴香用當地食品雜貨店買的就行，但如果打算自己栽種茴香，你就更會對大自然的傑作驚嘆不已。）薩羅，我希望我的這道菜令你感到自豪。

**·材料·**（四至六人份）

一茶匙粗海鹽
兩杯鮮蠶豆，去殼
兩杯剁碎的茴香梗和葉（莖球頂端的綠色部分）
四分之三杯頂級冷壓初榨橄欖油
粗海鹽和現磨黑胡椒適量
一湯匙半粗海鹽
一顆白洋蔥，剁碎
四百五十公克筆管麵
現磨佩克里諾乳諾
現磨黑胡椒，上桌時添加風味（酌量）

**·作法·**

1. 燒沸一公升水。加海鹽然後攪勻。加入蠶豆和茴香。文火慢煮至蔬菜變軟，約十分鐘。
2. 用濾盆把煮蠶豆和茴香的水濾掉，把這些水倒進將用來煮麵的大鍋。
3. 把豆子和茴香放進食物處理機，加入半杯橄欖油，再加適量鹽和胡椒，攪成泥備用。
4. 在煮麵的大鍋裡再加入三公升的水，燒沸。加入一湯匙半海鹽。
5. 於此同時，在一個大煎鍋裡燒熱剩下的四分之一杯橄欖油，中火不斷攪動把洋蔥炒至金黃色，約兩分鐘。調低火力倒進成攪成泥的豆子和茴香。以極低火力再煮五分鐘。
6. 把麵放進加了充分海鹽的沸水，不時攪動，煮至彈牙質感，然後把水濾掉。再把攪成泥的蠶豆和茴香加進麵裡，攪勻，慢慢加入一點點橄欖油，文火再煮一分鐘。若要醬汁不太稠，可多加入一點煮過麵的水。
7. 趁熱享用，喜歡的話可以撒上充分的佩克里諾乳酪和少許現磨黑胡椒。為你的美滿人生乾杯。

## 茴香柑橘沙拉

## Insalata di Finocchio

置身西西里讓我領悟到吃生鮮茴香的樂趣，往往只要撒上少許的鹽，在餐後享用。島民的老習慣把茴香當作幫助消化的食品，就像水果一樣。在家裡我把這個食譜當作傳統萵苣沙拉的另一選項。我喜愛它在質感上的對比，還有鮮明的柑橘類水果味道。這個版本沒有在沙拉裡放進一瓣瓣柳橙。取而代之，我寧可讓柑橘的清香在沙拉醬裡體現出來。這款沙拉清爽、芳香、鹹中帶有一絲的甜，是清新而令人精神為之一振的西西里美食。

**· 材料 ·** **（四人份）**

兩湯匙鮮柳橙或血橙汁
兩湯匙白葡萄酒醋或紅葡萄酒醋
四分之一杯頂級冷壓初榨橄欖油
一湯匙蜂蜜
一茶匙茴香籽
半茶匙鹽
四分之一茶匙現磨黑胡椒
一顆帶葉的茴香莖球，切絲
半顆檸檬的汁
半顆大紅洋蔥，切絲
四分之一杯油漬橄欖
四分之一杯剁碎的薄荷葉
細海鹽和現磨黑胡椒適量
碎磨帕馬森乳酪

**· 作法 ·**

1. 把橙汁、醋、橄欖油、蜂蜜、茴香籽、鹽和黑胡椒混和起來，使勁地攪拌直到材料全混和一起。備用。
2. 把茴香葉從莖球切下，留待上桌時添加風味。把莖球切半，把中心移除，再切成四分之一。用切菜機或鋒利的小刀把莖球切成細絲，然後放進一個碗裡。撒進檸檬汁和少許鹽。加入洋蔥和橄欖。把沙拉醬倒到沙拉上拌勻。把沙拉移到一個淺沙拉碗或有邊的大淺盤，再加入茴香葉和薄荷添加風味。喜歡的話可加入刨成薄片的帕馬森乳酪。撒上一點現磨黑胡椒，即時享用。

# 桑椹義式冰沙

## Granita di Gelsi Neri

桑椹是西西里夏日可吃進肚子的頌歌。當佐拉和我直接從樹上把桑椹採下來，那就是開心不過的時刻。它們令我們的雙手、我們的衣服都染上顏色。這些點點滴滴的顏色訴說著我們在果園裡跟諸水果女神相遇的故事。任何時候能找到新鮮的桑椹，都應該讓這個食譜派上用場。放下手頭上的一切，對這種稍縱即逝的夏季水果發出你的驚嘆，然後就來做這一款可輕易做成的美味冰沙，歡迎夏天在你身上留下美麗的顏色。說罷，就讓我們用這種西西里人的方式享受清涼一夏。

**·材料·**（兩杯份）

兩杯鮮桑椹，洗淨，待乾
兩顆檸檬的汁
三分之一杯糖（蜂蜜或楓糖漿也可以）

**·作法·**

1. 把桑椹放在輕輕流動的水下洗淨，待全乾後，用食物處理機攪成泥。備用。
2. 在一個平底深鍋裡，倒進一半檸檬汁、半杯冷水和糖，溫和地加熱，直到都溶掉。加入攪成泥的桑椹，再加入另一半檸檬汁。
3. 把混合物拌勻然後放到一個金屬淺烤盤，放進冷凍庫三十至四十分鐘。然後拿出來用叉子攪動，讓它變得鬆散，質感變軟。再放回冷凍庫，三十分鐘後重複同一動作。然後重複這個步驟，全程約三小時。做成的冰沙要有堅實感但不冰硬。
4. 吃前用叉子刮一下，讓質感變得更輕盈即可享用。

# 後記

在撰寫本書的過程中，我參考了我個人的日記、書信、電郵、文字紀錄和亡夫薩羅個人的寫作。在許可的情況下，我會向書裡提到的一些人探詢。那些向我講述的故事（往往是用方言講的）有很多空白和缺漏的地方，這是口述故事裡常見的。我把書中大部分人物的名字或某些能辨識身分的細節改寫一番，有些人物是合成的，偶爾為了敘述上更為清晰，我會把類似的事件揉合起來。我也會刻意不提某些人，但只有在對真相和故事內容沒有實質影響時才這樣做。除此以外，本書是我記憶中種種經歷的真實敘述。

食譜大部分來自亡夫薩羅的個人筆記，有些是我記憶中曾吃過的食物，也有一些來自我的婆婆，少部分是我查尋資料再修改而成，就如我想像中薩羅會做出的修改。

# 致謝

我首先要感謝本書的編輯克莉絲汀・普萊德（Christine Pride），她深具洞見，才華洋溢，對本書抱有堅強的信念。因為她，本書得以大幅改善；種種的改進，來自於她提出的尖銳問題和她明智的編輯指導。

我要給理查德・阿貝特（Richard Abate）送上大大的感謝。我的人生變得更圓滿、更具創意，就因為他曾對我說：「我相信還有更多。」

如果要寫一本書，能夠有一個像艾提嘉這樣的妹妹是一大助力。她會閱讀妳在半個地球以外一個小鎮凌晨兩點傳來的電郵，然後跟妳說：「這是一本書。我要讀這本書！」多年之後她又會提醒你，她仍然在等著看這本書。我給她送上無盡的感激和愛。

令我受益良多的另一人是紹娜・肯尼（Shawna Kenney）。她每次閱讀這本書十頁的手稿，一星期一星期地讀下去，讀了一整年。她慷慨地反覆與我討論，聆聽，溫婉地尋根究底。她眼光精準而孜孜不倦地觀察，引導我攀山越嶺。當我覺得空氣過於稀薄打算調頭就走，她卻勸告我再吸一口氣繼續往上爬。謝謝妳，我的好朋友。

我感謝西蒙與舒斯特（Simon & Schuster）出版社團隊的細心與熱情。

對以下諸位我要大聲說句感謝……

我的父母。他們對這本書的支持，僅次於他們一直以來給我送上的支持。我的媽媽雪拉自始至終都尊重我選擇的藝術家生涯。我的爸爸吉因鼓勵我放膽開懷地活著。我的繼母奧布瑞對我的夢想始終滿懷信心，她自己也永遠樂觀面對一切。

我的婆婆，她默默地付出她的愛，永不動搖，教導我如何當一個母親，如何堅強勇敢地活下去。我一輩子也無法說清楚我是如何愛她。

弗蘭卡、柯西莫、玖絲、羅拉和卡爾，他們對於我準備寫這樣的一本書親切地表示支持。

莎拉·哥薩治（Sarah Gossage）、尼可·利博迪（Nicole Ribaudi）、理查德·庫特尼（Richard Courtney）、派屈克·惠伊（Patrick Huey）、克莉絲汀·博德（Christine Bode）、艾倫·安翠（Ellen Ancui）、多莉·拉馬（Dorrie LaMarr）、蘇珊·巴拉根（Susan Barragan），還有令人難以置信的多娜·查尼（Donna Chaney），他們總是樂於聆聽。

索隆·威廉斯（Solome Williams）、艾美·艾略特（Amy Elliott）和奧布瑞，他

們是搶先試讀的用心而熱切的讀者。

莫妮卡・傅利曼（Monica Freeman）、葛倫達・哈爾（Glenda Hale）和湯馬斯・洛克（Thomas Locke），他們熱心地拿我的食譜做試驗。

茱莉・阿利歐拉（Julie Ariola）、馬利亞・巴托洛塔（Maria Bartolotta）、莎莉・肯普（Sally Kemp）和李娜・卡普蘭（Lina Kaplan），他們都是難得的引路人、導師和模範，讓我看到我不一定看到的種種。

還有羅伯特（Robert），他送上美滿而勇敢的愛，願意在我回首往日之際握著我的手，讓我能更全心全意地站穩在目前一刻。

我還要感謝奧克格倫（Oak Glen）、塞闊雅（Sequoyah）等地的社群和奮進鰥寡互助組織（Soaring Spirits）諸君，以及加州大學洛杉磯分校推廣課程寫作學習班和它眾多出色的教師，包括愛莉森・辛・吉（Alison Singh Gee）、金貝利・奧爾巴赫・柏林（Kimberlee Auerbach Berlin）和琳恩・勞伯（Lynn Lauber）。

感謝伊拉・布約克（Ira Byock）作為醫生、作家和導師為我所做的一切。

感謝艾美・布盧姆（Amy Bloom）很久之前對我說：「到義大利去。」

感謝文森・薛斐烈這位演員、作家兼廚師，他親身前來我們的公寓拿取那個別人送給他的大餅。當時沒有人知道我們這個故事會怎樣發展下去。

愛。

感謝凱瑟琳．溫特琳翰（Catherine Winteringham）在我們最脆弱的時刻送上關

對以下諸位我要送上永遠的感謝……

阿利米努薩鎮的鎮民，他們開放的胸懷、不屈不撓的精神和豐富的幽默感可以追溯到多個世代以前。只盼我能分享他們偉大傳統的每一部分。

佐拉，她的奮發精神和聰慧心靈激勵我勇敢而圓滿地活下去。我是何其幸運，能夠作為妳的「媽媽咪呀」與妳在世上同行。親愛的，我是多麼愛妳。

還有薩羅，因他懷抱著對我的信念，從往日迄今他都是為我引路的北極星。

人生顧問叢書 CF00414

# 從零開始：一段從失去中，重新找到家與愛的旅程

From Scratch:A Memoir of Love, Sicily, and Finding Home

---

作　　者—滕碧．洛克（Tembi Locke）
譯　　者—江先聲
校　　對—簡淑媛
副 主 編—黃筱涵
企劃經理—何靜婷
封面／版型設計—Bianco Tsai
內頁排版—藍天圖物宣字社

編輯總監—蘇清霖
董 事 長—趙政岷
出 版 者—時報文化出版企業股份有限公司
108019 台北市和平西路三段 240 號 4 樓
發行專線—(02)2306-6842
讀者服務專線—0800-231-705.(02)2304-7103
讀者服務傳真—(02)2304-6858
郵撥—19344724 時報文化出版公司
信箱—10899 臺北華江橋郵局第 99 信箱
時報悅讀網— http://www.readingtimes.com.tw
法律顧問—理律法律事務所 陳長文律師、李念祖律師
印　　刷—勁達印刷有限公司
一版一刷—2021 年 04 月 09 日
定　　價—新台幣 460 元
（缺頁或破損的書，請寄回更換）



時報文化出版公司成立於1975年，
並於1999年股票上櫃公開發行，於2008年脫離中時集團非屬旺中，
以「尊重智慧與創意的文化事業」為信念。

從零開始／滕碧．洛克（Tembi Locke）著；江先聲譯. -- 一版. -- 臺北市：時報文化出版企業股份有限公司, 2021.04
面；　公分. --（人生顧問叢書；CF00414）
譯自：From scratch : a memoir of love,sicily,and finding home.
ISBN 978-957-13-8744-4（平裝）

1.洛克（Locke, Tembi, 1970-） 2.異國婚姻 3.傳記 4.美國

785.28　　　　110003053

ISBN 978-957-13-8744-4
Printed in Taiwan.